ジュニアのための

バレエ上達パーフェクトレッスン

新版

厚木 彩 監修

スターダンサーズ・バレエ団

はじめに

はなやかな衣装《いしょう》と美《うつく》しい動《うご》き。バレエは昔《むかし》から女《おんな》の子《こ》たちの憧《あこが》れです。

しかし、バレエを習《なら》っていると、「あれができない…」といった壁《かべ》にぶつかることもあるでしょう。そんなときもあきらめず、たくさん練習《れんしゅう》してください。きっとできるようになります。

今回《こんかい》、小学生《しょうがくせい》を中心としたお子《こ》さん向《む》けに本《ほん》を作成《さくせい》いたしました。

まだまだこの誌面《しめん》だけでは伝《つたえ》えきれないことばかりですが、レッスンの手助《てだす》けになればと思《おも》います。

みなさんが、この本《ほん》でさらにバレエの楽《たの》しさをしり、
もっとにバレエが大好《だいす》きになってくれたらうれしいです。

監修《かんしゅう》　厚木彩《あつぎあや》

プロフィール

厚木 彩（あつぎあや）

スターダンサーズバレエスクール、松山《まつやま》バレエ学校中等科《がっこうちゅうとうか》・高等科《こうとうか》を経《へ》て松山《まつやま》バレエ団《だん》に参加《さんか》。母《はは》・厚木明枝《あつぎあきえ》、早川恵美子《はやかわえみこ》・博子両氏《ひろこりょうし》などに師事《しじ》。1999年《ねん》から2014年《ねん》までスターダンサーズ・バレエ団《だん》の全公演《ぜんこうえん》に参加《さんか》、ソリストとして活躍《かつやく》。現在《げんざい》は、スタジオA厚木明枝《あつぎあきえ》バレエ教《きょう》室《しつ》、NOAバレエスクール、スターダンサーズバレエスクールなどで指導《しどう》にあたっている。

※本書は2017年発行の『ジュニアのためのバレエ上達パーフェクトレッスン』の新版です。

この本の使い方

この本《ほん》は、バレエがもっとうまくなるためのポイントをパ、レッスンごとに紹介《しょうかい》した本《ほん》です。

基本的《きほんてき》に2ページ、もしくは4ページで1つのパ（バレエの動《うご》き）のレッスンを紹介《しょうかい》しています。苦手《にがて》とするうごきや、覚《おぼ》えたい部分《ぶぶん》をえらんで読《よ》み進《すす》められます。

また、そのポイントをわかりやすく説《せつ》明《めい》するために、アップや横《よこ》からの写真《しゃしん》をつかってくわしく紹介《しょうかい》しています。

みなさんのレベルアップのために、ぜひ参考《さんこう》になさってください。

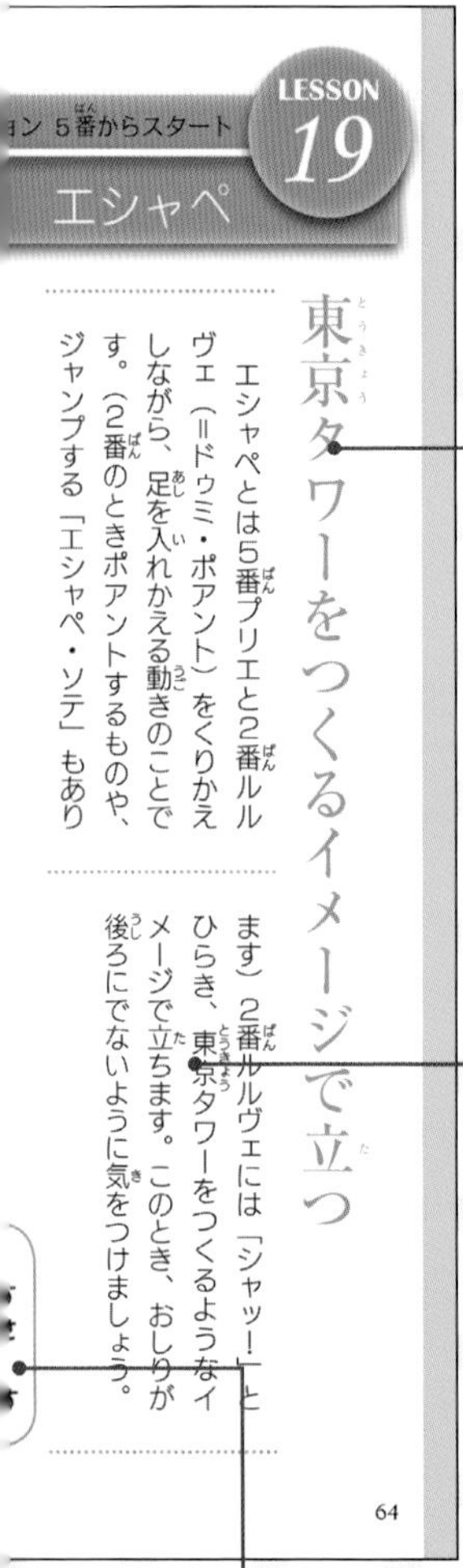
ョン 5番《ばん》からスタート

LESSON 19

エシャペ

東京《とうきょう》タワーをつくるイメージで立《た》つ

エシャペとは5番《ばん》プリエと2番《ばん》ルルヴェ（＝ドゥミ・ポアント）をくりかえしながら、足《あし》を入《い》れかえる動《うご》きのことです。（2番《ばん》のときポアントするものや、ジャンプする「エシャペ・ソテ」もあります）2番《ばん》ルルヴェには「シャッ！」とひらき、東京《とうきょう》タワーをつくるようなイメージで立《た》ちます。このとき、おしりが後《うし》ろにでないように気《き》をつけましょう。

64

タイトル

タイトルには、このページの一番大切《いちばんたいせつ》なポイントがかかれています。頭《あたま》にいれて動《うご》きましょう。

本《ほん》文《ぶん》

そのパ、レッスンについて解説《かいせつ》しています。

チェックポイント

そのパ、レッスンで、一番大切《いちばんたいせつ》なポイントをあげています。

動《うご》きのながれ

そのパやレッスンのながれを紹介《しょうかい》します。動《うご》き方《かた》がわかります。

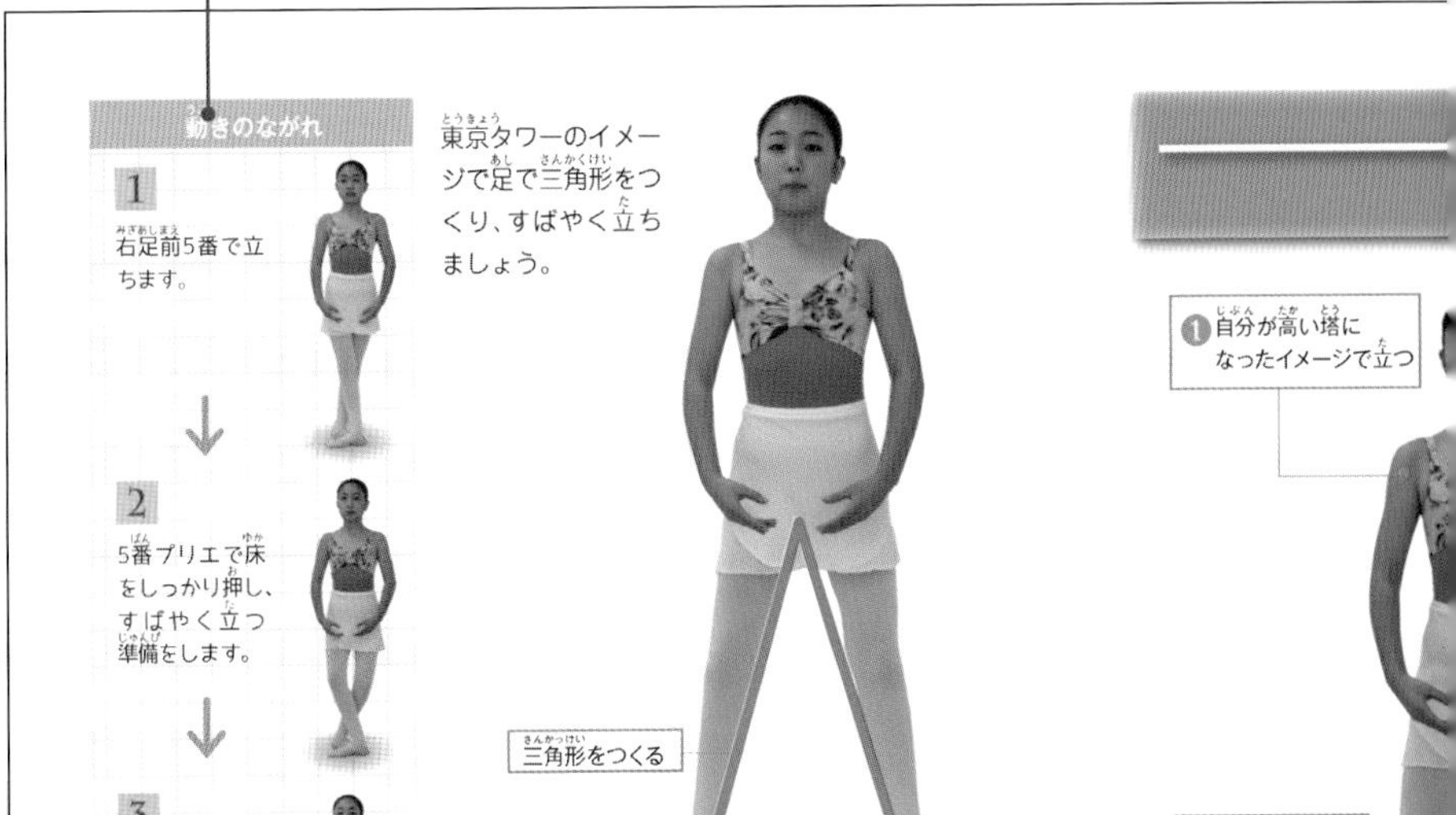
動きのながれ
1
右足前《みぎあしまえ》5番で立ちます。
2
5番《ばん》プリエで床《ゆか》をしっかり押《お》し、すばやく立《た》つ準備《じゅんび》をします。
3
2番《ばん》ルルヴェにシャッと高《たか》く立ちます。背《せ》を高《たか》くたもちます。
4
足《あし》を入《い》れかえて左足前《ひだりあしまえ》5番《ばん》にプリエでやわらかくおります。
東京《とうきょう》タワーのイメージで足《あし》で三角形《さんかくけい》をつくり、すばやく立《た》ちましょう。
三角形《さんかっけい》をつくる
ここに注目
床《ゆか》をおす
90度《ど》
足《あし》をアン・ドゥオールしカカトを前《まえ》に。足《あし》のうらが床《ゆか》に垂直《すいちょく》になるようにします。
悪《わる》い例《れい》
カカトが低《ひく》く、ヒザが曲《ま》がり、体重《たいじゅう》の軸《じく》が足《あし》の小指側《こゆびがわ》にかからないよう注意《ちゅうい》しましょう。
❶自分《じぶん》が高《たか》い塔《とう》になったイメージで立《た》つ
❷すばやくスライドさせる
❸足《あし》の指《ゆび》で床《ゆか》をおす
チェックポ
❶両足《りょうあし》で東京《とうきょう》タワーをつく
❷両足《りょうあし》を左右《さゆう》にすばやく「シ
せます
❸ルルヴェのとき足《あし》の指《ゆび》で
65

ここに注目《ちゅうもく》

クローズアップした写真《しゃしん》をつかって、別《べつ》の方向《ほうこう》から動《うご》きをかくにんします。

悪《わる》い例《れい》

初心者《しょしんしゃ》がとくにまちがいやすいことを写真《しゃしん》をつかって説明《せつめい》します。

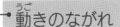

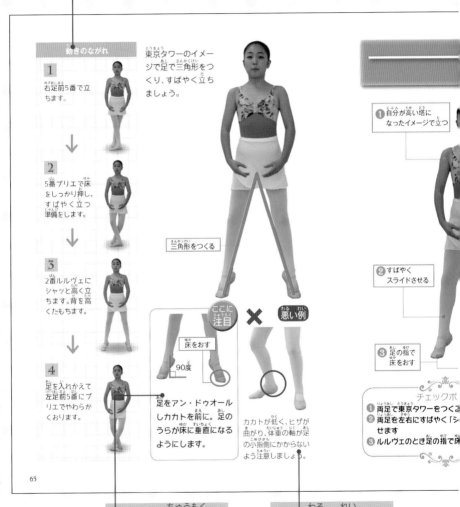

もくじ

PART 3 センターレッスンで動《うご》きのある踊《おど》りをみせましょう

PART 4 踊《おど》りのつなぎにつかうパを覚《おぼ》えましょう

PART 1

方向《ほうこう》、手足《てあし》の位置《いち》を確認《かくにん》しましょう

バレエの一番《いちばん》の基本《きほん》は、方向《ほうこう》や手足《てあし》の位置《いち》を覚《おぼ》えることです。これを覚《おぼ》えているだけで、レッスンがよりわかりやすくなります。まず始《はじ》めに覚《おぼ》えましょう。

LESSON 1

足《あし》のポジション

足《あし》のつけ根《ね》から外《そと》がわに回《まわ》す

足《あし》のポジションは6つあります。どのポジションもツマ先《さき》とヒザの方向《ほうこう》をそろえて立ちます。さいしょから180度《ど》ひらくのはむずかしいので、足《あし》のつけ根《ね》から外《そと》がわに回《まわ》すイメージでできるだけひらきましょう。（外《そと》がわに回《まわ》すことを「アン・ドゥオール」といいます）ヒザ、ツマ先《さき》もアン・ドゥオールしていきます。おなかを上《うえ》に引《ひ》きあげて、足《あし》のうら全部《ぜんぶ》で床《ゆか》をおすように立ちます。

チェックポイント

- ①**足《あし》のつけ根《ね》から外《そと》がわに回《まわ》します（＝「アン・ドゥオール」）**
- ②**足《あし》のうら全部《ぜんぶ》で床《ゆか》をおします**
- ③**背《せ》が高《たか》くなるような気持《きも》ちで上《うえ》に引《ひ》きあげて立《た》ちます**

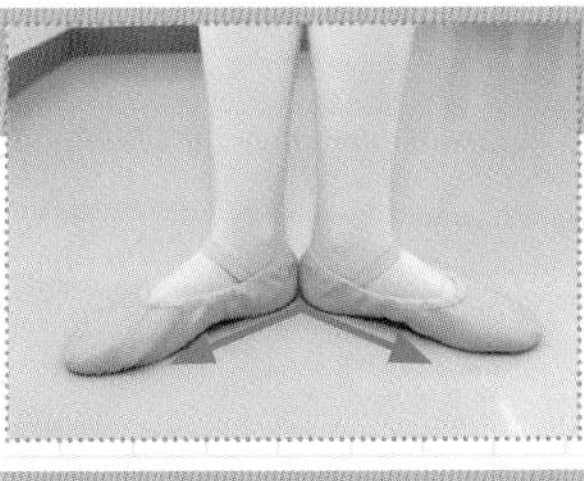

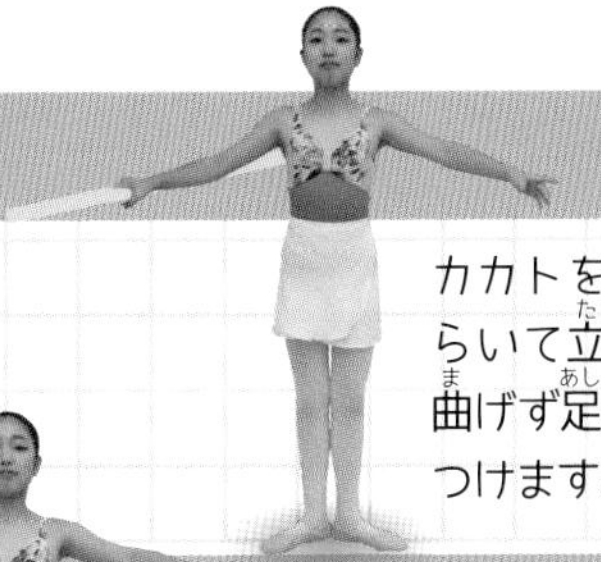

1番《ばん》

カカトをつけ、ツマ先《さき》をひらいて立《た》つポーズ。ヒザは曲《ま》げず足《あし》の指《ゆび》をすべて床《ゆか》につけます。

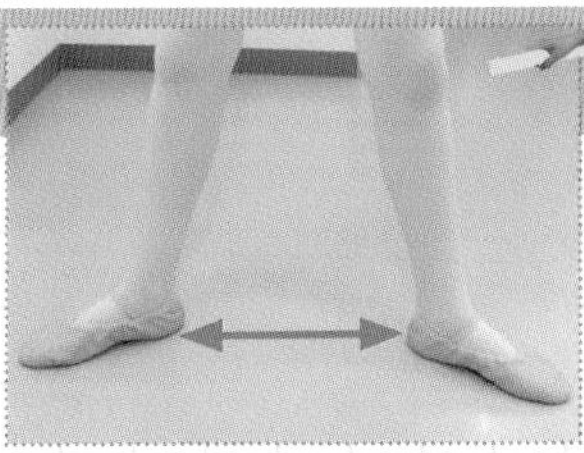

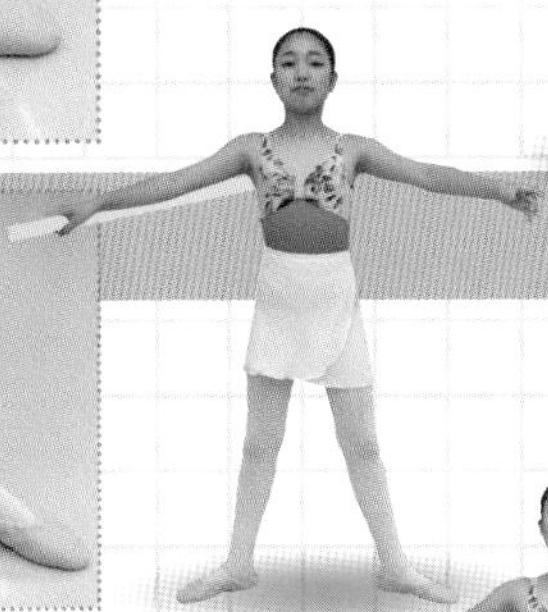

2番《ばん》

足《あし》を肩《かた》はばくらい(自分《じぶん》の足《あし》ひとつ半分《はんぶん》)ひらきます。カカトを前《まえ》に出《だ》すように意識《いしき》します。

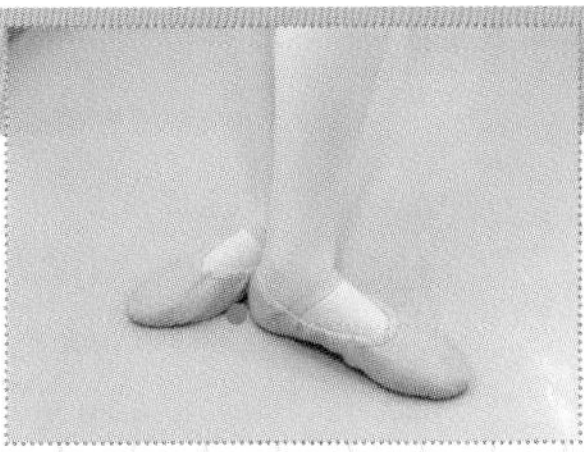

3番《ばん》

前《まえ》の足《あし》のカカトを後《うし》ろの足《あし》の土《つち》ふまずにつけます。(あまり使《つか》わないポジションです)

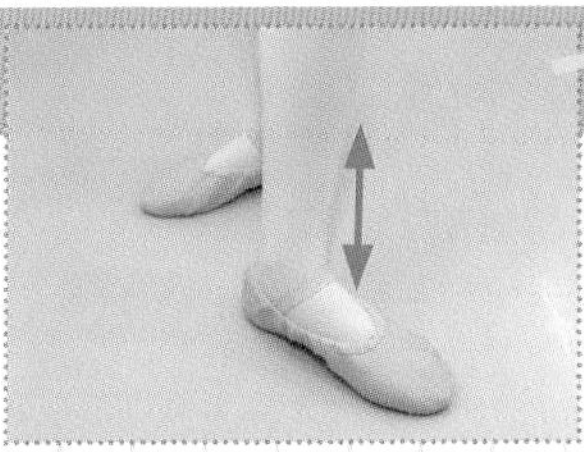

4番《ばん》

第《だい》5ポジションの足《あし》と足《あし》の間《あいだ》に自分《じぶん》の足《あし》がたてにひとつ入《はい》るくらいあけます。

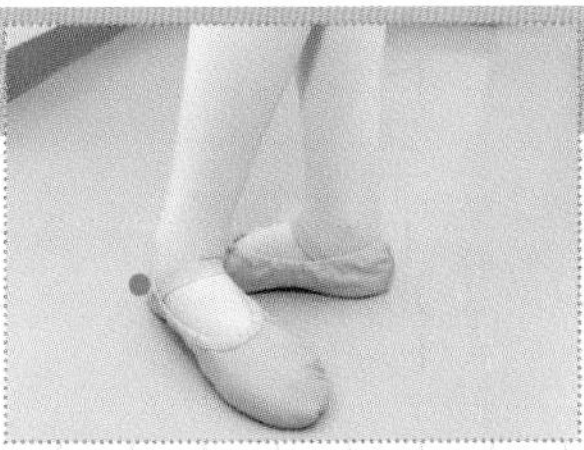

5番《ばん》

前足《まえあし》のカカトに後《うし》ろ足《あし》のツマ先《さき》をつけます。ヒザ・ツマ先《さき》はアン・ドゥオールします。

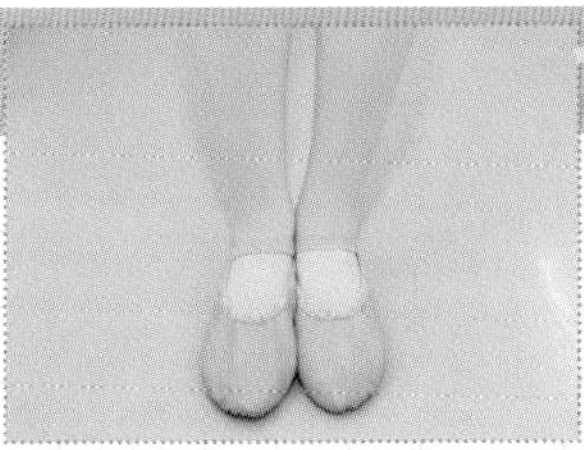

6番《ばん》

ヒザとツマ先《さき》を正面《しょうめん》に向《む》けてまっすぐ立《た》ちます。足《あし》のうら全部《ぜんぶ》で床《ゆか》をおします。

手《て》のポジション

背《せ》スジから指先《ゆびさき》にまで気《き》をくばる

手《て》のポジションには、「アン・バー」「アン・ナヴァン」「アン・オー」「ア・ラ・スゴンド」「アロンジェ」の5つがあります。それぞれ基本《きほん》となる手《て》のポジションです。肩《かた》に力《ちから》をいれず、ヒジの向《む》きや指先《ゆびさき》の形《かたち》にも気《き》をくばりましょう。手《て》の形《かたち》だけではなく、姿勢《しせい》にも気《き》をつけます。背《せ》が高《たか》くなるイメージをもち、引《ひ》きあげて立《た》ちます。実際《じっさい》にポーズをとりながら注意点《ちゅういてん》に気《き》をつけてやってみましょう。

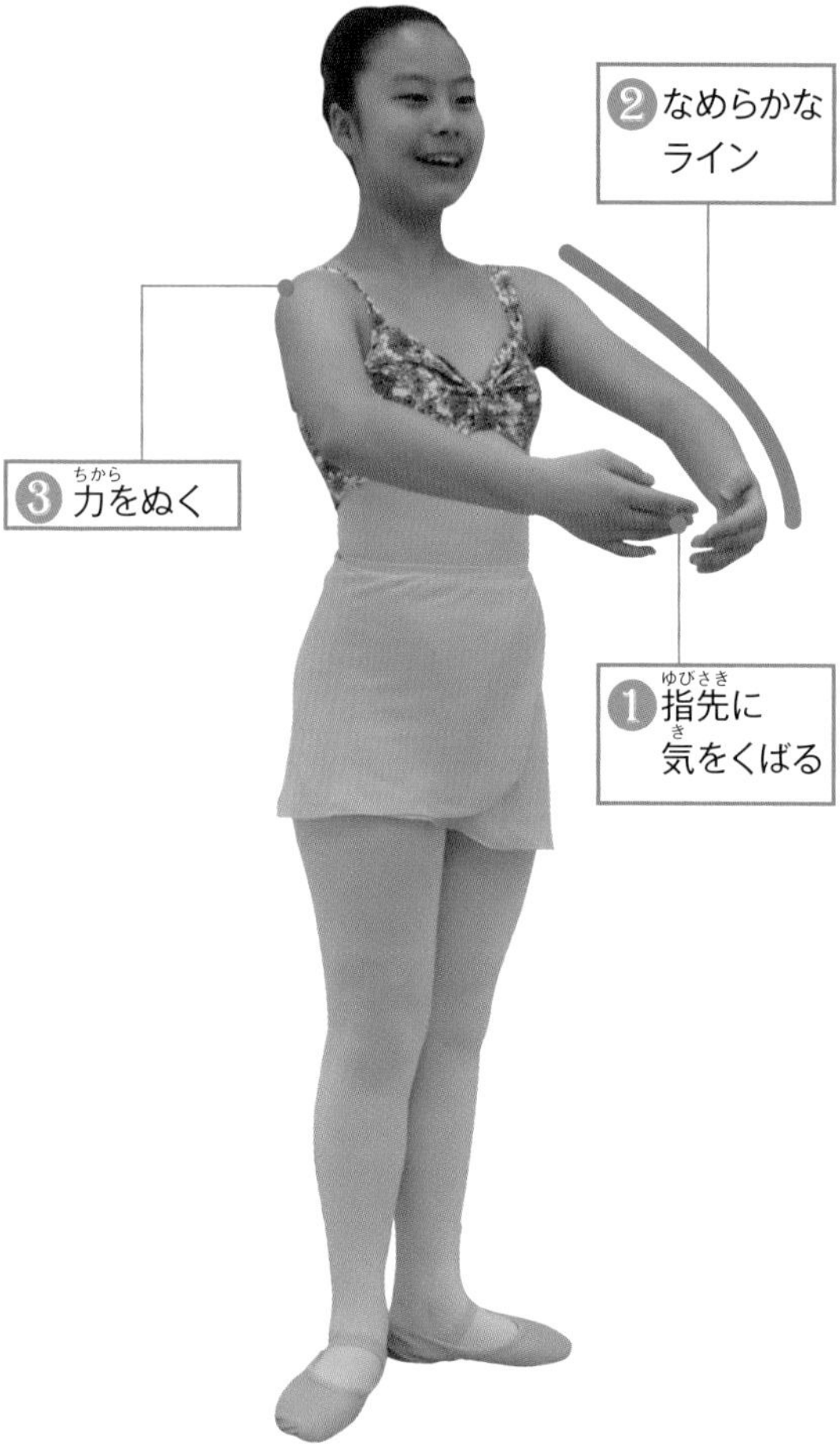

チェックポイント

① 背《せ》スジ、肩《かた》、ヒジ、指先《ゆびさき》に気《き》をくばります
② 手首《てくび》が折《お》れないようになめらかなラインをつくります
③ 肩《かた》や胸《むね》に力《ちから》をいれすぎないように気《き》をつけます

● アン・バー ●

ワキの下《した》に卵《たまご》をはさんでいるイメージでヒジをかるく曲《ま》げ、手首《てくび》・ヒジを曲《ま》げすぎないようにします。体《からだ》から少しはなし、自然《しぜん》に流《なが》れるような美《うつく》しいだ円《えん》にします。

● アン・ナヴァン ●

胸元《むなもと》をかくさず大《おお》きなボールをかかえるイメージでみぞおちの前《まえ》に円《えん》をつくります。手《て》はかたくならないようにしましょう。

● アン・オー ●

アン・ナヴァンの円《えん》を頭《あたま》の上《うえ》まであげます。肩《かた》があがってしまうなら、おでこの前《まえ》ぐらいでよいでしょう。

● ア・ラ・スゴンド ●

アン・ナヴァンをくずさず横《よこ》へ開《ひら》きます。肩《かた》から指先《ゆびさき》へ水《みず》がながれていくライン。

● アロンジェ ●

アン・オーの延長上《えんちょうじょう》で手《て》のひらを外《そと》がわへ返《かえ》します。アロンジェには、写真《しゃしん》のように両手《りょうて》を上《うえ》にあげるもののほか、片手《かたて》を上《うえ》でもう一方《いっぽう》は別《べつ》のポジションというパターンもあります。

ひとことアドバイス

バレエでは、もちろん足《あし》の動《うご》き方《かた》や姿勢《しせい》も大切《たいせつ》ですが、腕《うで》のつかい方《かた》も大切《たいせつ》です。しなやかに、やわらかく動《うご》かすことで、踊《おど》りがもっと美《うつく》しくみえます。

腕《うで》は、基本的《きほんてき》には、ここで紹介《しょうかい》したどれかのポジションを通《とお》って動《うご》かします。ですので、この5つのポジションの位置《いち》と腕《うで》のつかい方《かた》は身《み》につけておきましょう。指先《ゆびさき》まで意識《いしき》して、動《うご》かしましょう。

体《からだ》と足《あし》の方向《ほうこう》

方向《ほうこう》の組《く》みあわせでポーズが決《き》まる

体《からだ》の向《む》きを表《あらわ》す「アン・ファス」（正面《しょうめん》）・「クロワゼ」「エファセ」（ナナメ）と、足《あし》の出《だ》す方向《ほうこう》を表《あらわ》す「ドゥヴァン」（前《まえ》）・「ア・ラ・スゴンド」（横《よこ》）・「デリエール」（後《うし》ろ）の組《く》みあわせでポーズが決《き》まります。それぞれの用語《ようご》とポーズが一致《いっち》するように覚《おぼ》えましょう。「ワガノワ派《は》の方向番号《ほうこうばんごう》」（客席側正面《きゃくせきがわしょうめん》を①として45°で区切《くぎ》り、時計回《とけいまわ》りに番号《ばんごう》をふる。P17参照《さんしょう》）を理解《りかい》しておくと覚《おぼ》えやすいでしょう。

チェックポイント

① **体《からだ》と足《あし》の方向《ほうこう》の組《く》みあわせでポーズが決《き》まります**
② **エポールマン（上体《じょうたい》のみひねって顔《かお》を正面《しょうめん》にする）は首《くび》スジを美《うつく》しく**
③ **ワガノワ派《は》の方向番号《ほうこうばんごう》を覚《おぼ》えましょう**

アン・ファス（5番《ばん》）

正面《しょうめん》を向いたポジションです。顔《かお》も体《からだ》の向《む》きも正面《しょうめん》です。ワガノワ派《は》の方向番号《ほうこうばんごう》（P17のイラストの番号《ばんごう》）では、①を向《む》きます。

クロワゼ（5番《ばん》）

正面《しょうめん》からみると足《あし》がクロスする方向《ほうこう》に体《からだ》を45度《ど》に向《む》けます。右足前《みぎあしまえ》5番《ばん》ならワガノワ派《は》の方向番号《ほうこうばんごう》で体《からだ》を⑧に向《む》け、左足前《ひだりあしまえ》5番《ばん》なら体《からだ》は②の方向《ほうこう》になります。エポールマン（顔《かお》は正面《しょうめん》を向《む》け、体《からだ》の軸《じく》にそって上体《じょうたい》をひねること）で立《た》ちます。

エファセ（5番《ばん》）

正面《しょうめん》からみると足《あし》が交差《こうさ》しない方向《ほうこう》に体《からだ》を45度《ど》ナナメに向《む》けます。右足前《みぎあしまえ》5番《ばん》なら体《からだ》は②を向《む》き、左足前《ひだりあしまえ》5番《ばん》なら体《からだ》は⑧の方向《ほうこう》になります。クロワゼ同様《どうよう》、エポールマンで立《た》ちます。

● クロワゼ・ドゥヴァン ●

正面《しょうめん》からみて足《あし》がクロスする方向《ほうこう》に立《た》った「クロワゼ」のまま、足《あし》を「ドゥヴァン（前《まえ》）」にだします。顔《かお》は前《まえ》の手《て》のほうにつけるときと、正面《しょうめん》の遠《とお》くをみるときがあります。ワガノワ派《は》の番号《ばんごう》は、右足前《みぎあしまえ》5番《ばん》のとき、体《からだ》の方向《ほうこう》⑧、右足《みぎあし》を出《だ》す方向《ほうこう》⑧。（逆《ぎゃく》もあります）

●エファセ・ドゥヴァン ●

正面《しょうめん》から見《み》て足《あし》が交差《こうさ》しない方向《ほうこう》に立《た》った「エファセ」のまま、足《あし》を「ドゥヴァン（前《まえ》）」に出《だ》します。顔《かお》は正面《しょうめん》の遠《とお》くをみます。右足前《みぎあしまえ》5番《ばん》のとき、体《からだ》の方向《ほうこう》②、右足《みぎあし》を出《だ》す方向《ほうこう》②。（逆《ぎゃく》もあります）

● エカルテ・ドゥヴァン ●

「エカルテ」は「離《はな》れた」という意味《いみ》。足《あし》は横《よこ》にだしますが、客席《きゃくせき》がわを「前《まえ》」と考《かんが》え「ドゥヴァン（前方《ぜんぽう》に）」というわけです。顔《かお》は足《あし》の方向《ほうこう》のナナメ上《うえ》をみます。ワガノワ派《は》の番号《ばんごう》では、体《からだ》の向《む》きが⑧のとき、右足《みぎあし》は②の方向《ほうこう》に出《だ》します。（逆《ぎゃく》もあります）

● エカルテ・デリエール ●

エカルテ・ドゥヴァン同様《どうよう》、足《あし》は横《よこ》にだしますが、客席《きゃくせき》がわを「前《まえ》」と考《かんが》えると「デリエール（後方《こうほう》に）」になります。顔《かお》は、軸足《じくあし》がわのナナメ下《した》の遠《とお》くをみます。ワガノワ派《は》の番号《ばんごう》では、体《からだ》の向《む》きが⑧のとき、左足《ひだりあし》は⑥の方向《ほうこう》にだします。（逆《ぎゃく》もあります）

● ワガノワ派《は》の番号《ばんごう》 ●

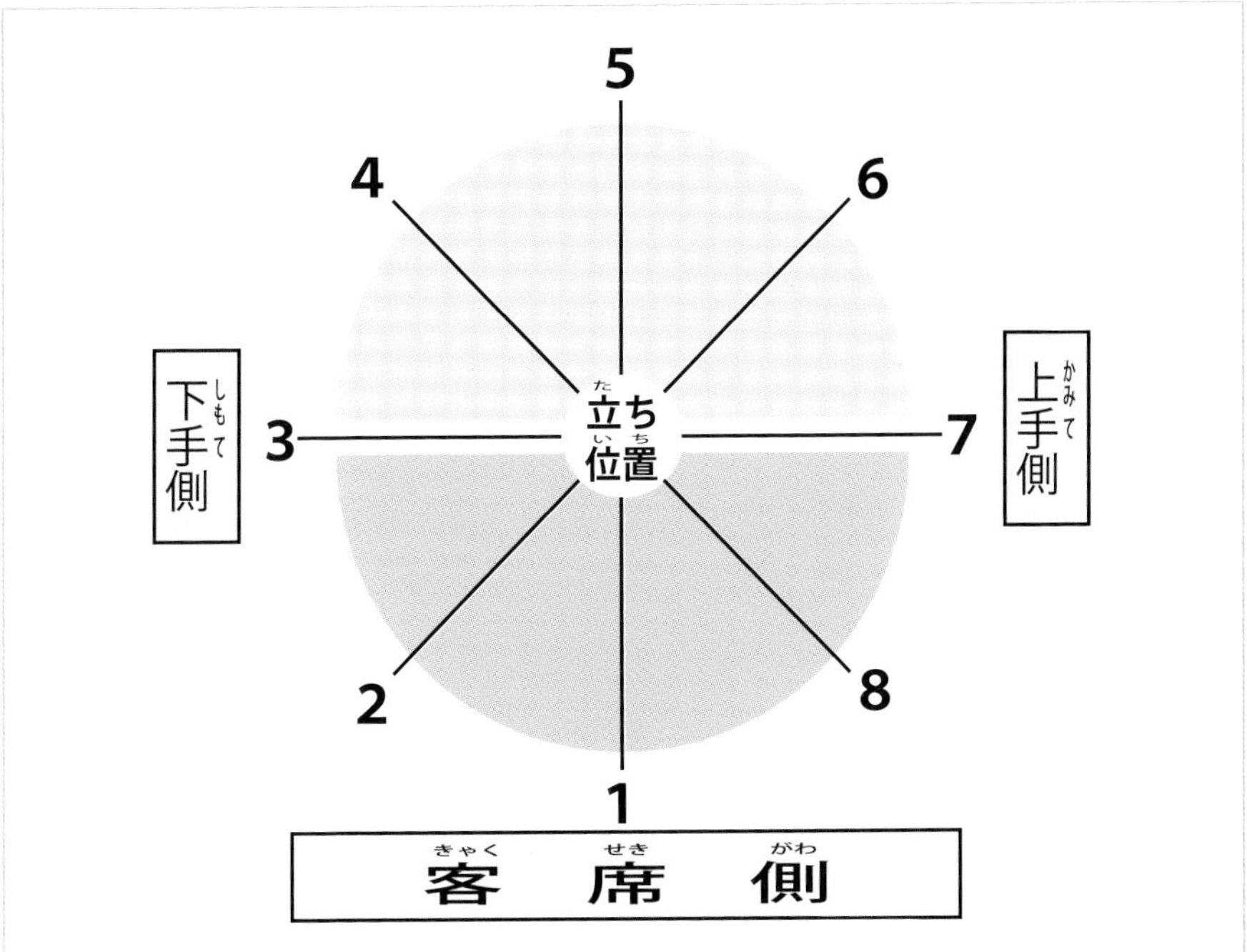

ロシアのバレエの元《もと》となっている「ワガノワ派《は》」がつかっている上《うえ》のイラストの番号《ばんごう》を、この本《ほん》では「ワガノワ派《は》の番号《ばんごう》」とします。アンファス（客席《きゃくせき》にむかって正面《しょうめん》）を１番《ばん》とし、時計回《とけいまわ》りに45度《ど》ずつくぎって番号《ばんごう》をつけています。

アラベスク

胸《むね》・肩《かた》・指先《ゆびさき》にも意識《いしき》をもつ

片足《かたあし》で立《た》ち、もう片方《かたほう》の足《あし》を後《うし》ろにのばすのがアラベスク。

体《からだ》のやわらかさが必要《ひつよう》な美《うつく》しいポーズですが、足《あし》を高《たか》くあげるということだけではなく、胸《むね》・肩《かた》・指先《ゆびさき》・あげた足《あし》のヒザ・ツマ先《さき》にも気《き》をつけ、軸足《じくあし》がしっかりアン・ドゥオールすることにも注意《ちゅうい》します。

アラベスクは手《て》と足《あし》の組《く》みあわせで4種類《しゅるい》あるのでそれぞれの名前《なまえ》と手《て》と足《あし》の方向《ほうこう》を覚《おぼ》え、ポイントをおさえてやってみましょう。

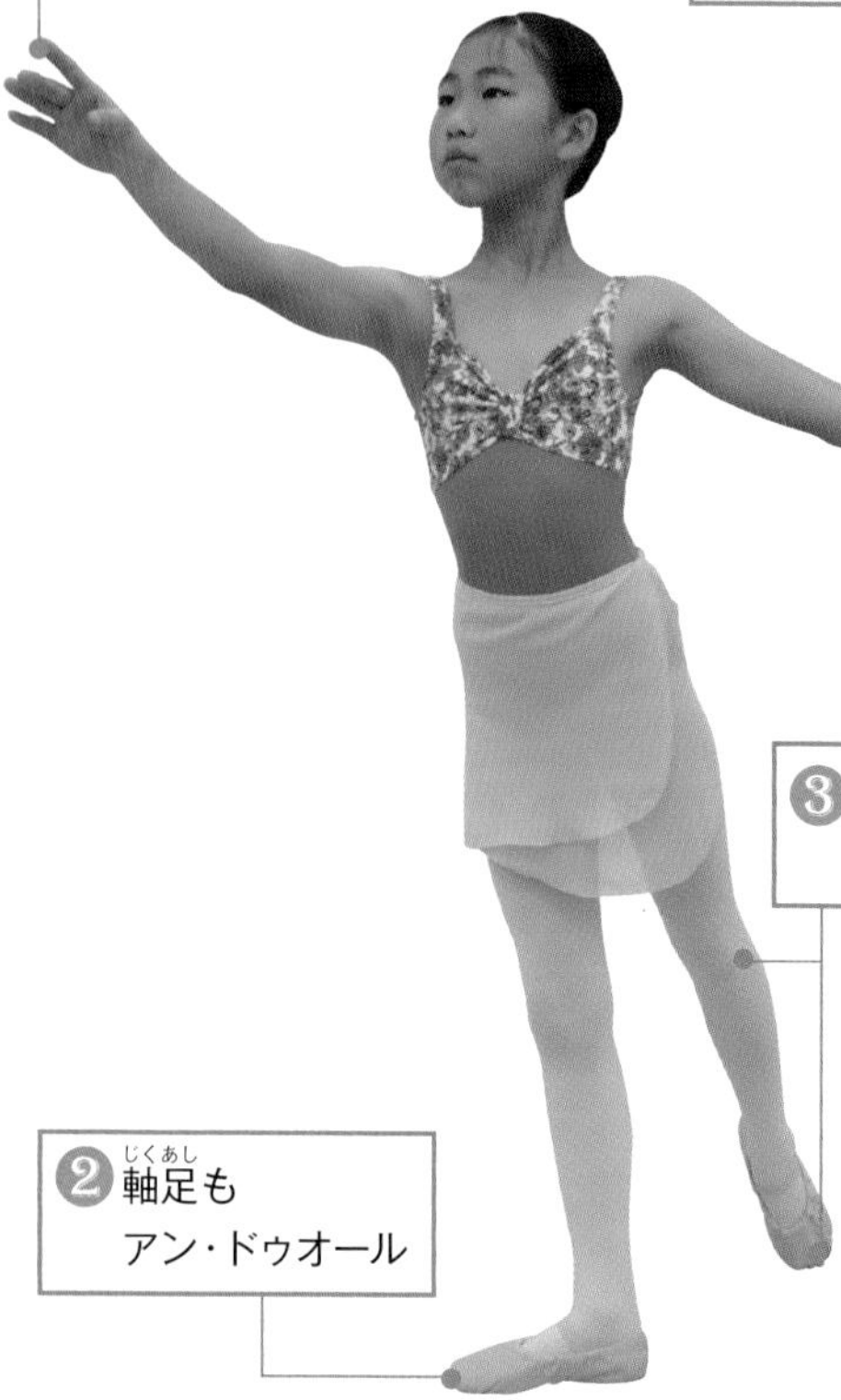

チェックポイント

❶ 足《あし》だけでなく、胸《むね》・肩《かた》・指先《ゆびさき》にも意識《いしき》を
❷ 軸足《じくあし》もしっかりアン・ドゥオール
❸ あげた足《あし》のヒザ・ツマ先《さき》はしっかりのばしましょう

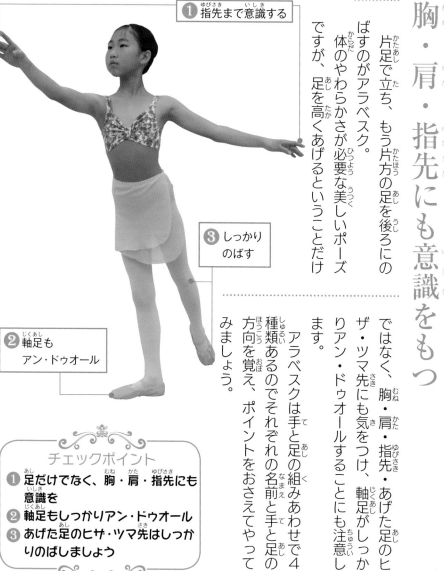

● 第《だい》1アラベスク ●

右手《みぎて》を前《まえ》にだし、手先《てさき》は鼻《はな》の前《まえ》あたりに。左手《ひだりて》はア・ラ・スゴンドに伸《の》ばします。軸《じく》の足《あし》は右足《みぎあし》で、アン・ドゥオールします。

● 第《だい》2アラベスク ●

第《だい》1アラベスクの手《て》のみを逆《ぎゃく》にします。左《ひだり》のワキの下《した》を長《なが》くのばし、左肩《ひだりかた》のほうが右肩《みぎかた》より少《すこ》し高《たか》くなります。

● 第《だい》3アラベスク ●

第《だい》1アラベスクの手《て》はそのまま、足《あし》を逆《ぎゃく》にします。横《よこ》にのばした手《て》のほうの胸《むね》と肩《かた》を広《ひろ》げ、足《あし》は遠《とお》くへのばします。

● 第《だい》4アラベスク ●

第《だい》1アラベスクの手足《てあし》を逆《ぎゃく》にして立《た》ちます。前《まえ》にのばした手《て》の小指《こゆび》のほうをみながら、体《からだ》をしぼって立《た》つと美《うつく》しくみえます。

※ アラベスクの足《あし》の高《たか》さはパによって変《か》わります。ここでは手足《てあし》の位置《いち》を示《しめ》すだけにとどめています。

LESSON 5

レッスン用具《ようぐ》

レッスンに必要《ひつよう》なものをしろう

バレエのレッスンを習《なら》うために最低限《さいていげん》必要《ひつよう》なものは、つぎの3点《てん》です。

- レオタード
- バレエシューズ
- タイツ

そのほかに、あるとよいものもあります。

- ボレロ、カシュクールなどの上着《うわぎ》
- レッグウォーマー
- ヘアネット

基本的《きほんてき》には、お教室《きょうしつ》の先生《せんせい》の指示《しじ》にしたがって、必要《ひつよう》なものを用意《ようい》しましょう。レオタードやシューズ、タイツは販売《はんばい》しているお教室《きょうしつ》もありますが、そのほかにもバレエ用品専門店《ようひんせんもんてん》で購入《こうにゅう》する、ネットを利用《りよう》して通販《つうはん》するといった方法《ほうほう》もあります。

お教室《きょうしつ》によっては、スカートのついたレオタードは禁止《きんし》、黒《くろ》のレオタードのみといった指定《してい》があることがありますので、個人《こじん》で購入《こうにゅう》する場合《ばあい》には、先生《せんせい》に指定《してい》の有無《うむ》を確認《かくにん》するのがよいでしょう。

レオタードは体《からだ》のラインがよくみえるものがいいでしょう。スカートつきのものもありますが、おしりのラインがよくみえないので、子供《こども》のレオタードはスカートのついてないものをおすすめします。

体《からだ》をひやすと怪我《けが》のもとになるので、レッスンの直前《ちょくぜん》まで羽織《はお》るもの（カーディガン・スエットなど）があってもいいかもしれません。

バレエシューズも、自分《じぶん》の足《あし》のサイズにあったものを選《えら》びましょう。バレエシューズは、通常《つうじょう》のクツと合《あ》うサイズが違《ちが》う場合《ばあい》もありますので、試《ため》し履《ば》きすることをおすすめします。

レッスンの髪型《かみがた》はシニヨンと呼ばれる「おだんご」にまとめるのが一般的《いっぱんてき》です。舞台《ぶたい》にあがるときほど、きちんと形《かたち》を作《つく》る必要《ひつよう》はありませんが、レッスンのジャマにならないように、しっかりと結《ゆ》っておきましょう。

PART 2

バーレッスンは踊《おど》りの基本《きほん》です

レッスンにおいて、基礎《きそ》を覚《おぼ》えるためにも
バーレッスンが大切《たいせつ》です。
正《ただ》しく体《からだ》をつかうことを意識《いしき》しながら、
練習《れんしゅう》しましょう。

LESSON 6

足《あし》のポジション 1番《ばん》／5番《ばん》

プレパレーション

背《せ》が高《たか》くなったようなイメージで立《た》つ

プレパレーションとは、動作《どうさ》をはじめる前《まえ》の最初《さいしょ》の準備《じゅんび》のことをいいます。いろいろなやり方《かた》・ポーズがあります。

プレパレーションは、バーレッスンのときに動作《どうさ》の前《まえ》にする動《うご》きです。背《せ》が高《たか》くなったようなイメージで、上体《じょうたい》をひきあげ、床《ゆか》をしっかりおし、エポールマンで立《た》ちます。

何度《なんど》もくり返《かえ》し行《おこな》う動作《どうさ》だからこそ、ポイントをおさえて美《うつく》しく動《うご》きましょう。

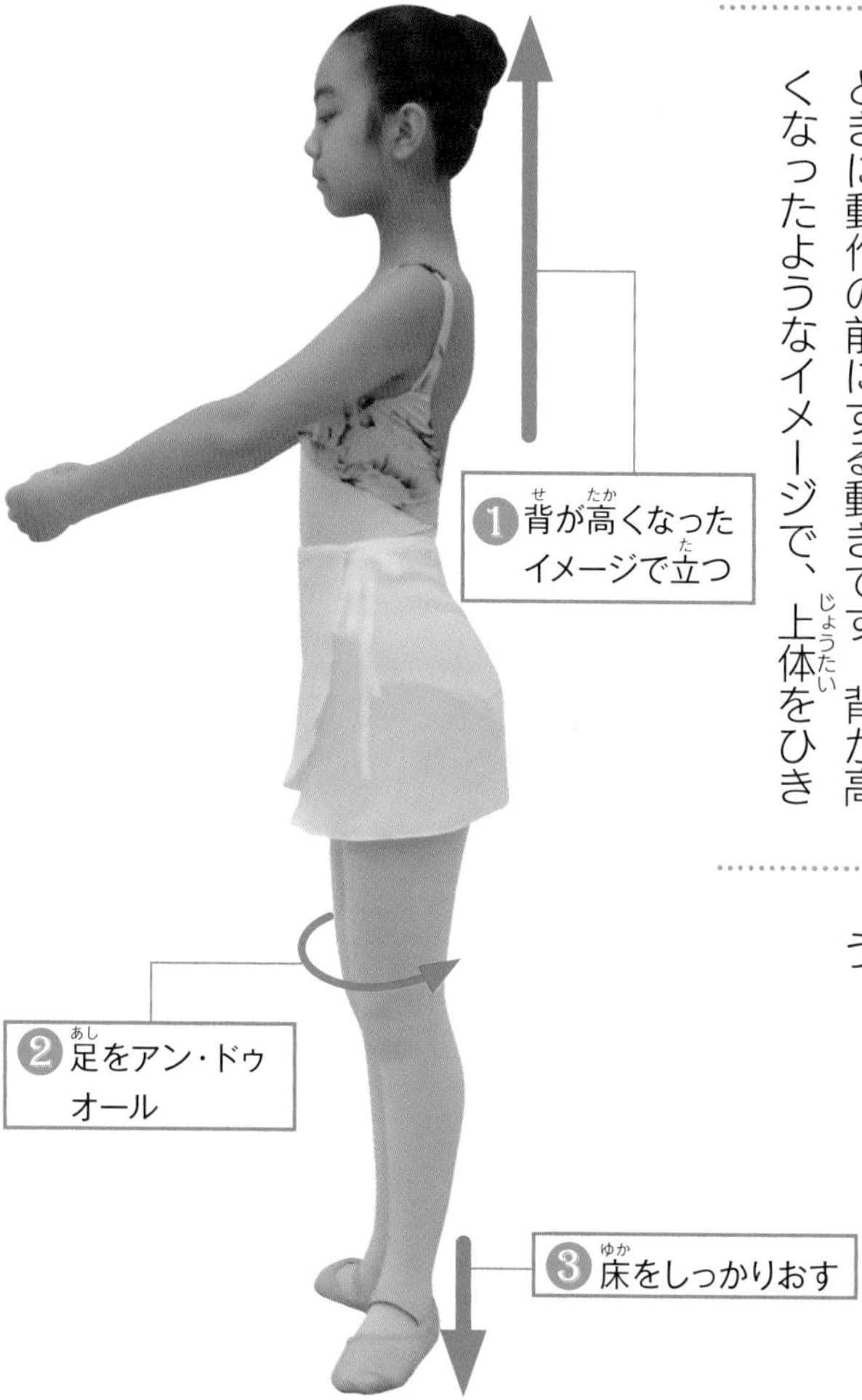

チェックポイント

❶ 背《せ》が高《たか》くなったようなイメージで立《た》ちましょう
❷ 足《あし》をアン・ドゥールします
❸ 床《ゆか》を足《あし》うらでしっかりおしましょう

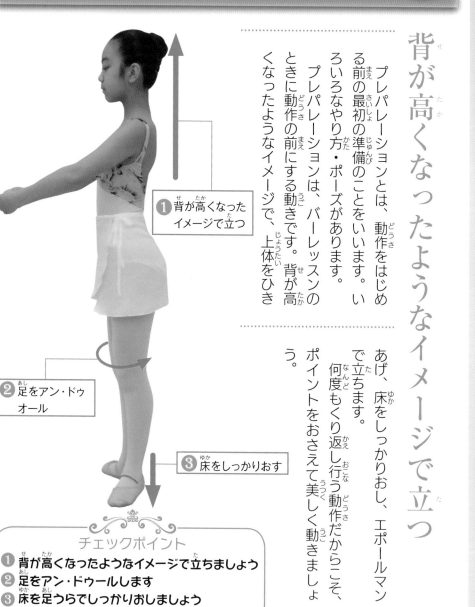

動《うご》きのながれ

1

アン・バーで顔《かお》は外《そと》がわ。床《ゆか》をしっかりおして引《ひ》きあげてたちます。

↓

2

アン・ナヴァンから手《て》のほうをみてア・ラ・スゴンドへ。

↓

3

ア・ラ・スゴンドに。目線《めせん》は外《そと》がわの遠《とお》く。親指《おやゆび》をしまって。

↓

4

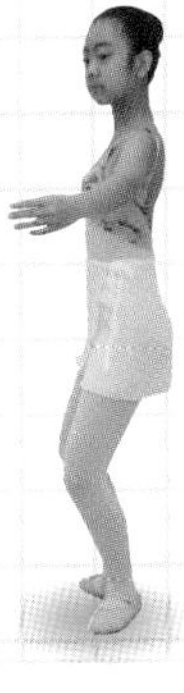

ア・ラ・スゴンド、顔《かお》は外《そと》がわのままで動作《どうさ》に入《はい》ります。

ワキの下《した》に卵《たまご》をはさんでいるイメージでだ円《えん》をつくります。

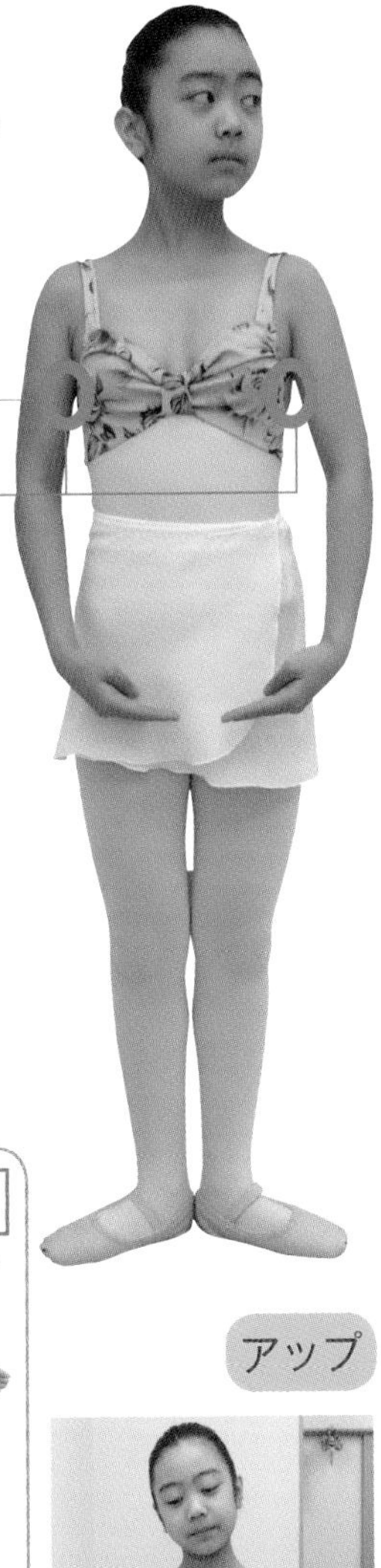

ここに注目《ちゅうもく》

手《て》を開《ひら》く動《うご》きと同《おな》じように目線《めせん》は外《そと》がわに向《む》けます。動作《どうさ》がはじまるときの姿勢《しせい》です。

アップ

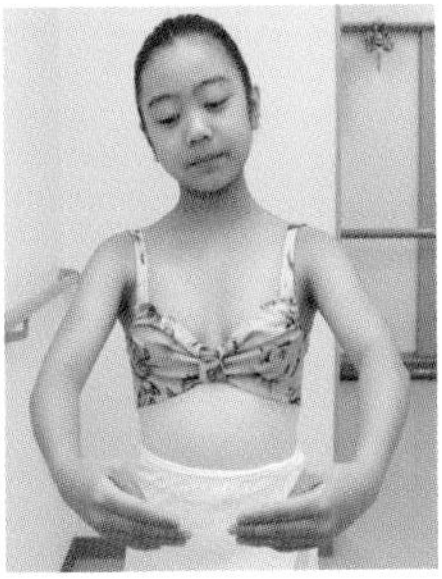

アン・ナヴァンを通過《つうか》してア・ラ・スゴンドに。ていねいに腕《うで》を動《うご》かしましょう。

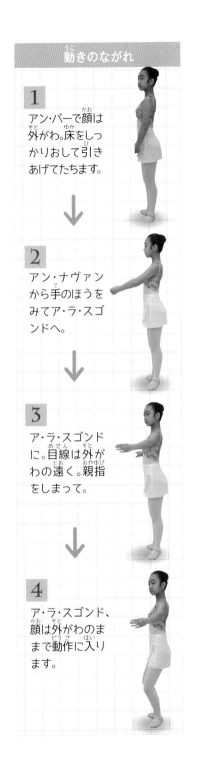

LESSON 7

足《あし》のポジション 1番《ばん》からスタート

プリエ

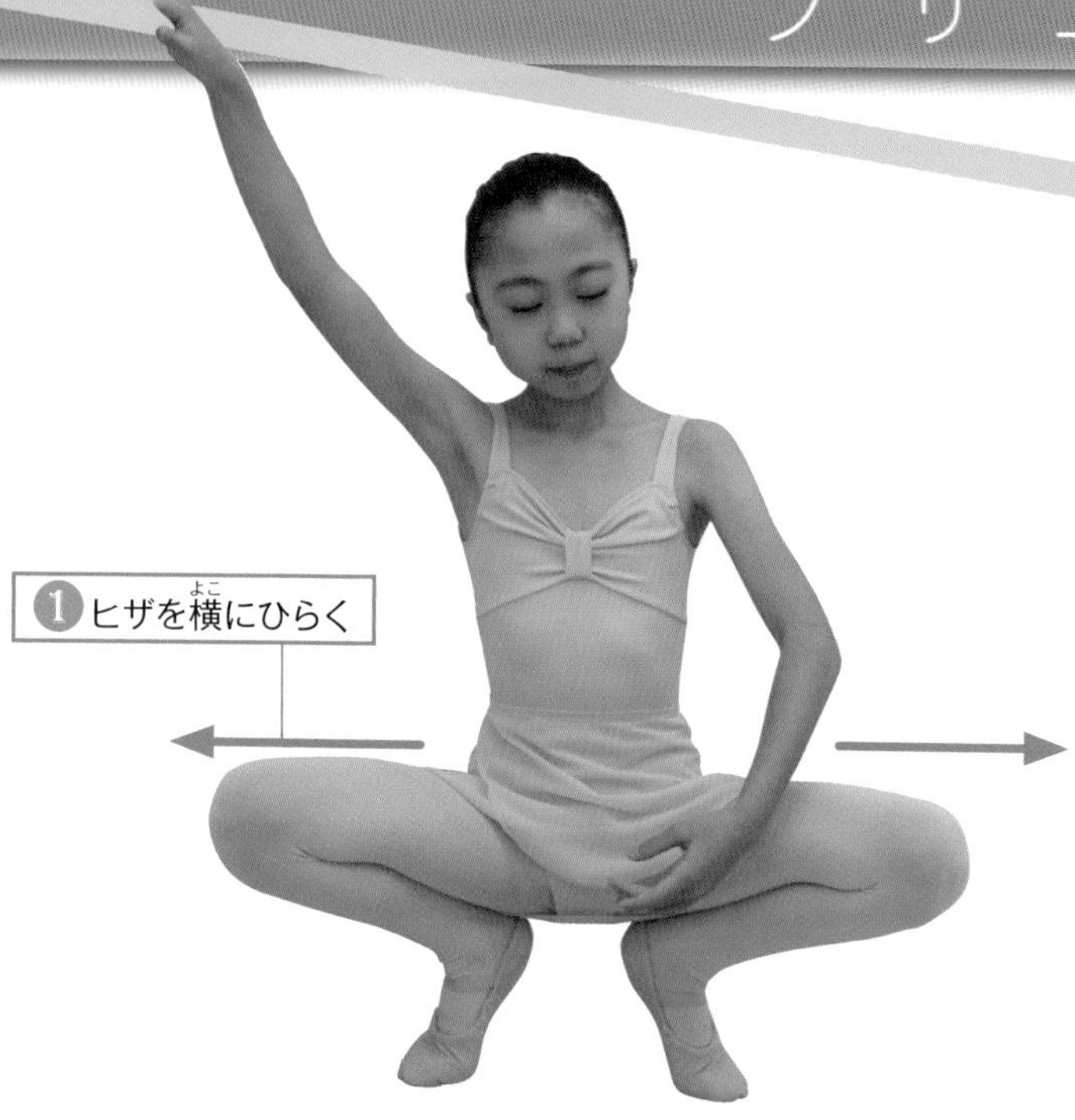

体《からだ》を上《うえ》にたもってヒザを横《よこ》にひらく

プリエは、ヒザを横《よこ》に開《ひら》いていき、体《からだ》がさがる動《うご》きのことをいいます。たくさんの動《うご》きの中《なか》でつかわれるため、とても大切《たいせつ》です。ただヒザを曲《ま》げるだけでは、屈伸《くっしん》と同《おな》じですが、プリエは違《ちが》います。背《せ》の高《たか》さを保《たも》つイメージで、体《からだ》を上《うえ》に引《ひ》きあげたままおりていきます。ドゥミ・プリエはカカトをつけたままのプリエ。グラン・プリエはもっとヒザを深《ふか》く曲《ま》げていく動作《どうさ》です。

チェックポイント

① **ヒザを横《よこ》にひらきます**

② **体《からだ》を上《うえ》に引《ひ》きあげたまま、動《うご》きます**

③ **2番《ばん》のグランプリエは、カカトを浮《う》かせず、ヒザの高《たか》さまで**

● 1 番《ばん》 ●

動《うご》きのながれ

1

プレパレーションをまずはして、基本《きほん》のしせいで立《た》ちます。

↓

2

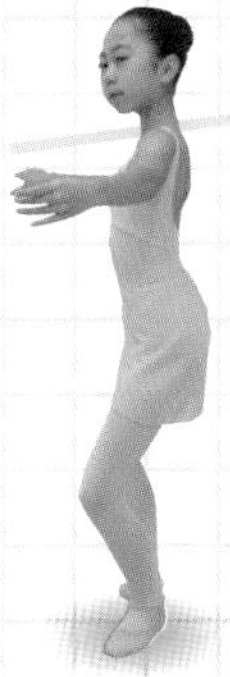

上《うえ》に引《ひ》きあげながらヒザを曲《ま》げて、ドゥミプリエ。

↓

3

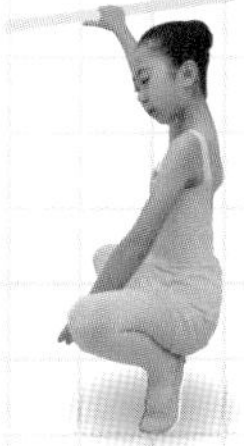

ドゥミプリエを通《とお》って、グランプリエをします。

↓

4

ドゥミプリエがおわったら、ストレッチします。

● グランプリエ ●

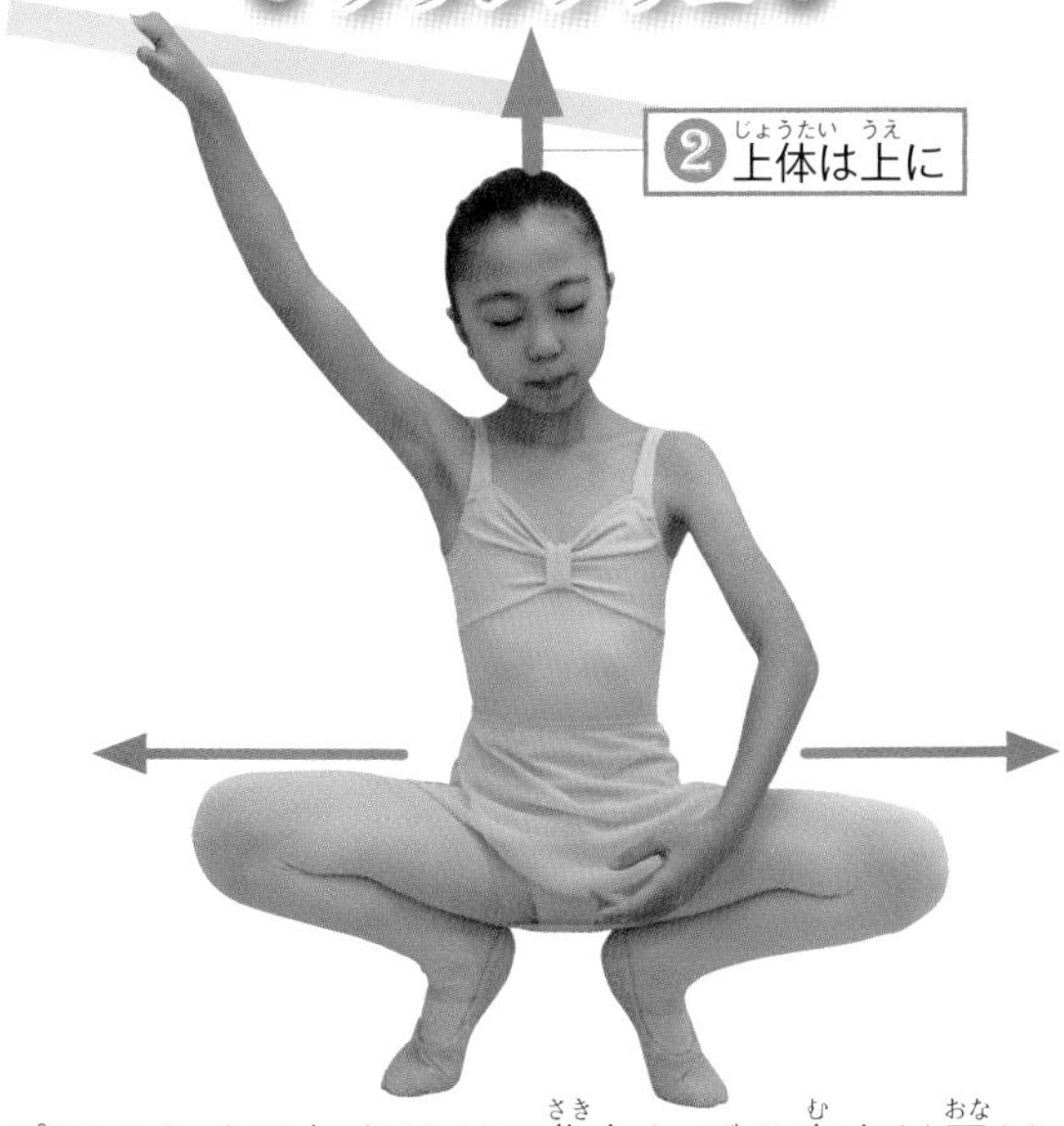

プリエをするときはツマ先《さき》とヒザの向《む》きは同《おな》じ方向《ほうこう》です。もどるときは、足《あし》をまわしながら下《した》から順番《じゅんばん》にのばします。グランもドゥミも体重《たいじゅう》は足《あし》の指《ゆび》に均等《きんとう》にかけます。

● ドゥミプリエ ●

横《よこ》から

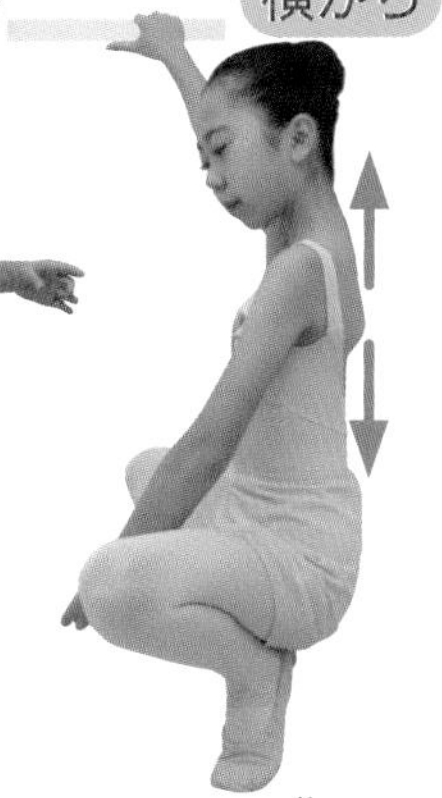

おしりをつき出《だ》さず、足《あし》が内マタにならないように注意《ちゅうい》。背中《せなか》ものばします。

動《うご》きのながれ

1

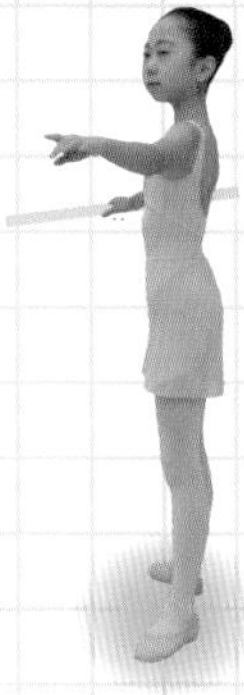

足《あし》を2番《ばん》にします。基本《きほん》のしせいでただしくたちます。

↓

2

体《からだ》は上《うえ》に引《ひ》きあげながら、ヒザを横《よこ》にひらいてドゥミ・プリエ。

↓

3

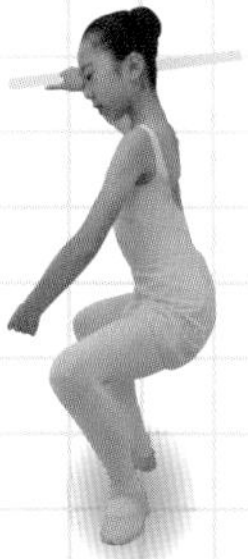

グラン・プリエ。おしりをヒザの高《たか》さまでで止《と》めます。

↓

4

ドゥミ・プリエがおわったら、ストレッチ。

2番《ばん》

グランプリエ

③カカトはつけたまま

2番《ばん》のドゥミ・プリエも、ツマ先《さき》とヒザの方向《ほうこう》をあわせ、アン・ドゥオールしながらプリエをします。グラン・プリエはヒザの高《たか》さまで。上体《じょうたい》を引《ひ》きあげ、まっすぐプリエしましょう。

ドゥミプリエ

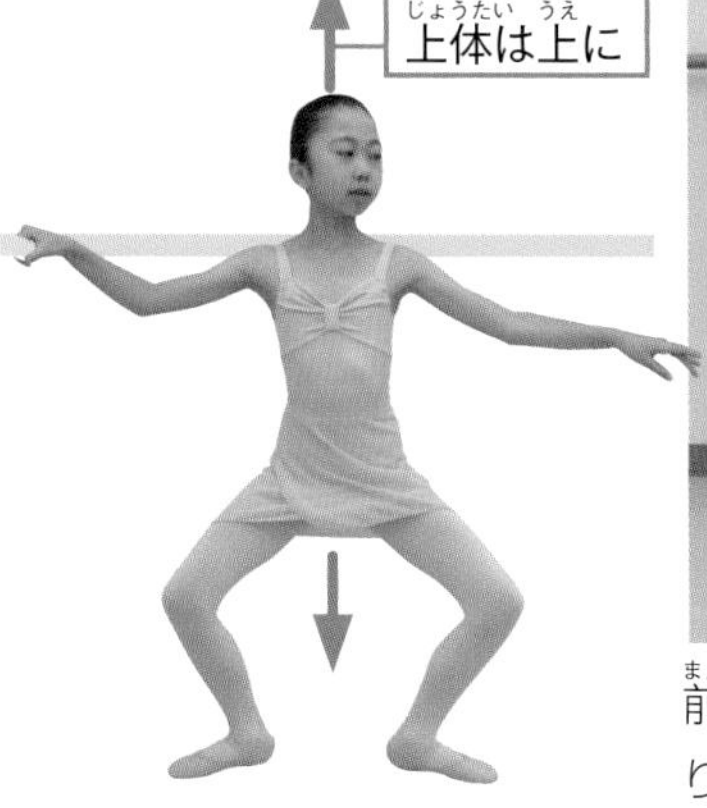
上体《じょうたい》は上《うえ》に

悪《わる》い例《れい》

前《まえ》にかがんだり、おしりを後《うし》ろにだしたりしないこと。

4番《ばん》

グランプリエ

上体《じょうたい》は上《うえ》に

4番《ばん》では、重心《じゅうしん》が足《あし》と足《あし》の間《あいだ》にあることを意識《いしき》しながらプリエします。グラン・プリエも、ドゥミ・プリエと同じように姿勢《しせい》をまっすぐにたもちながらヒザをまげます。

横《よこ》から

グラン・プリエではヒザを落《お》としすぎないように気《き》をつけましょう。

ドゥミプリエ

カカトは
つけたまま

5番《ばん》

グランプリエ

上体《じょうたい》は上《うえ》に

体《からだ》の軸《じく》をまっすぐたもち、足《あし》の指《ゆび》で均等《きんとう》に床《ゆか》をおしながらプリエします。グラン・プリエは、カカトがあがってもいいので、重心《じゅうしん》を足《あし》と足《あし》の間《あいだ》に意識《いしき》しましょう。

横《よこ》から

上体《じょうたい》を引《ひ》きあげてプリエします。重心《じゅうしん》は足《あし》と足《あし》の間《あいだ》にあります。

ドゥミプリエ

カカトは
つけたまま

LESSON 8

足《あし》のポジション 1番《ばん》

ポール・ド・ブラ（前後《ぜんご》）

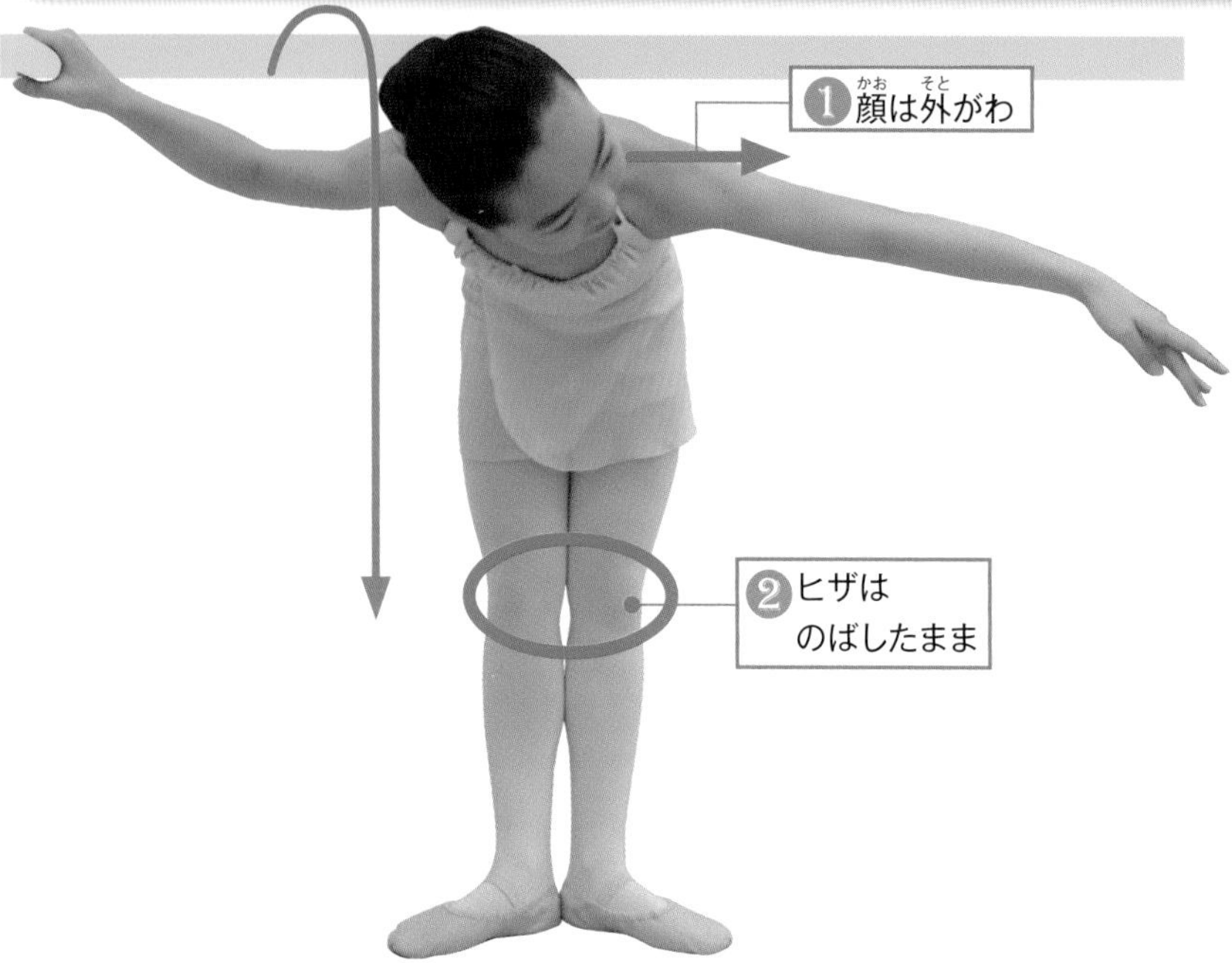

顔《かお》の向《む》き、手《て》の動《うご》きに注意《ちゅうい》しよう

ポール・ド・ブラとはひとつのポジションから別《べつ》のポジションに腕《うで》を動《うご》かすことをいいます。一見《いっけん》、腕《うで》だけが動《うご》いているようにみえますが、実《じつ》は顔《かお》・肩《かた》・胸《むね》・背中《せなか》の筋肉《きんにく》など、体全体《からだぜんたい》を使《つか》う動《うご》きです。腕《うで》を動《うご》かす順番《じゅんばん》だけでなく、顔《かお》の向《む》き、全身《ぜんしん》の注意点《ちゅういてん》なども一緒《いっしょ》におぼえましょう。ここでは、足《あし》は1番《ばん》から、手《て》はア・ラ・スゴンドから動《うご》かします。（別《べつ》のポジションでも行《おこな》う場合《ばあい》もあります）

チェックポイント

❶ 顔《かお》は外《そと》がわに向《む》けます
❷ ヒザはのばしたままにします
❸ おでこをヒザにつけます

動《うご》きのながれ

1

手《て》の方《ほう》に顔《かお》を向《む》けたまま倒《たお》し、おでこをヒザに近《ちか》づけます。

2

アン・オーのままで、おなかを丸《まる》めながら体《からだ》を戻《もど》します。

3

起《お》きあがり、手《て》はアン・オーのまま顔《かお》を外《そと》がわにします。

4

上体《じょうたい》をそらします。顔《かお》は外《そと》がわ、ヒジの遠《とお》くを見《み》ます。

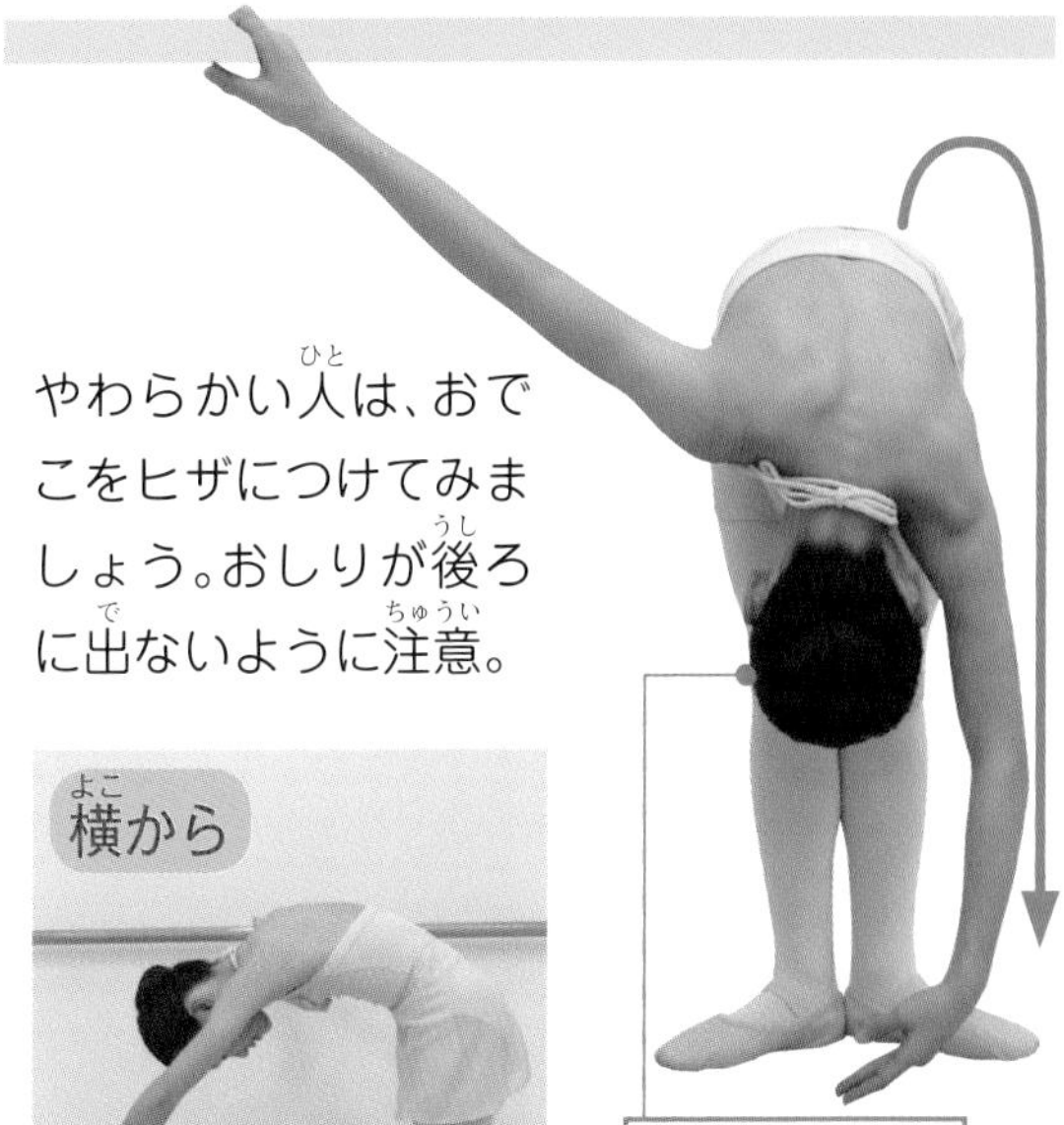

やわらかい人《ひと》は、おでこをヒザにつけてみましょう。おしりが後《うし》ろに出《で》ないように注意《ちゅうい》。

横《よこ》から

ゆっくりと腰《こし》から順番《じゅんばん》に起《お》きあがるイメージでおきあがりましょう。

ここに注目《ちゅうもく》

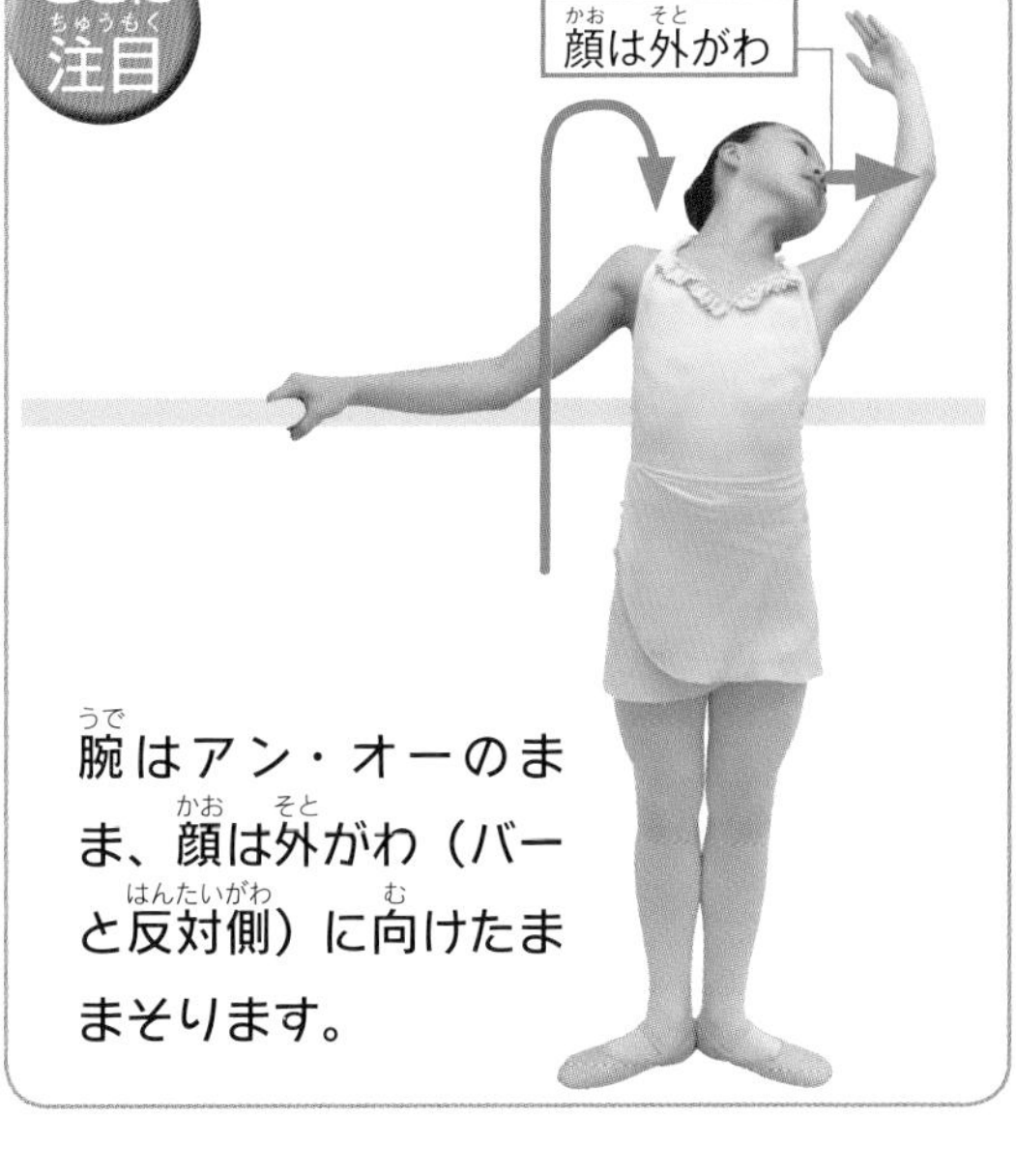

腕《うで》はアン・オーのまま、顔《かお》は外《そと》がわ（バーと反対側《はんたいがわ》）に向《む》けたままそります。

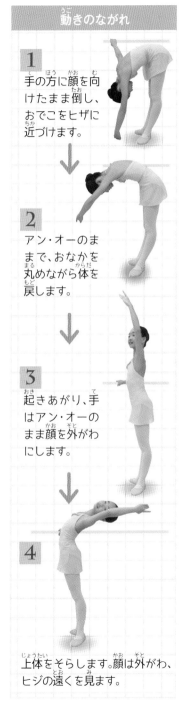

LESSON 9

ポール・ド・ブラ（左右《さゆう》）

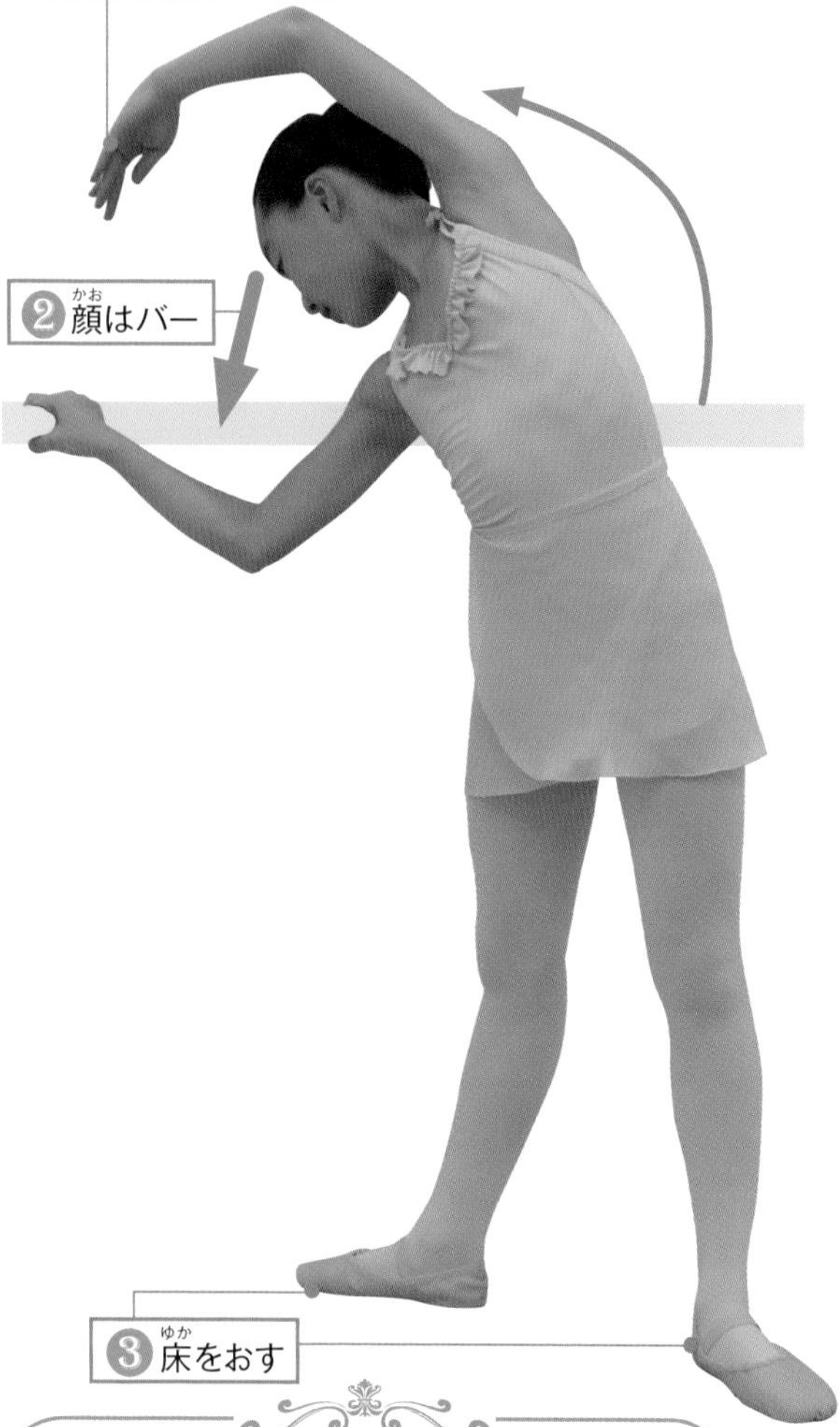

顔《かお》に手《て》をかぶせないようにたおす

左右《さゆう》のポール・ド・ブラも、前後《ぜんご》のポール・ド・ブラ同様《どうよう》、腕《うで》だけではなく顔《かお》の動《うご》きも覚《おぼ》えてください。体《からだ》をかたむけるとき、ワキの下《した》をしっかりのばし顔《かお》に手《て》がかぶらないようにします。それぞれの腕《うで》のポジションは通過《つうか》していきますが、形《かたち》を意識《いしき》して作《つく》りましょう。バーをはなすときにふらつかないように、足《あし》でしっかり床《ゆか》をおし、足《あし》の指《ゆび》それぞれがのびていることにも注意《ちゅうい》します。

チェックポイント

❶ 顔《かお》に手《て》をかぶせないように気《き》をつけます
❷ 顔《かお》はバーの方《ほう》に向《む》けます
❸ 足《あし》のうら全体《ぜんたい》で床《ゆか》をおして立《た》ちます

動《うご》きのながれ

1

アン・オーにした手《て》を見《み》ながら体《からだ》を少《すこ》しずつたおします。

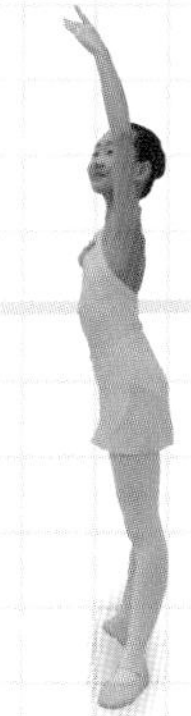

↓

2

バーのほうに体《からだ》をたおしながら、顔《かお》も下《した》に向《む》けます。

↓

3

体《からだ》を戻《もど》し、バーを持《も》っていたほうの手《て》をアロンジェ。

↓

4

外《そと》がわに体《からだ》をたおし、たおれたほうに顔《かお》を向《むけ》けます。

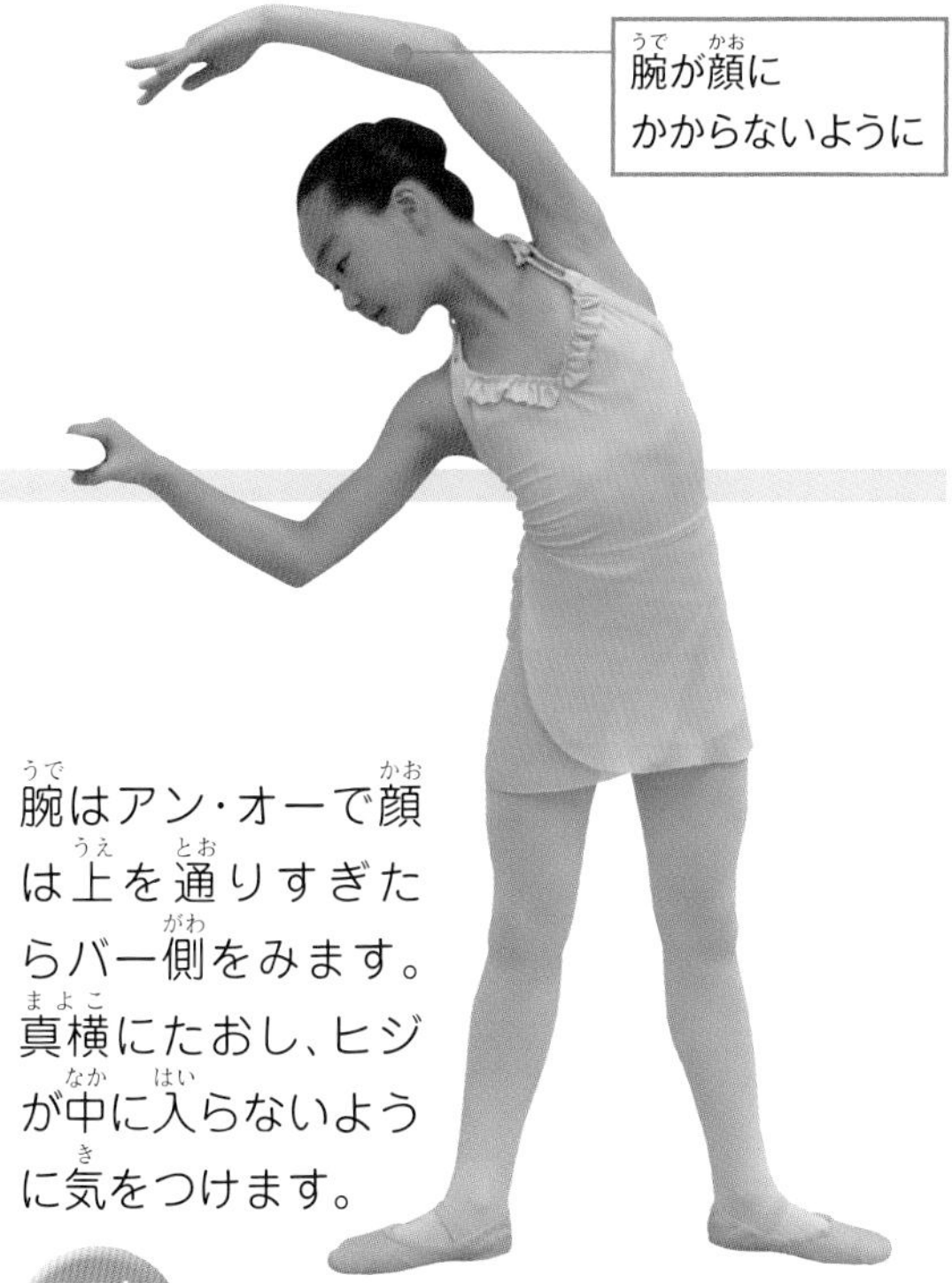

腕《うで》が顔《かお》にかからないように

腕《うで》はアン・オーで顔《かお》は上《うえ》を通《とお》りすぎたらバー側《がわ》をみます。真横《まよこ》にたおし、ヒジが中《なか》に入《はい》らないように気《き》をつけます。

ここに注目《ちゅうもく》

アン・オーに
アン・バーに

腕《うで》の形《かたち》は、バーを持《も》っていたほうがアン・オーに、外《そと》がわの手《て》はアン・バーにします。

アップ
手《て》をみる

バー側《がわ》が終《お》わったら、一度《いちど》、手《て》の方向《ほうこう》を見《み》てアロンジェ。そして、反対側《はんたいがわ》に倒《たお》します。

足《あし》のポジション 5 番《ばん》からスタート

タンデュ

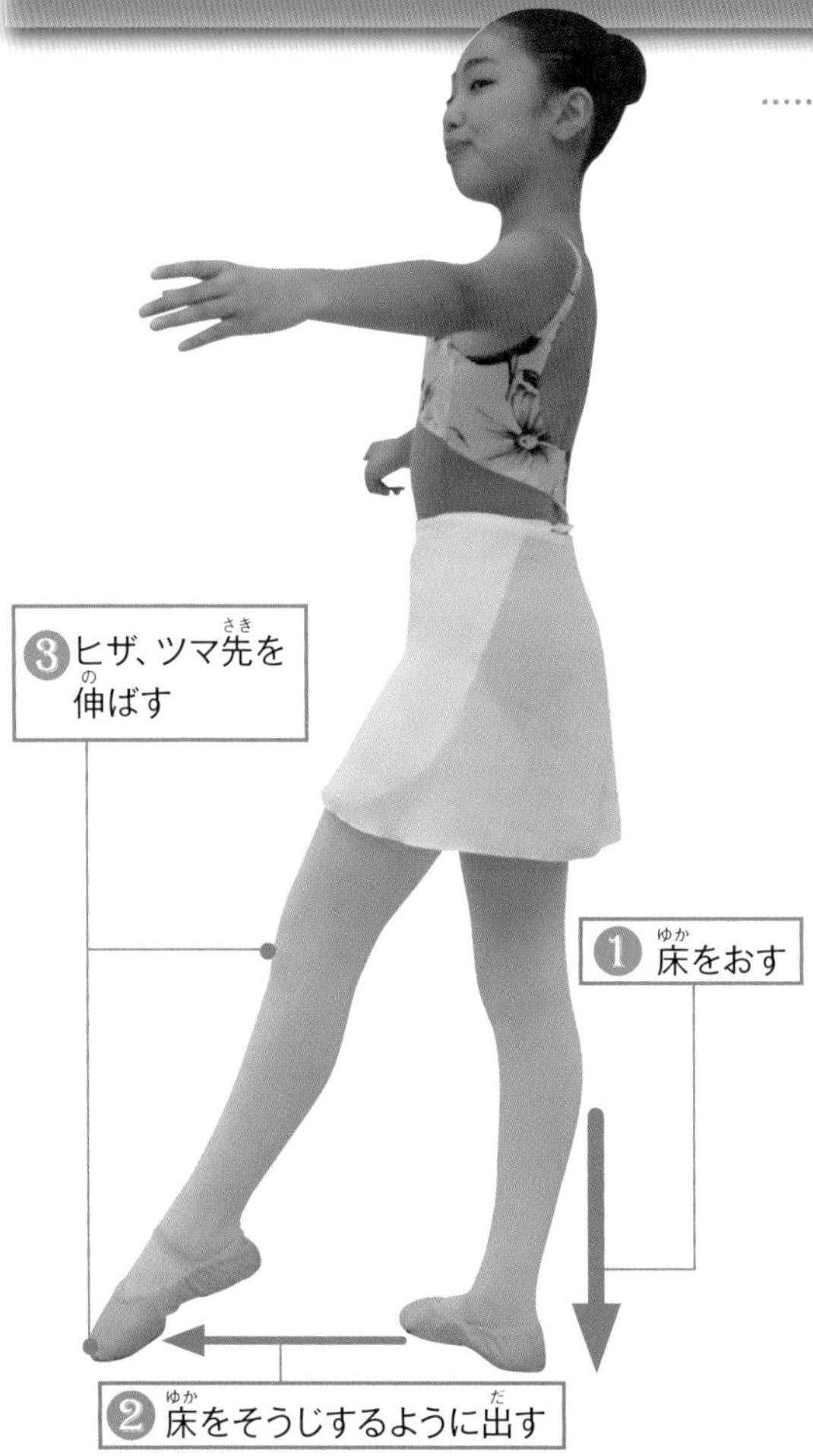

軸《じく》足《あし》でしっかり床《ゆか》をおす

軸足《じくあし》（動《うご》かさない足《あし》）をのばしたまま、もう片方《かたほう》の足《あし》でていねいにそうじをするように床《ゆか》の上《うえ》でツマ先《さき》を伸《の》ばす動《うご》きです。前横《まえよこ》は、カカトから（後《うし》ろはツマ先《さき》から）足《あし》を出《だ》していき、ドゥミ・ポアント（足《あし》の指《ゆび》は床《ゆか》につき、カカトはあがっている状態《じょうたい》）を通《とお》ってツマ先《さき》をのばしていき、足《あし》の指《ゆび》をゆるめながら元《もと》にもどしていきます。軸足《じくあし》は床《ゆか》をおし、足《あし》はアン・ドゥオール（外向《そとむ》き）しましょう。

チェックポイント

❶ **軸足《じくあし》でしっかり床《ゆか》をおして伸《の》びます**
❷ **床《ゆか》をそうじするように、足《あし》の裏《うら》をつかってツマ先《さき》を伸《の》ばします**
❸ **前《まえ》、横《よこ》はカカトから、後《うし》ろはツマ先《さき》から動《うご》かします**

動《うご》きのながれ

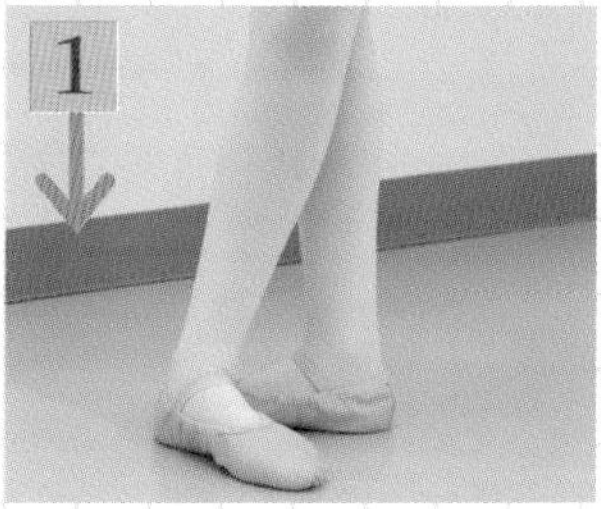

両足《りょうあし》で床《ゆか》をしっかりおし、ヒザをのばして5番《ばん》に立《た》ちます。

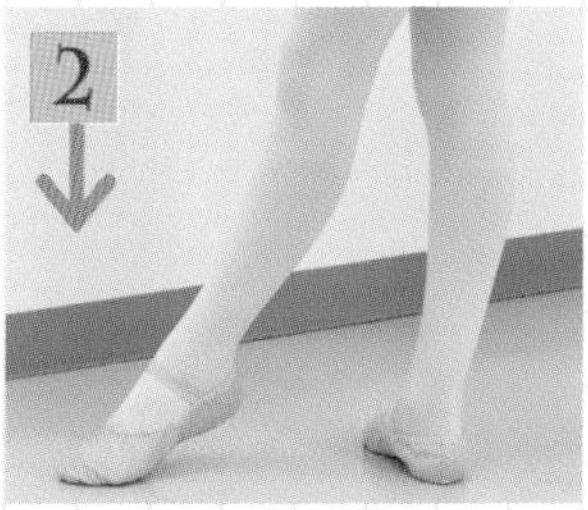

カカトから足《あし》を動《うご》かし、ドゥミ・ポアントを通過《つうか》します。

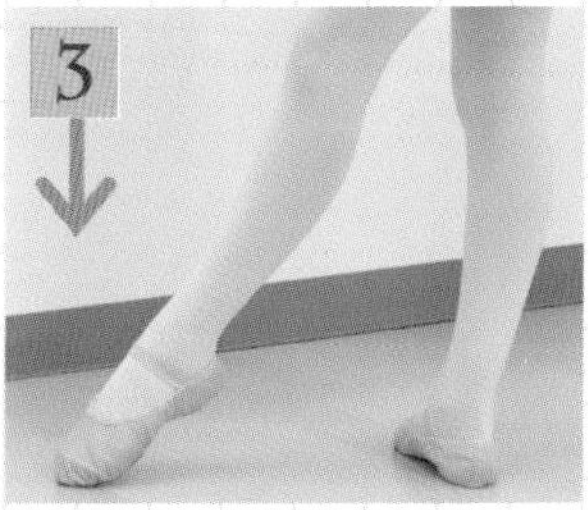

足《あし》をさらに前《まえ》に出《だ》して、ツマ先《さき》・ヒザをのばします。

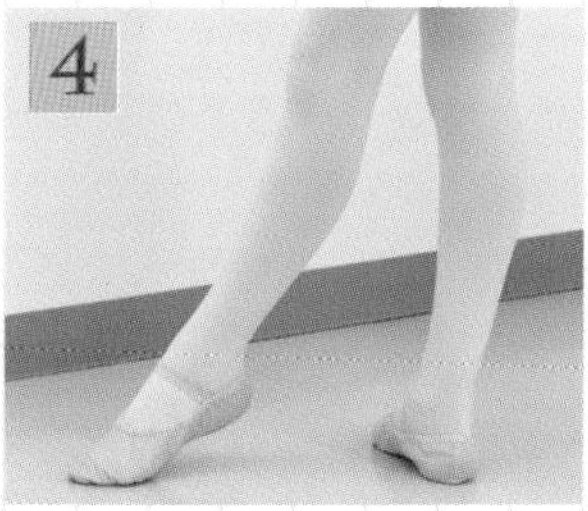

ドゥミ・ポアントを通過《つうか》してツマ先《さき》からもどります。

前のタンデュ

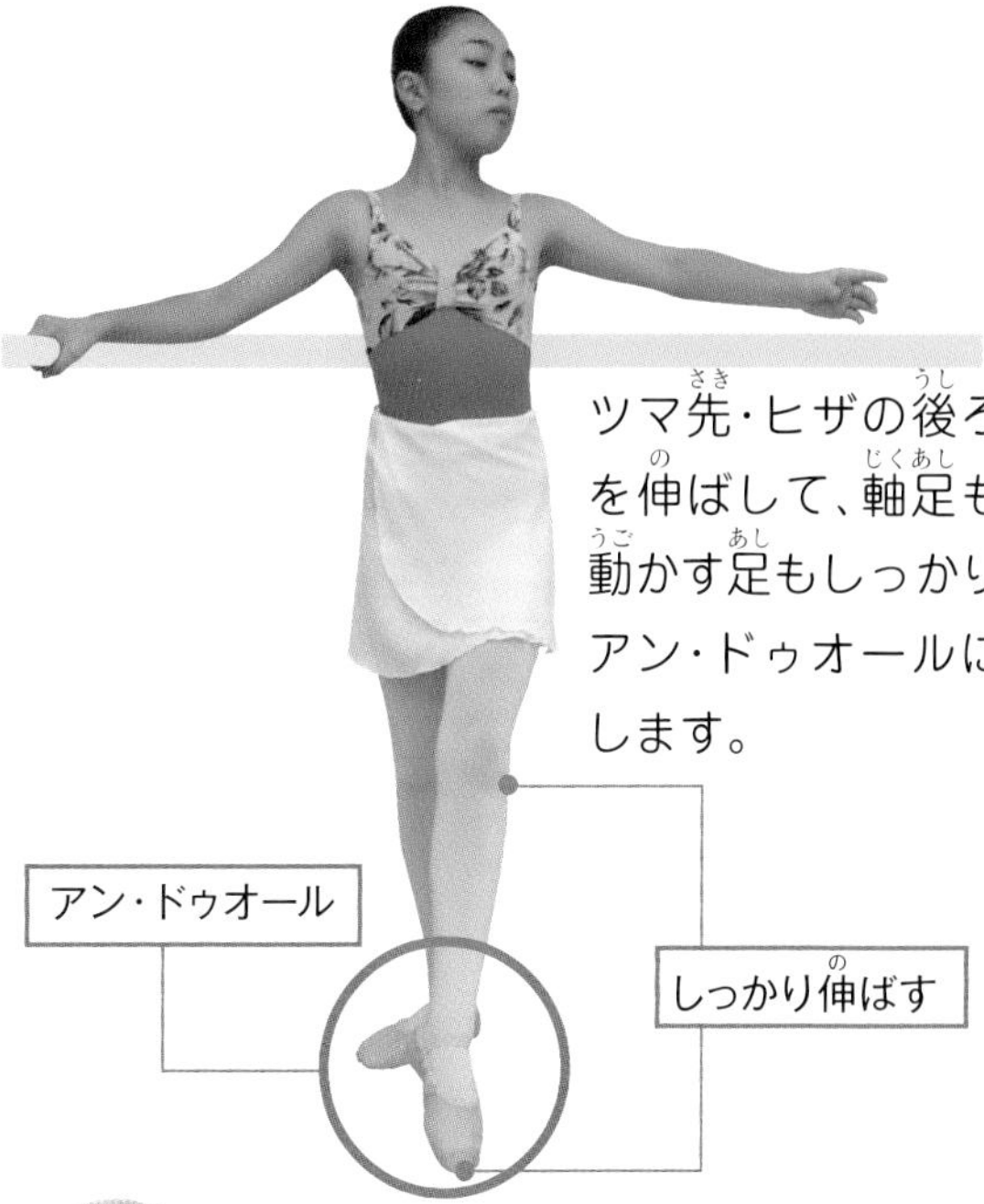

ツマ先《さき》・ヒザの後《うし》ろを伸《の》ばして、軸足《じくあし》も動《うご》かす足《あし》もしっかりアン・ドゥオールにします。

ここに注目《ちゅうもく》

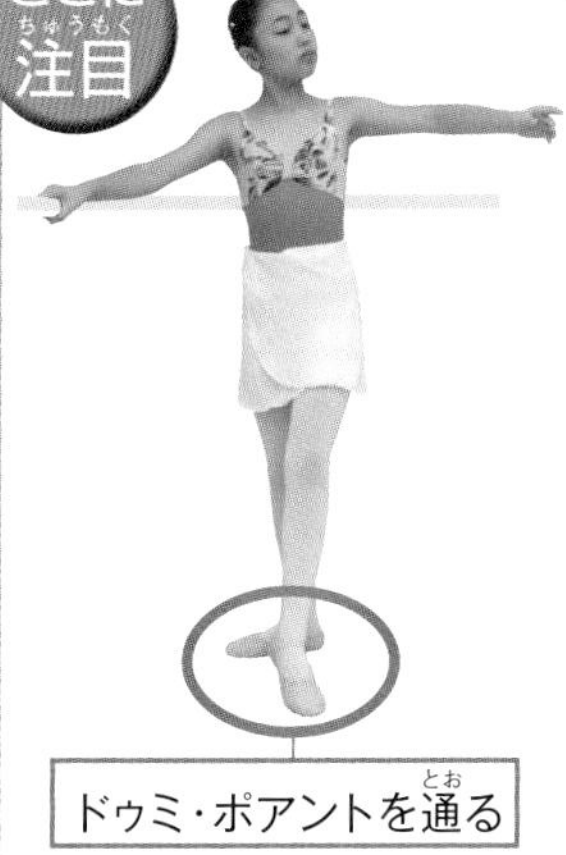

ドゥミ・ポアントを通《とお》って伸《の》ばし、そして戻《もど》します。カカトから前《まえ》に出《だ》すことを意識《いしき》して。

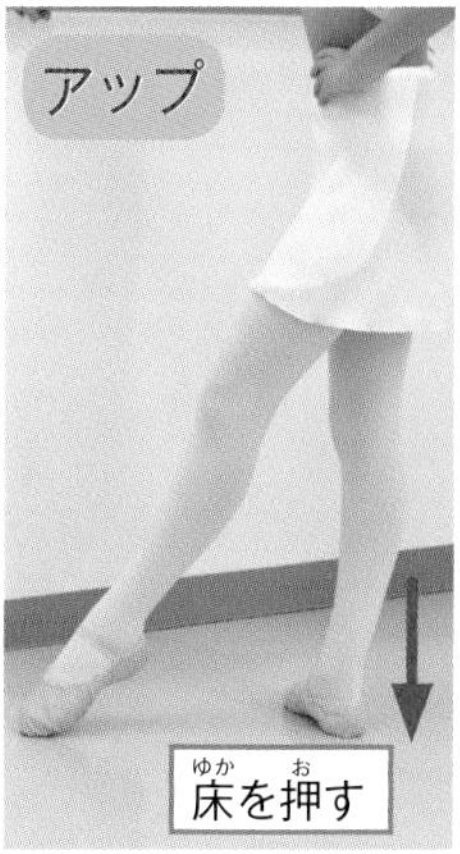

軸足《じくあし》は足《あし》の裏全体《うらぜんたい》で床《ゆか》をおします。もう片方《かたほう》の足《あし》が動《うご》いても、軸足《じくあし》は動《うご》かしません。

動《うご》きのながれ

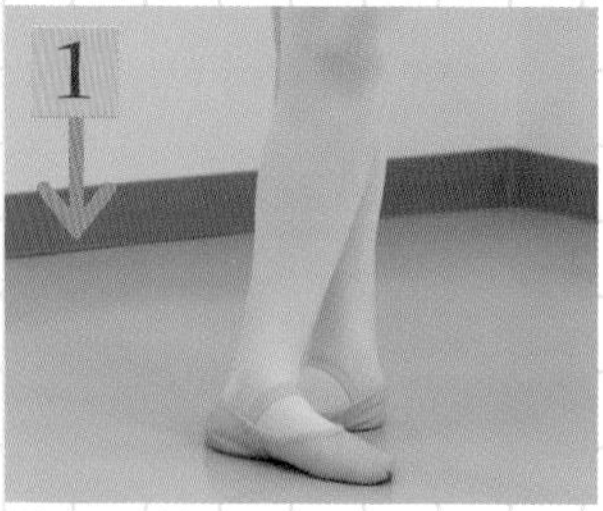

両足《りょうあし》で床《ゆか》をしっかりおし、ヒザをのばして5番《ばん》に立《た》ちます。

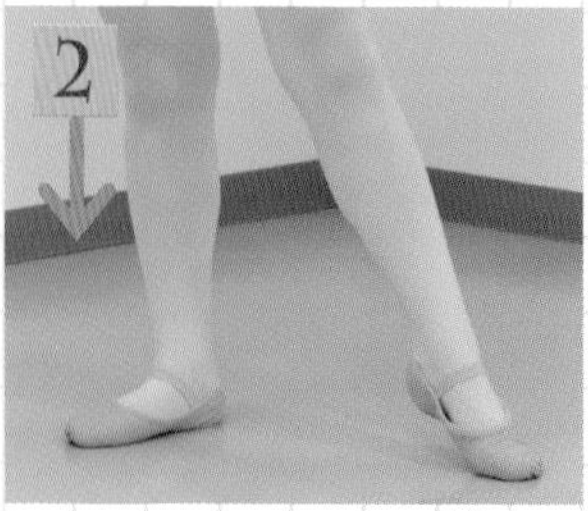

ドゥミ・ポアントを通過《つうか》しながら横《よこ》に足《あし》を出《だし》します。

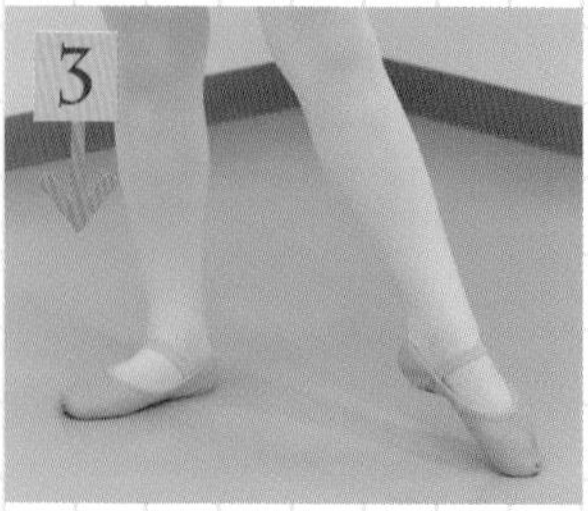

体重《たいじゅう》は軸足《じくあし》のほうに。ツマ先《さき》・ヒザをのばします。

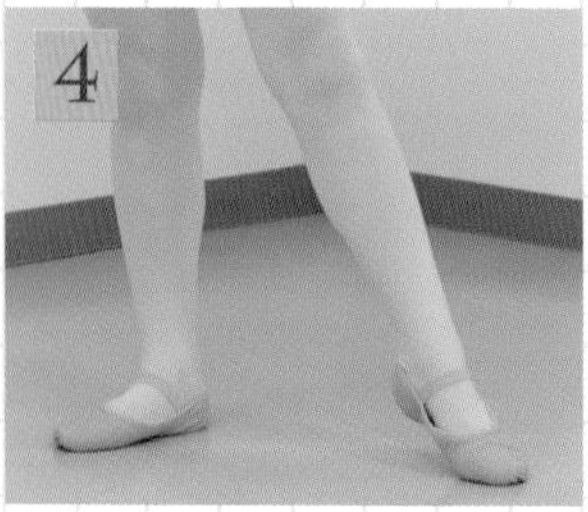

足《あし》の指《ゆび》をゆるめて足《あし》を反対《はんたい》の5番《ばん》にもどします。

横のタンデュ

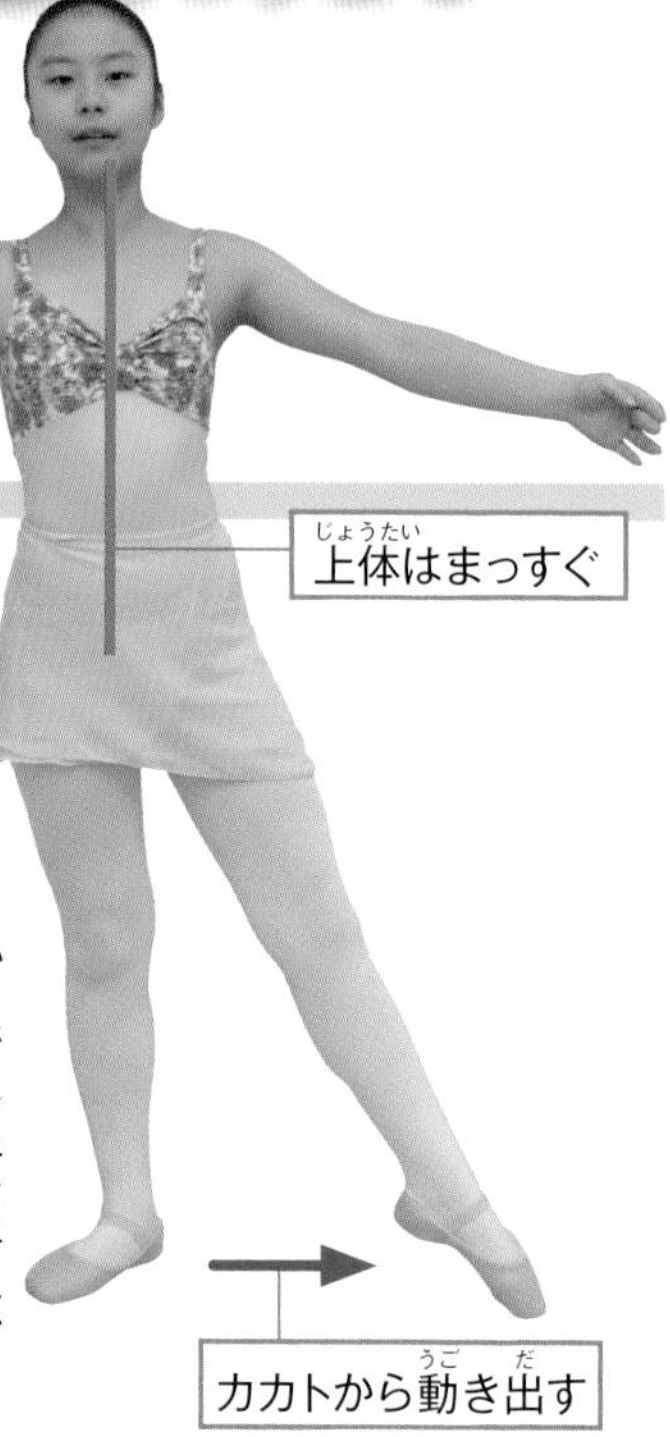

顔《かお》は正面《しょうめん》。おなかを引《ひ》きあげて、できるだけ真横《まよこ》に足《あし》を出《だ》します。軸足《じくあし》で床《ゆか》をおし、体《からだ》はまっすぐ上《うえ》です。

ここに注目《ちゅうもく》

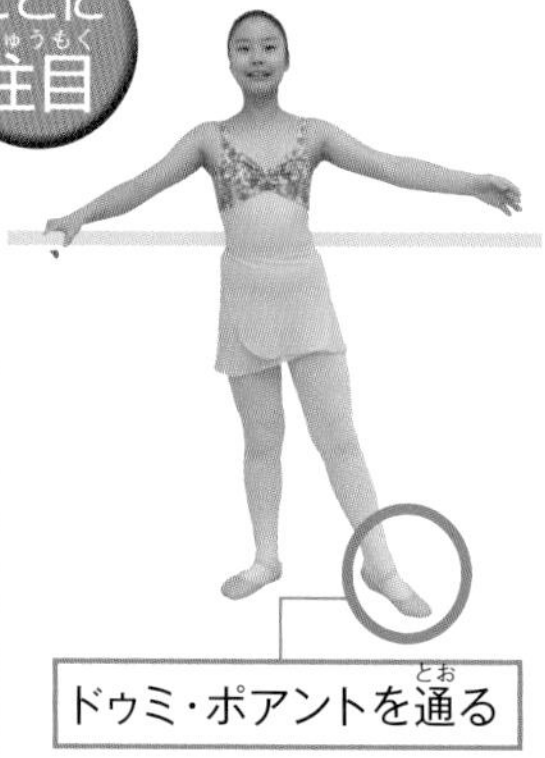

横《よこ》のタンデュも、前《まえ》と同《おな》じようにカカトからドゥミ・ポアントを通《とお》ってだします。

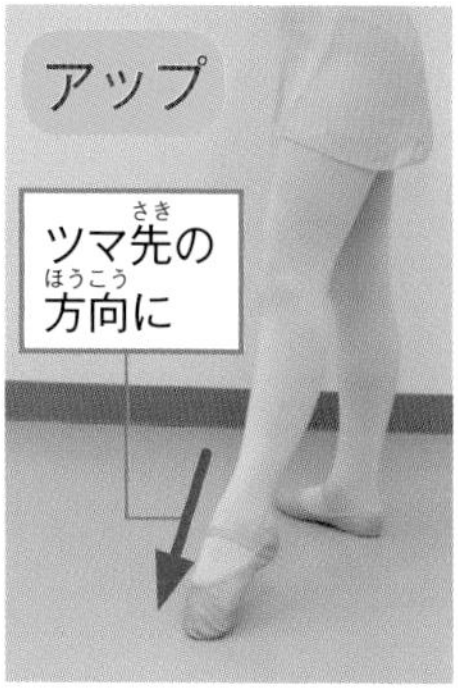

足《あし》はツマ先《さき》の方向《ほうこう》に出《だ》します。肩《かた》・腰《こし》の位置《いち》を変《か》えないように気《き》をつけましょう。

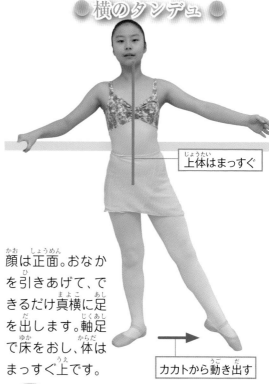

動《うご》きのながれ

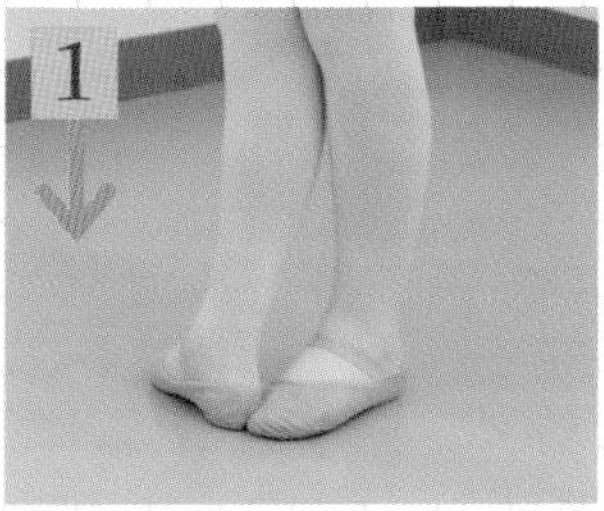

後《うし》ろ足《あし》5番《ばん》(バー側《がわ》の足《あし》が前《まえ》の5番《ばん》)からスタート。

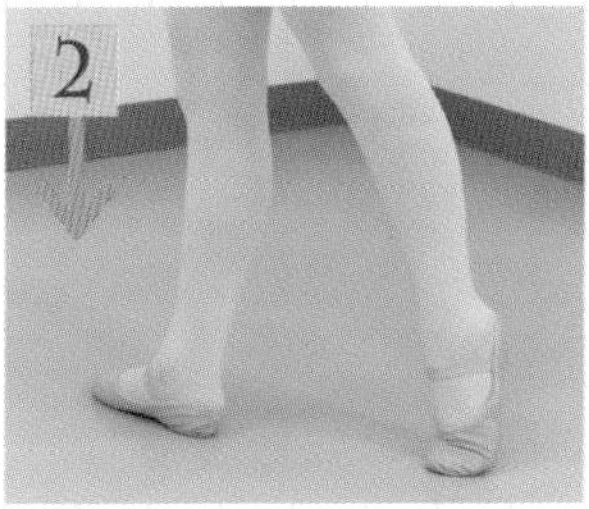

ドゥミ・ポアントを通《とお》ってツマ先《さき》から足《あし》を出《だ》します。

ツマ先《さき》まで伸《の》ばします。軸足《じくあし》にしっかり体重《たいじゅう》を乗《の》せて。

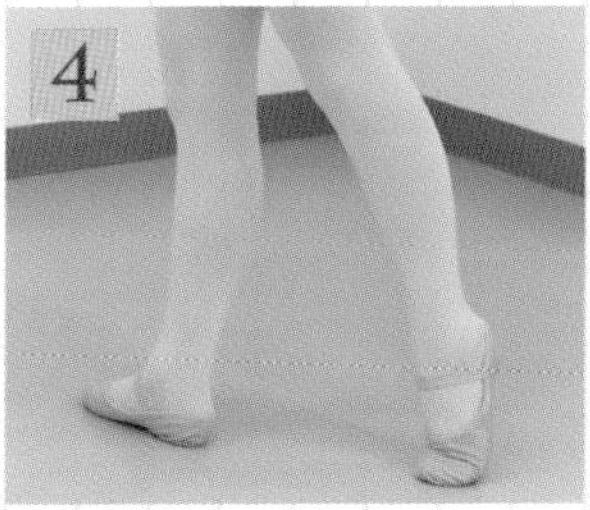

足《あし》の指《ゆび》をゆるめながらカカトから5番《ばん》にもどします。

後ろのタンデュ

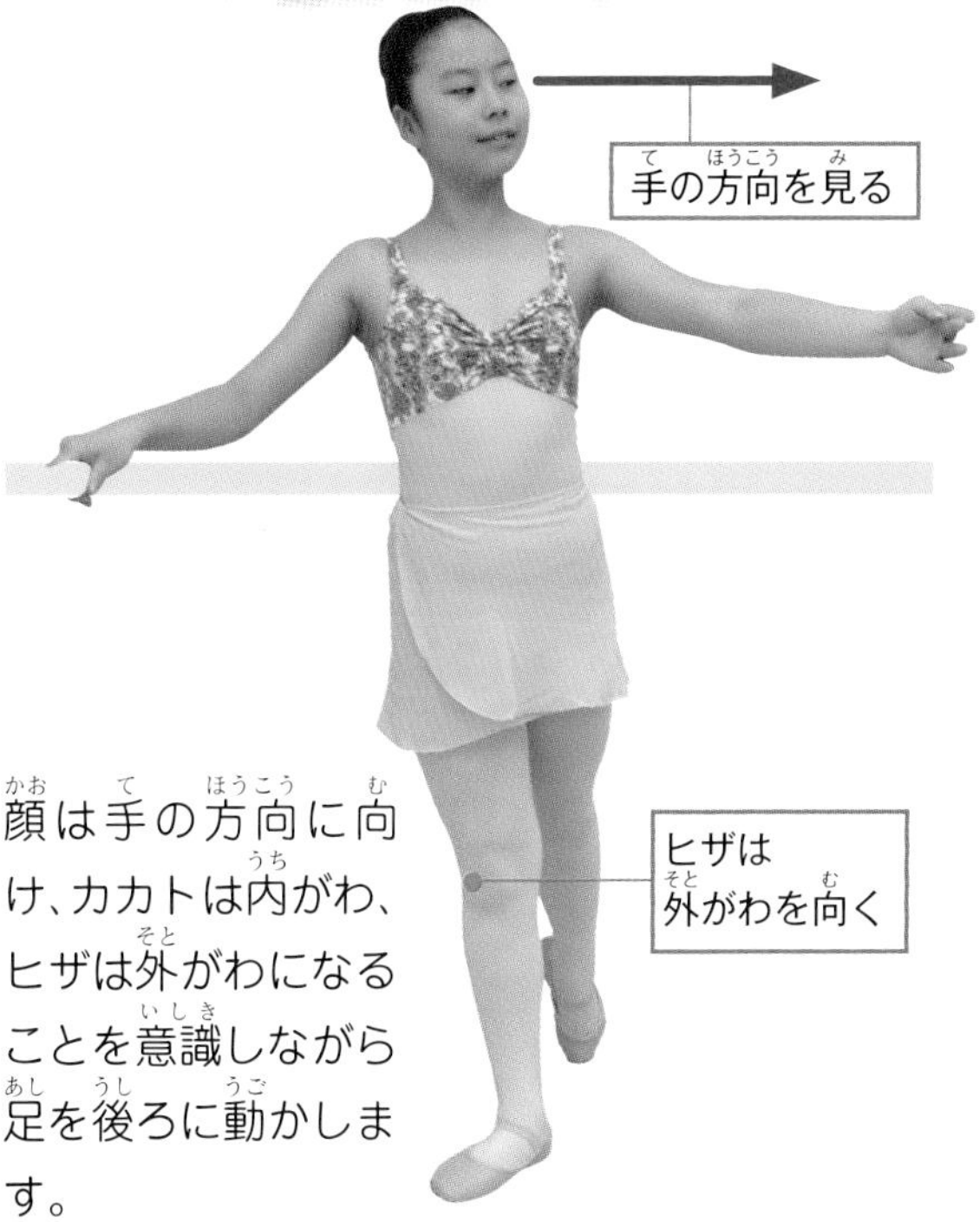

顔《かお》は手《て》の方向《ほうこう》に向《む》け、カカトは内《うち》がわ、ヒザは外《そと》がわになることを意識《いしき》しながら足《あし》を後《うし》ろに動《うご》かします。

ここに注目《ちゅうもく》

後《うし》ろもドゥミ・ポワントを通《とお》ります。後《うし》ろは、ツマ先《さき》から動《うご》かし、カカトから戻《もど》ります。

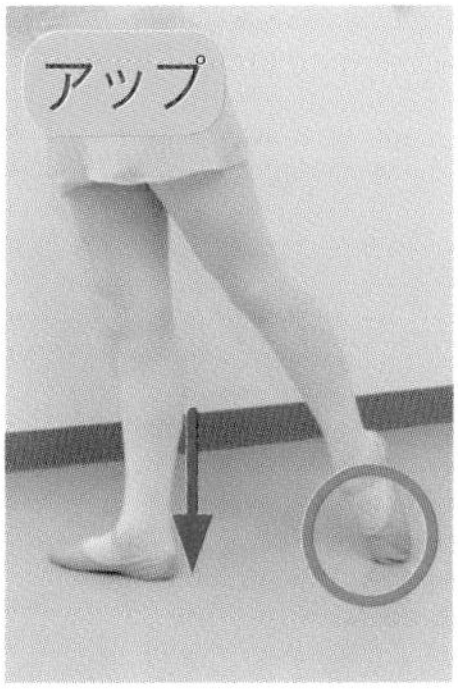

軸足《じくあし》でしっかりと立《た》ちます。タンデュの足《あし》は、ツマ先《さき》だけを床《ゆか》につけます。

LESSON 11

足《あし》のポジション 5 番《ばん》からスタート

ジュテ（デガジェ）

マッチに火《ひ》をつけるように足《あし》を出《だ》す

ジュテは前《まえ》のページのタンデュを通過《つうか》して足《あし》を床《ゆか》から少《すこ》し浮《う》かせる動《うご》きをいいます。（デガジェともいいます）それをすばやく行う動作《どうさ》なので、イメージとしては床《ゆか》からはなれる瞬間《しゅんかん》マッチで火《ひ》をつけるような動《うご》きです。はなれたときに、しっかりとツマ先《さき》をのばします。タンデュの注意点《ちゅういてん》と同《おな》じように、軸足《じくあし》もだす足《あし》もヒザ、ツマ先《さき》をしっかりとのばし、体重《たいじゅう》は軸足《じくあし》にあることに気《き》をつけましょう。

チェックポイント

① マッチに火《ひ》をつけるようにシュッと足《あし》を出《だ》します
② 出《だ》す足《あし》のヒザを伸《の》ばします
③ あげた足《あし》はおへその前《まえ》に伸《の》ばします

動《うご》きのながれ

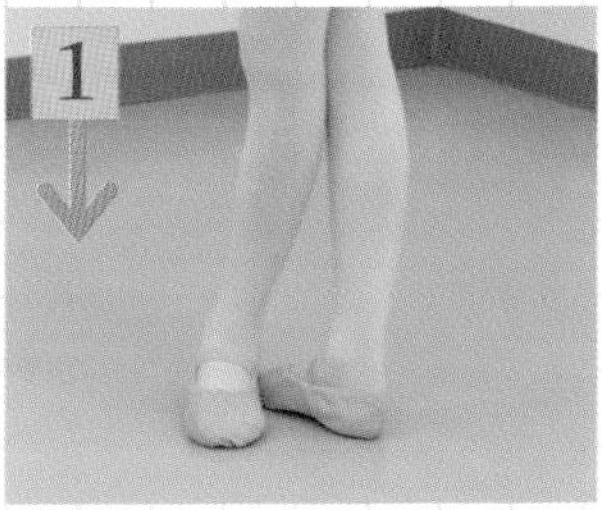

前《まえ》5番《ばん》(バーと反対側《はんたいがわ》の足《あし》が前《まえ》)からスタート。

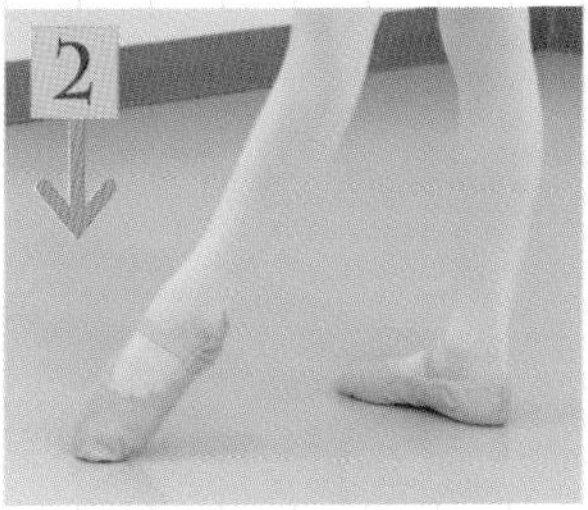

ヒザをしっかりと伸《の》ばし、カカトは前《まえ》でドゥミポアントへ。

シュッと床《ゆか》から足《あし》をはなして、ツマ先《さき》を伸《の》ばします。

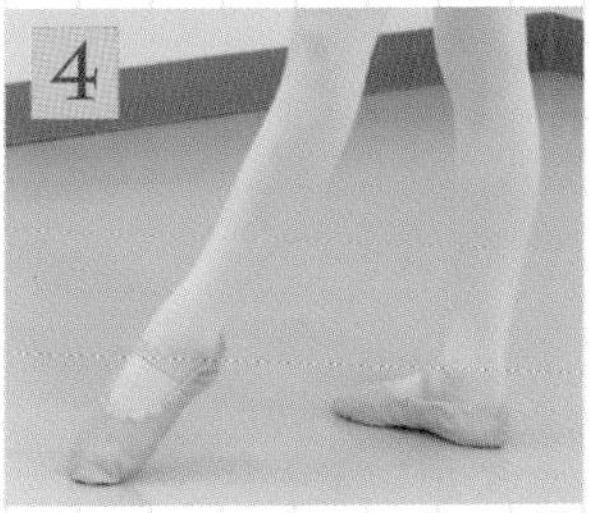

前《まえ》タンデュを通《とお》って足《あし》を5番《ばん》にもどします。

前のジュテ

ドゥミポアントを通過《つうか》し、シュッと床《ゆか》をこすって足《あし》をあげます。

❸ おへその前《まえ》に伸《の》ばす

ここに注目《ちゅうもく》

軸足《じくあし》と動《うご》かす足《あし》の角度《かくど》は、上写真《うえしゃしん》のように30度《ど》くらいです。あげすぎないようにしましょう。

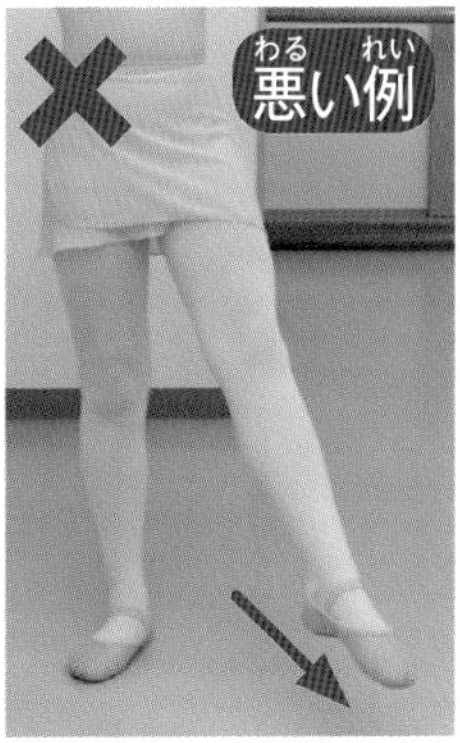

足《あし》が外《そと》へひらいてしまい、だす方向《ほうこう》が外《はず》れると、キレイにみえません。

動《うご》きのながれ

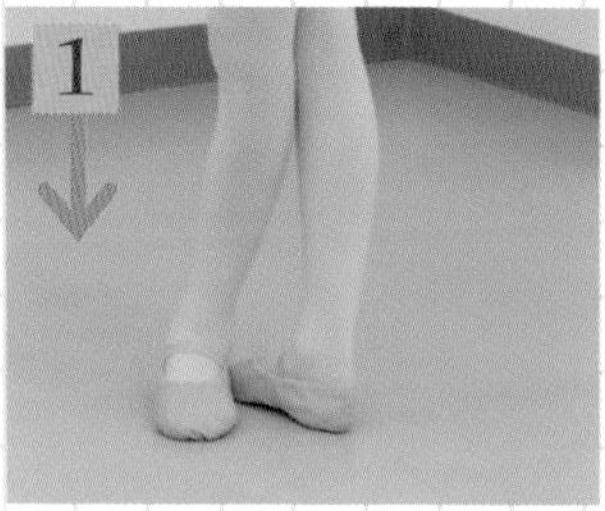
1

前《まえ》の5番《ばん》に立《た》ち、両足《りょうあし》で床《ゆか》をしっかりとおします。

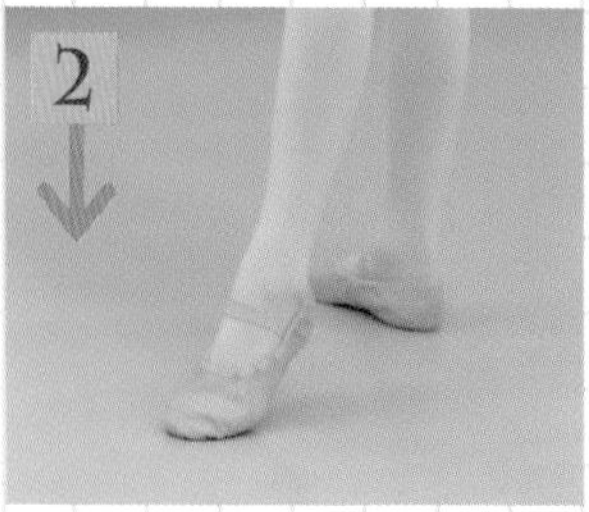
2

カカトを前《まえ》にしながら、横《よこ》のドゥミポアントへ出《だ》します。

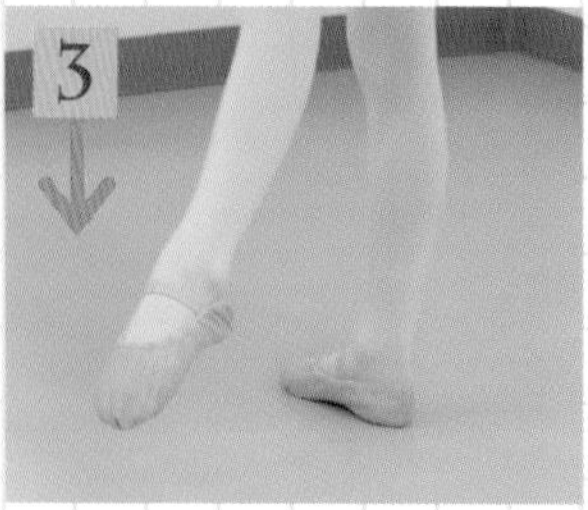
3

シュッと床《ゆか》から足《あし》をはなして、ツマ先《さき》を伸《の》ばします。

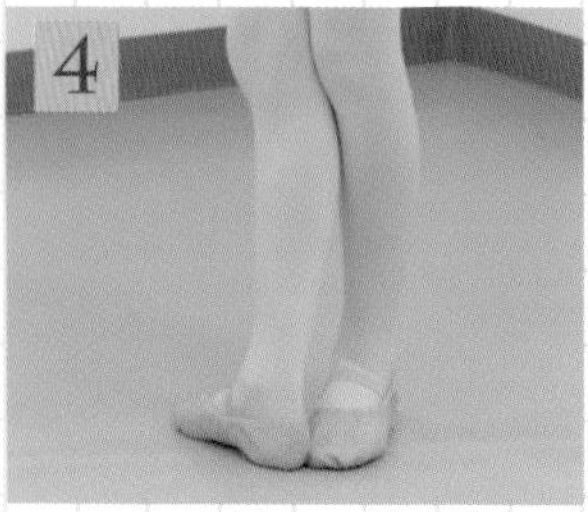
4

タンデュを通《とお》って足《あし》を後《うし》ろに戻《もど》し、左足前《ひだりあしまえ》5番《ばん》に。

横のジュテ

床《ゆか》をおして立《た》つ
ツマ先方向《さきほうこう》にシュッとだす

おなかを引《ひ》き上《あ》げながら、横《よこ》に足《あし》をシュッと出《だ》します。軸足《じくあし》は床《ゆか》をしっかり押《お》します。

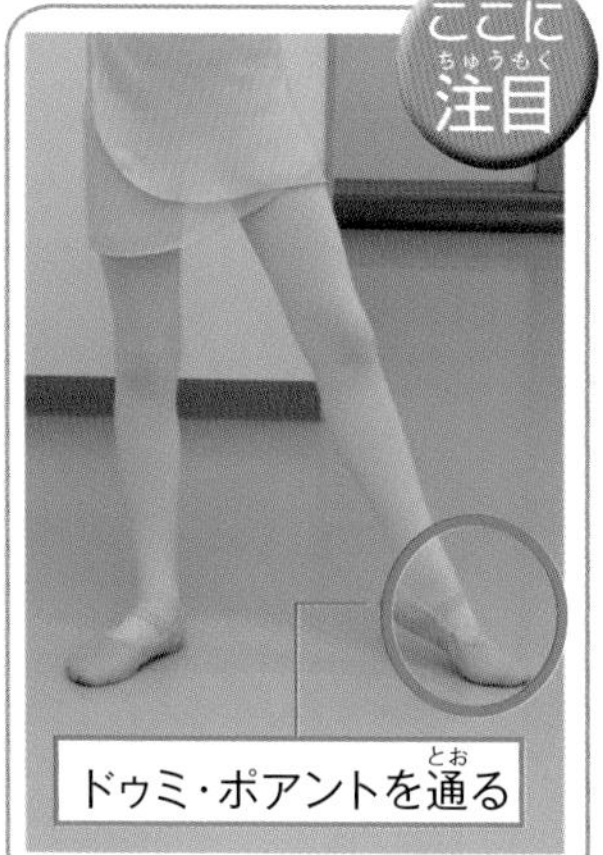
ここに注目《ちゅうもく》
ドゥミ・ポアントを通《とお》る

ドゥミポアントを通《とお》って出《だ》します。タンデュの注意点《ちゅういてん》を思《おも》い出《だ》しましょう。

横《よこ》から

軸《じく》をまっすぐに保《たも》つように気《き》をつけましょう。足《あし》の高《たか》さは30°くらいです。

動《うご》きのながれ

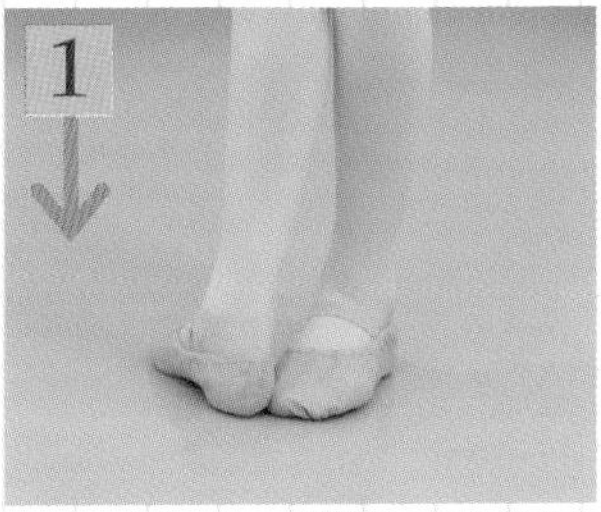
1

後《うし》ろ5番《ばん》で立《た》ち、左足《ひだりあし》を後《うし》ろに動《うご》かします。

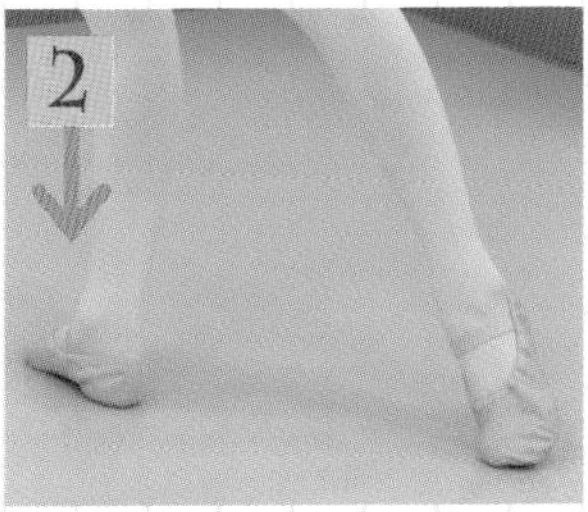
2

カカトをさげながら、後《うし》ろのドゥミポアントへ出《だ》します。

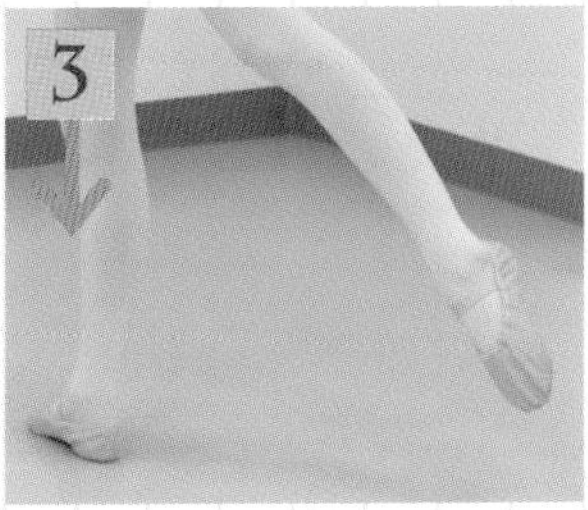
3

シュッと床《ゆか》から足《あし》をはなして、ツマ先《さき》を伸《の》ばします。

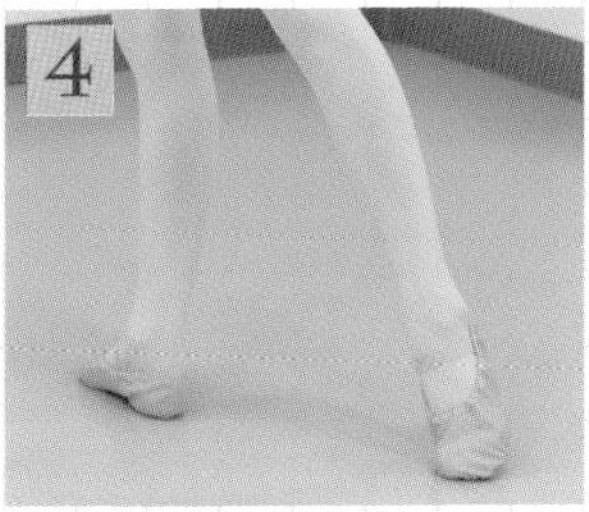
4

後《うし》ろタンデュを通《とお》って足《あし》を5番《ばん》にもどします。

後ろのジュテ

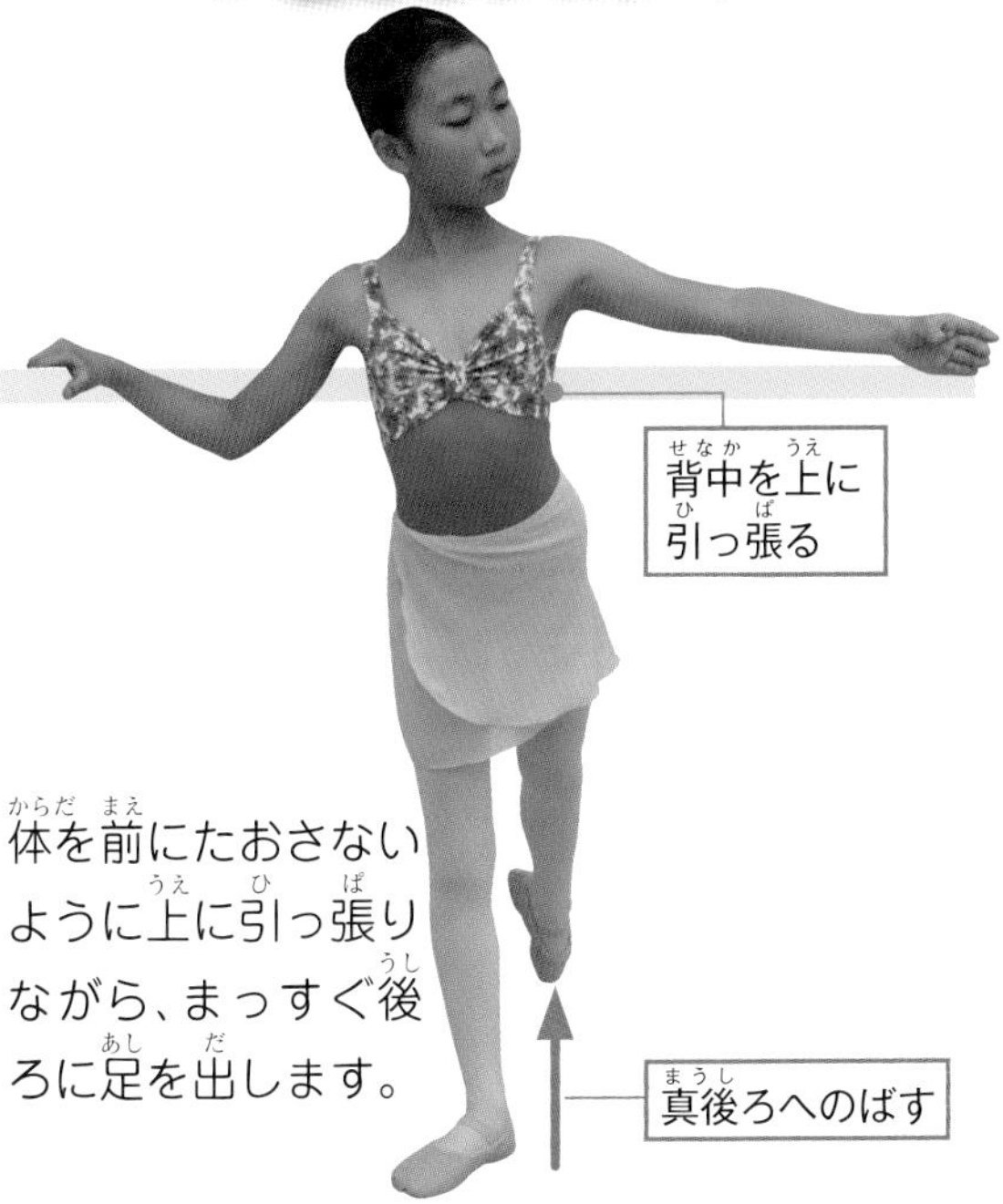
背中《せなか》を上《うえ》に引《ひ》っ張《ぱ》る
真後《まうし》ろへのばす

体《からだ》を前《まえ》にたおさないように上《うえ》に引《ひ》っ張《ぱ》りながら、まっすぐ後《うし》ろに足《あし》を出《だ》します。

ここに注目《ちゅうもく》
30度《ど》

頭《あたま》から背骨《せぼね》をとおってツマ先《さき》まで1本《ぽん》につながっているイメージです。

悪《わる》い例《れい》

背中《せなか》が前《まえ》に倒《たお》れてしまったり、ツマ先《さき》がさがったカマ足《あし》にならないよう注意《ちゅうい》。

LESSON 12

足《あし》のポジション 1番《ばん》からスタート

ロンド・ジャンブ・アテール

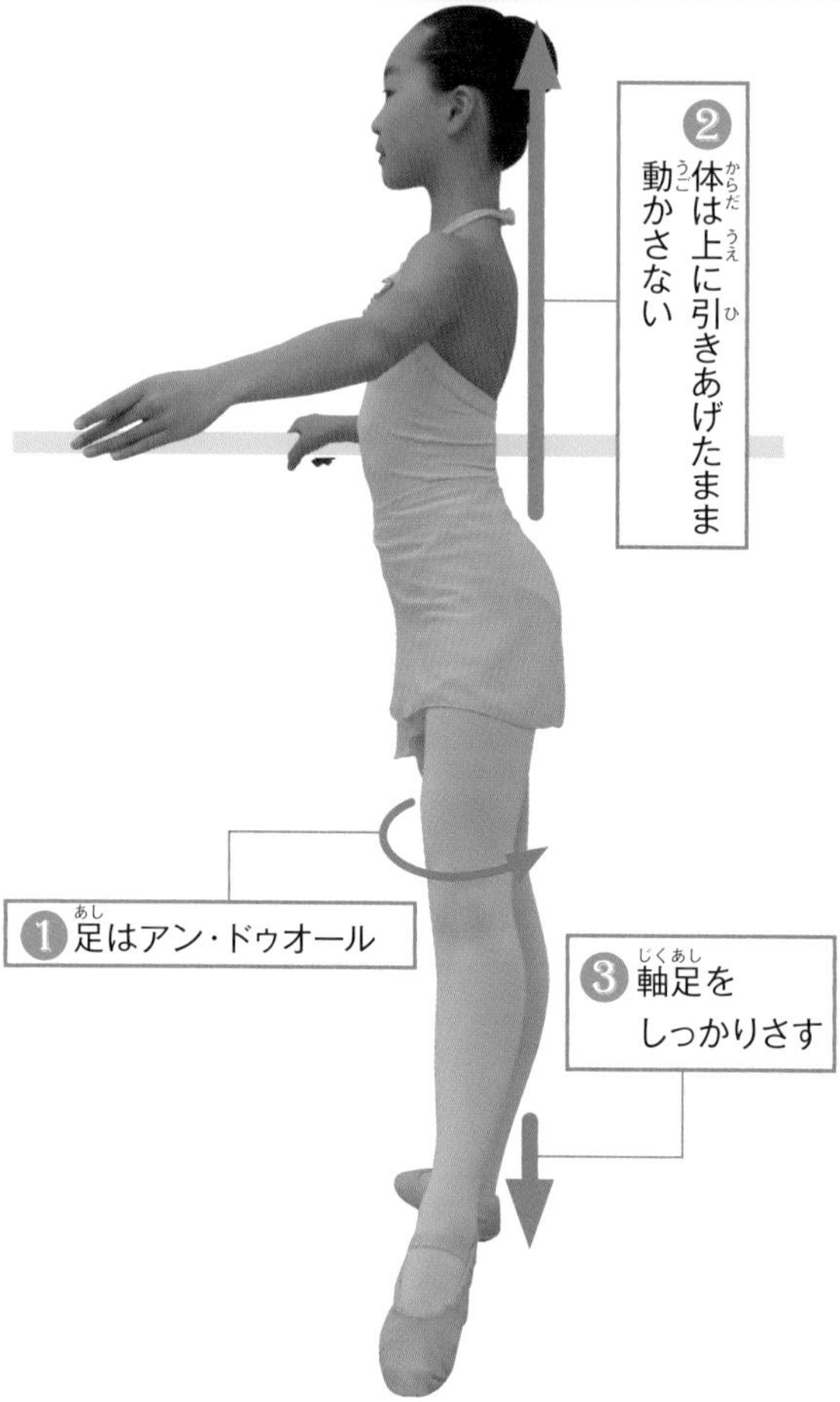
② 体《からだ》は上《うえ》に引《ひ》きあげたまま動《うご》かさない
① 足《あし》はアン・ドゥオール
③ 軸足《じくあし》をしっかりさす

足《あし》のつけ根《ね》から足全体《あしぜんたい》を動《うご》かす

ロンド・ジャンブ・アテールとは、床《ゆか》の上《うえ》に片足《かたあし》で半円《はんえん》を描《えが》く動《うご》きのことです。前《まえ》にタンデュをして、そのまま横《よこ》のタンデュを通過《つうか》し、後《うし》ろのタンデュまでいき、足《あし》を元《もと》にもどす、という動《うご》きになります。

この動《うご》きは、アン・ドゥオール（外回《そとまわ》り）。それを逆《ぎゃく》に後《うし》ろのタンデュから前《まえ》に回《まわ》す場合《ばあい》は、アン・ドゥダン（内回《うちまわ》り）といいます。1番《ばん》からはじめていますが、5番《ばん》からの動《うご》きもあります。

チェックポイント

1. 足《あし》のつけ根《ね》から足全体《あしぜんたい》を回《まわ》します
2. 足《あし》に体《からだ》がついていかないように注意《ちゅうい》しましょう
3. 自分《じぶん》の足《あし》がコンパスになったように、軸足《じくあし》をしっかりさしてツマ先《さき》で円《えん》を描《えが》きます

動《うご》きのながれ

1

プレパレーションから前《まえ》タンデュになります。

↓

2

前《まえ》タンデュからツマ先をすべらせて、横《よこ》タンデュへ。

↓

3

横《よこ》タンデュからさらに動《うご》かして、後《うし》ろタンデュへ。

↓

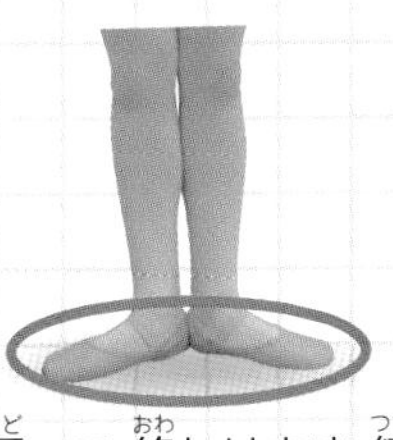

4

1番《ばん》へ戻《もど》って、終《お》わります。続《つづ》く場合《ばあい》は再《ふたた》び前《まえ》タンデュへ。

アン・ドゥオール

体《からだ》は
動《うごか》かさない

片足《かたあし》で半円《はんえん》を描《えが》きます。足《あし》の動《うご》きにつられて腰《こし》が回《まわ》らないように注意《ちゅうい》しましょう。

ここに注目《ちゅうもく》

後《うし》ろ、1番《ばん》を通《とお》る

前《まえ》から横《よこ》、後《うし》ろのタンデュの位置《いち》を通《とお》り、1番《ばん》にもどって前《まえ》タンデュと回《まわ》します。

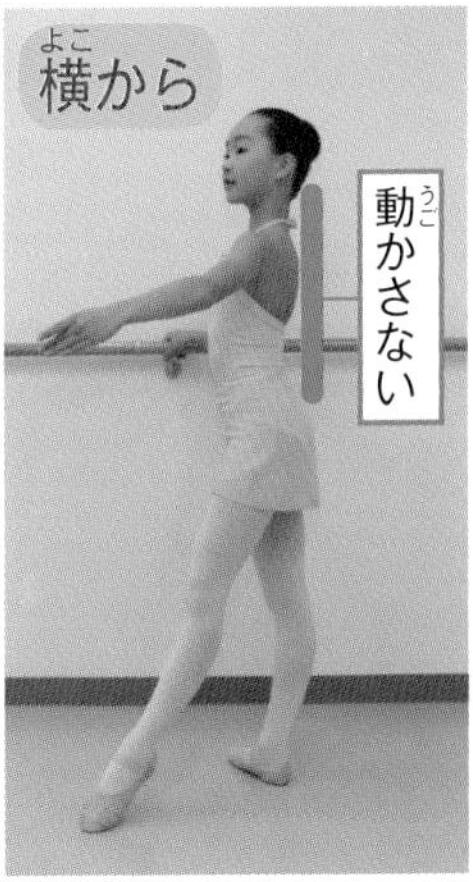

横《よこ》から
動《うご》かさない

ツマ先《さき》だけを床《ゆか》につけて半円《はんえん》を描《えが》きます。足《あし》がコンパスになったイメージで。

動《うご》きのながれ

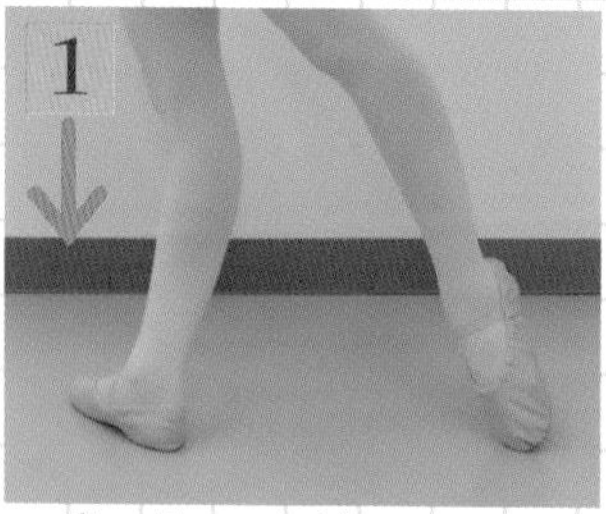
1

１番《ばん》の足《あし》から、後《うし》ろタンデュへだします。

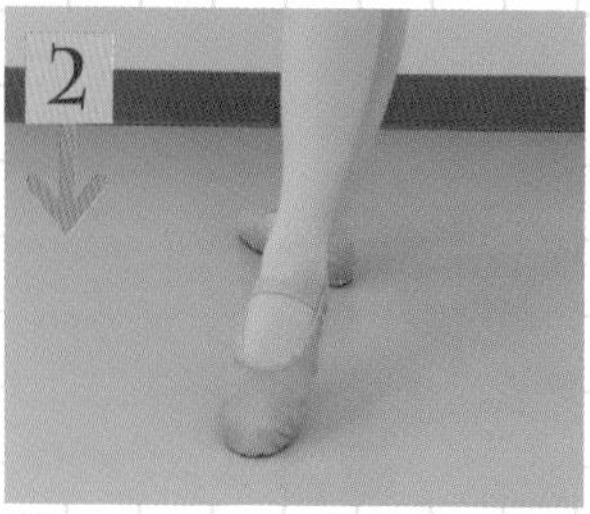
2

後《うし》ろタンデュの位置《いち》から横《よこ》タンデュへまわします。

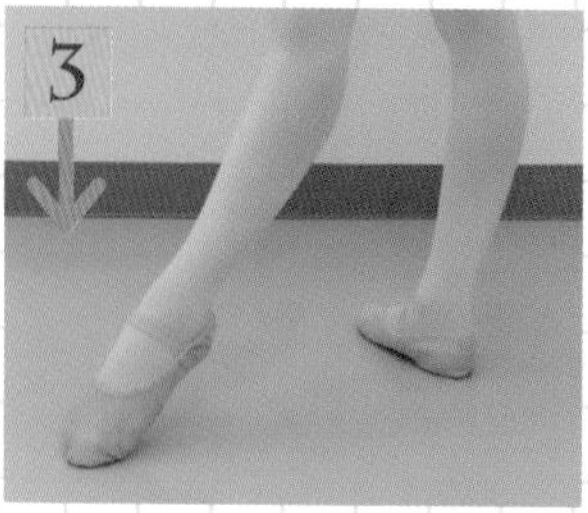
3

ツマ先《さき》をすべらせるようにして、前《まえ》のタンデュの位置《いち》へ。

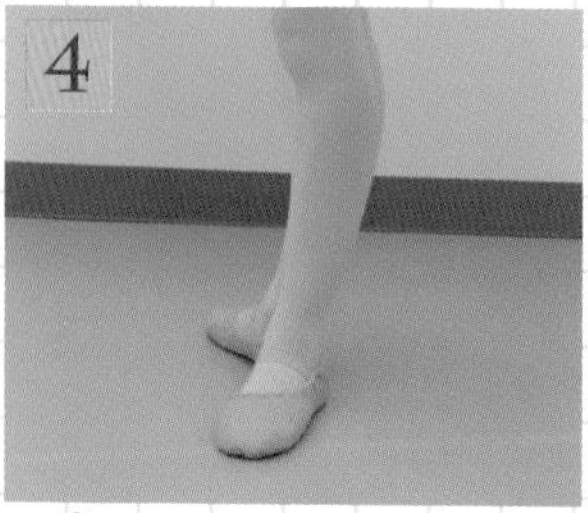
4

１番《ばん》にもどします。続《つづ》く場合《ばあい》は再《ふたた》び後《うし》ろタンデュへ。

アン・ドゥダン

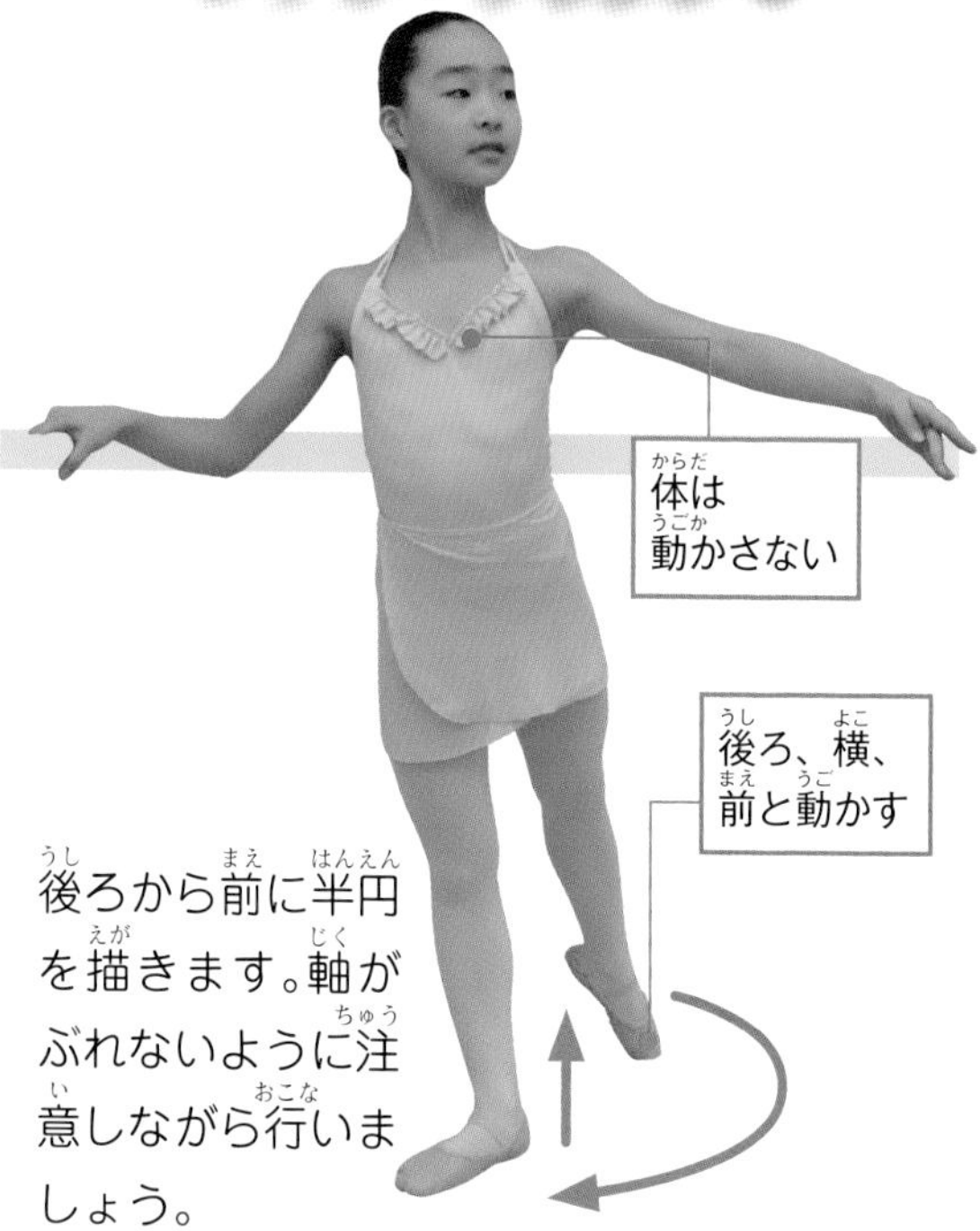
体《からだ》は
動《うご》かさない
後《うし》ろ、横《よこ》、
前《まえ》と動《うご》かす

後《うし》ろから前《まえ》に半円《はんえん》を描《えが》きます。軸《じく》がぶれないように注《ちゅう》意《い》しながら行《おこな》いましょう。

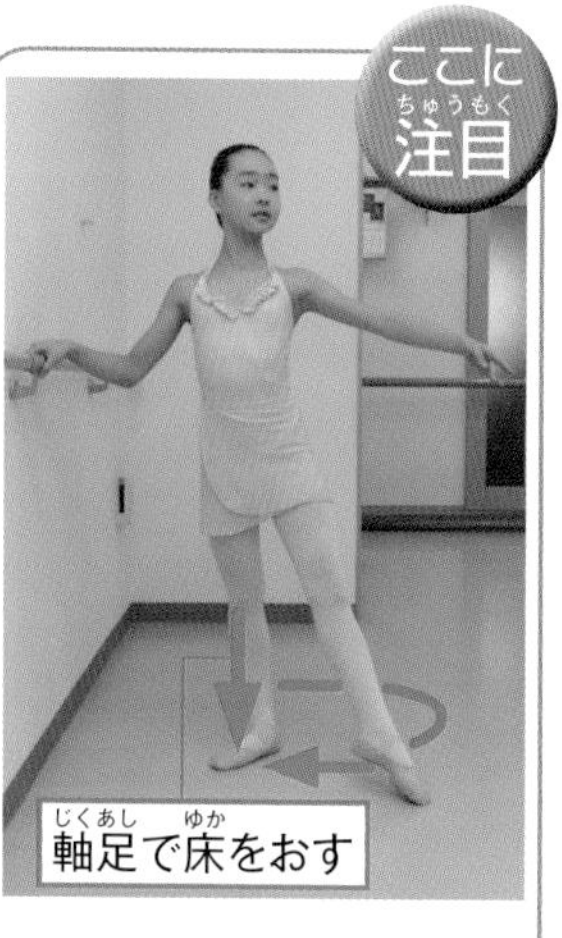
ここに
注目《ちゅうもく》
軸足《じくあし》で床《ゆか》をおす

大《おお》きな円《えん》を描《えが》こうとして腰《こし》が動《うご》かないように気《き》をつけましょう。

横《よこ》から
腕《うで》を
下《さ》げない

軸足《じくあし》はしっかりと床《ゆか》をおして、体《からだ》がぶれないようにしましょう。腕《うで》もさがらないよう注意《ちゅうい》。

アン・ドゥオール　アップ

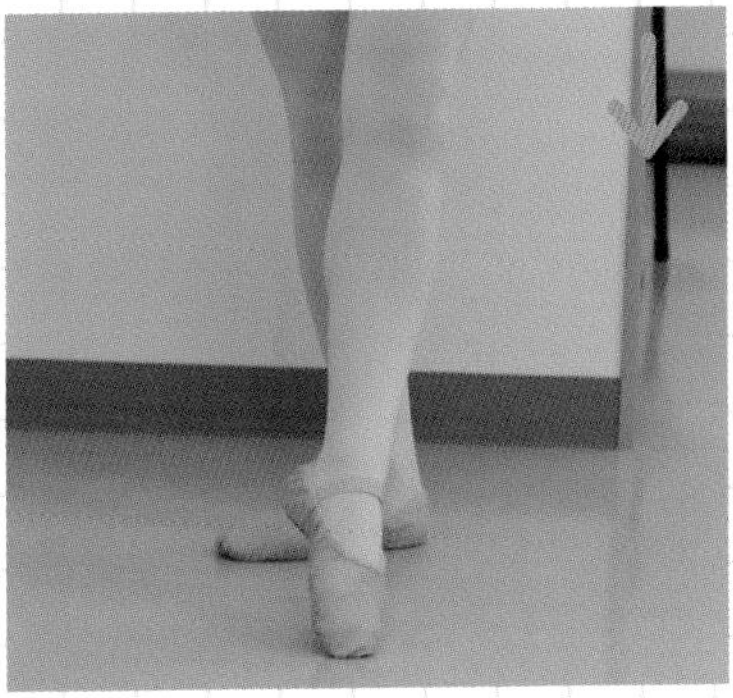

前《まえ》タンデュからスタート。カカトを前《まえ》にだすようなイメージでだします。

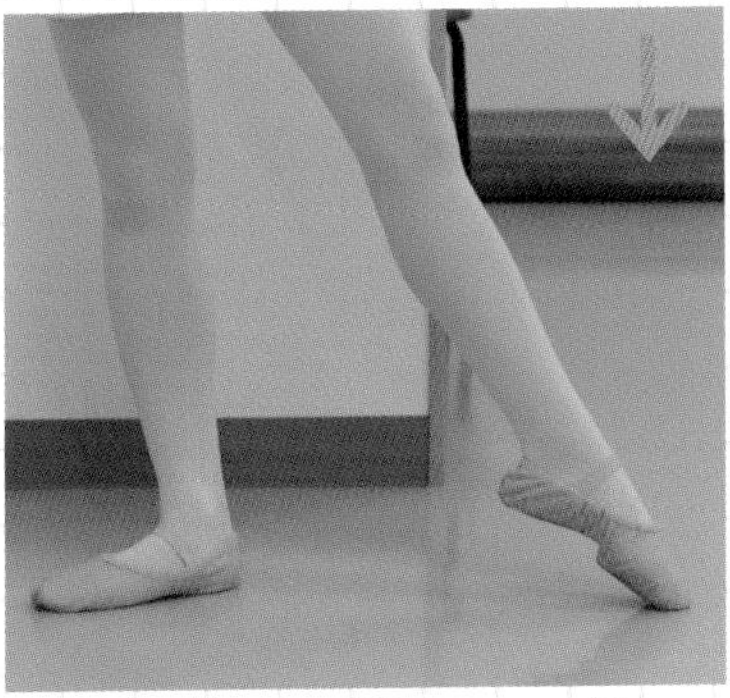

ツマ先《さき》で床《ゆか》に弧《こ》を描《えが》くように、横《よこ》のタンデュへ移動《いどう》します。

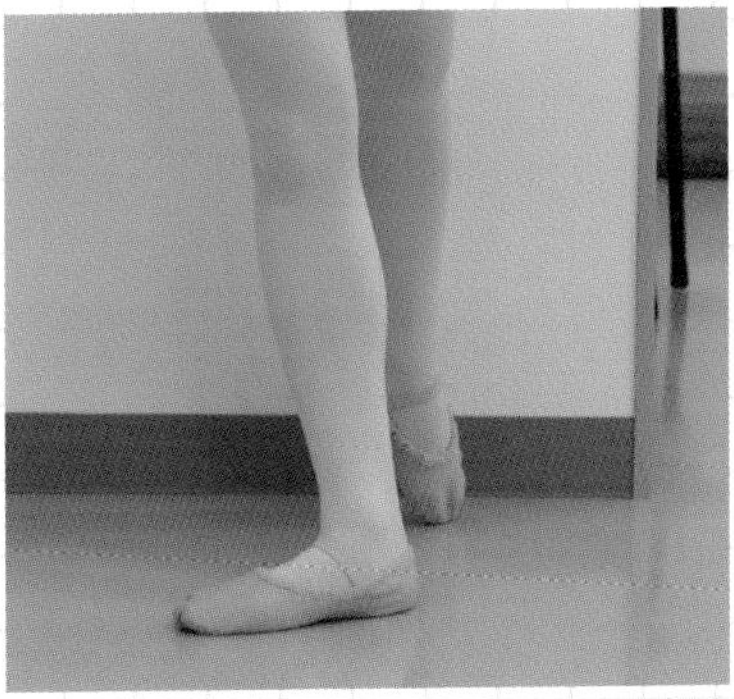

そのまま、続《つづ》けて後《うし》ろのタンデュの位置《いち》へ移動《いどう》し、1番《ばん》にもどします。

アン・ドゥオールの足《あし》の動《うご》かし方《かた》

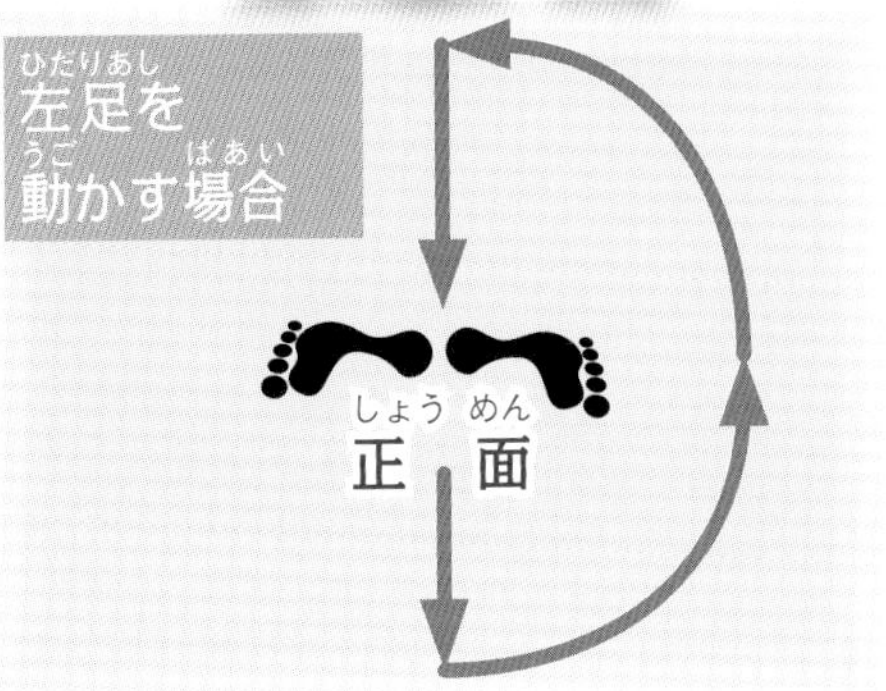
左足《ひだりあし》を
動《うご》かす場合《ばあい》
正《しょう》面《めん》

左《ひだり》の図《ず》は、足《あし》あとマークのところに立《た》ったとして、左足《ひだりあし》の動《うご》かし方《かた》を矢印《やじるし》でしるしたものです。アン・ドゥオールでは、前《まえ》から横《よこ》、後《うし》ろという順番《じゅんばん》（時計《とけい》まわり）にツマ先《さき》で半円《はんえん》をえがきます。

アン・ドゥダンの足の動かし方

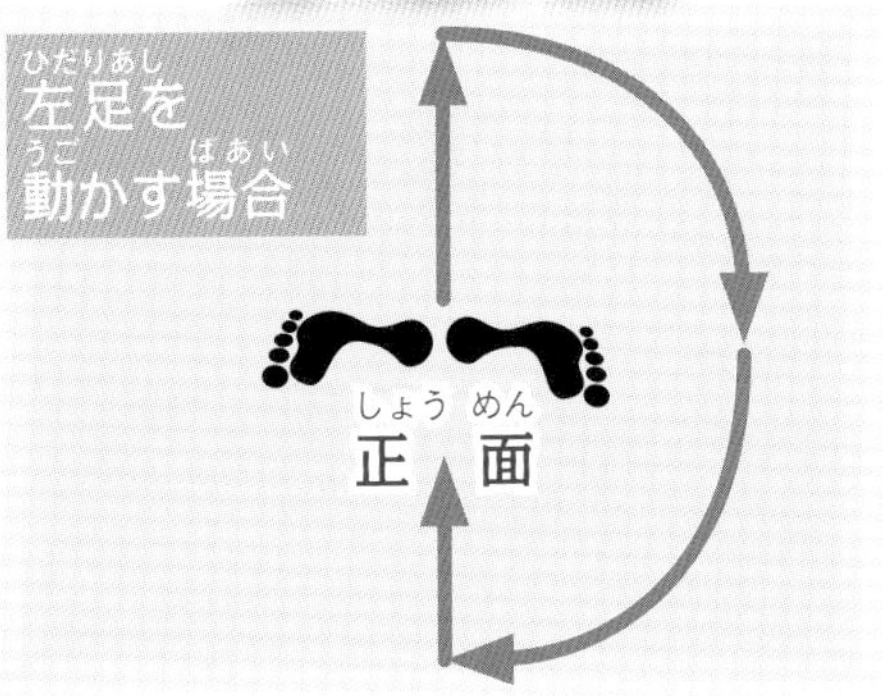
左足《ひだりあし》を
動《うご》かす場合《ばあい》
正《しょう》面《めん》

アン・ドゥダンは、上《うえ》のアン・ドゥオールと反対《はんたい》まわりになります。足《あし》を後《うし》ろにだして、横《よこ》、前《まえ》へとまわしていきます。この図《ず》も足《あし》あとマークに立《た》っているとします。

足《あし》のポジション５番《ばん》からスタート

LESSON
13

フォンデュ

とろけるようになめらかに動《うご》く

フォンデュは、「とける」という意味《いみ》です。ク・ド・ピエ（レッスン18）をして、軸《じく》の足《あし》もプリエにします。軸足《じくあし》のプリエを少《すこ》しずつのばしていくのと同時《どうじ》に、ク・ド・ピエの足《あし》もアティテュードを通過《つうか》してのばしていきます。腕《うで》はアン・バーからアン・ナヴァンを通《とお》ってア・ラ・スゴンドへ。この一連《いちれん》の動《うご》きをなめらかに行います。動《うご》きがとぎれることのないように、ゆったりと行いましょう。

チェックポイント

① 軸足《じくあし》はプリエします
② 軸足《じくあし》と動《うご》かす足《あし》の伸《の》びるタイミングが同時《どうじ》
③ ヒザは外《そと》がわを向《む》けます

前《まえ》のフォンデュ

軸足《じくあし》はプリエし、あげる足《あし》をアティテュードにします。そこから、両足《りょうあし》を同時《どうじ》にのばしていきます。

動《うご》きのながれ

1

顔《かお》は外《そと》がわに向《む》けて、アロンジェをしてからはじめます。

↓

2

前《まえ》にク・ド・ピエをして、軸足《じくあし》のヒザはまげてプリエ。

↓

3

ク・ド・ピエの足《あし》をアティテュードにします。

↓

4

両足《りょうあし》のヒザを同時《どうじ》にのばします。

ここに注目《ちゅうもく》

ク・ド・ピエのときも、足《あし》を伸《の》ばしきったときも、カカトを前《まえ》にだすように気《き》をつけましょう。

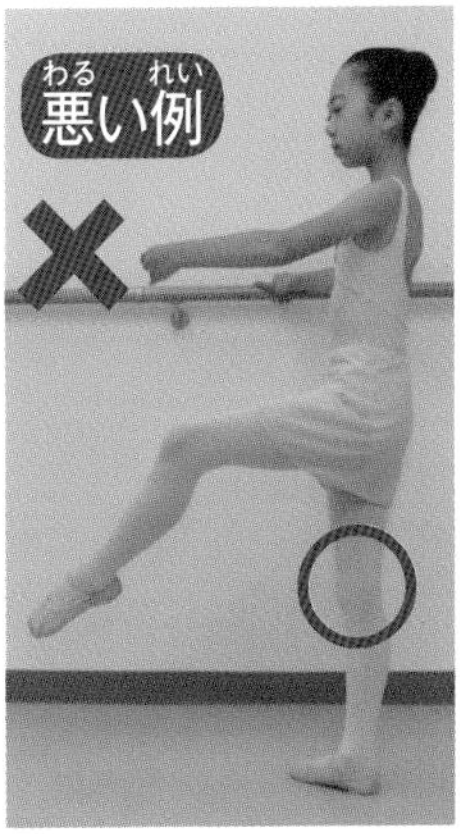

アティテュードのときに軸足《じくあし》のヒザが先《さき》にのびてしまってはいけません。

動《うご》きのながれ

1

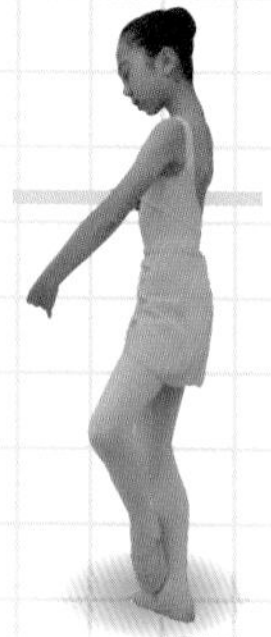

ク・ド・ピエをして、軸足《じくあし》もプリエに。手《て》はアン・バー。

↓

2

軸足《じくあし》はプリエしたまま、あげる足《あし》をアティテュードにします。

↓

3

両足《りょうあし》を同時《どうじ》にのばしていき、手《て》はア・ラ・スゴンドへ。

↓

4

次《つぎ》に後《うし》ろフォンデュをする場合《ばあい》は、後《うし》ろのク・ド・ピエへ。

横のフォンデュ

途中《とちゅう》のアティテュードのときには、軸足《じくあし》のヒザはまだプリエをしています。

ここに注目《ちゅうもく》

バー側《がわ》からのぞきこむように、手のひらをみます。首《くび》のラインにも気《き》をつけましょう。

横《よこ》から

音《おと》をいっぱいに使《つか》ってゆっくりととろけるように、動《うご》くことが最大《さいだい》のポイントです。

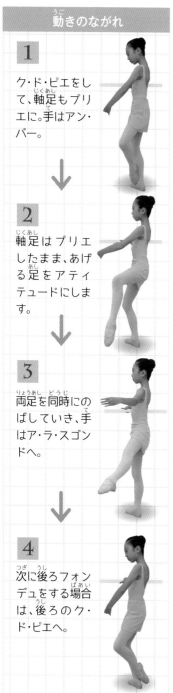

後ろのフォンデュ

動《うご》きのながれ

1

顔《かお》を外側《そとがわ》に向《む》けて呼吸《こきゅう》と一緒《いっしょ》にアロンジェしてからはじめます。

2

後《うし》ろのク・ド・ピエにして、手《て》をアン・バーに。

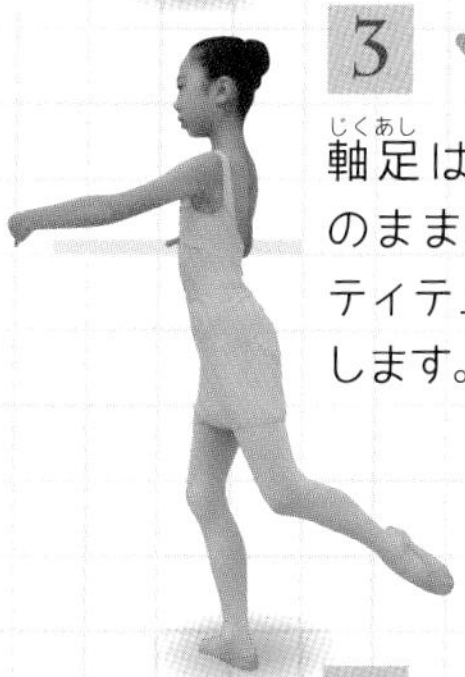

3

軸足《じくあし》はプリエのまま、後《うし》ろアティテュードにします。

4

両足《りょうあし》を同時《どうじ》にのばしていき、腕《うで》はア・ラ・スゴンドへ。

両足《りょうあし》のヒザを同時《どうじ》にのばしますが、そのときヒザが外《そと》がわを向《む》くように気《き》をつけましょう。

ここに注目《ちゅうもく》

後《うし》ろは後《うし》ろのク・ド・ピエからはじめます。位置《いち》をレッスン18で確認《かくにん》しましょう

のびたときは後《うし》ろのジュテの延長線上《えんちょうせんじょう》になります。その位置《いち》を目指《めざ》して動《うご》きましょう。

足《あし》のポジション 5 番《ばん》からスタート

LESSON 14

フラッペ

フレックスでくるぶしの上《うえ》につける

プレパレーションからはじめます。5番《ばん》アン・バーから、アン・ナヴァンを通《とお》ってア・ラ・スゴンドと同時《どうじ》に足《あし》を横《よこ》にタンデュして、フレックス（足首《あしくび》を曲《ま》げる）のク・ド・ピエにします。ここからはじめます。

フラッペとは「打《う》つ、たたく」という意味《いみ》です。床《ゆか》をける瞬間《しゅんかん》の足《あし》は、ドゥミ・ポアントの形《かたち》です。床《ゆか》をノックするイメージで床《ゆか》を打《う》って、ツマ先《さき》を床《ゆか》の方《ほう》向《こう》へのばします。

チェックポイント

① 上体《じょうたい》は引《ひ》きあげたままキープする
② 床《ゆか》をノックするイメージで打《う》ちます

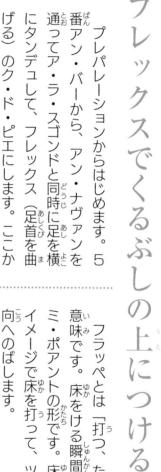

動《うご》きのながれ

1

足《あし》を横《よこ》タンデュに出《だ》して、プレパレーションをします。

↓

2

出《だ》した足《あし》をそのまま、フレックスのク・ド・ピエに。

↓

3

ドゥミ・ポアントで、軸足近《じくあしちか》くの床《ゆか》をけります。

↓

4

前《まえ》のジュテの位置《いち》でツマ先《さき》をしっかりのばします。

前《まえ》のフラッペ

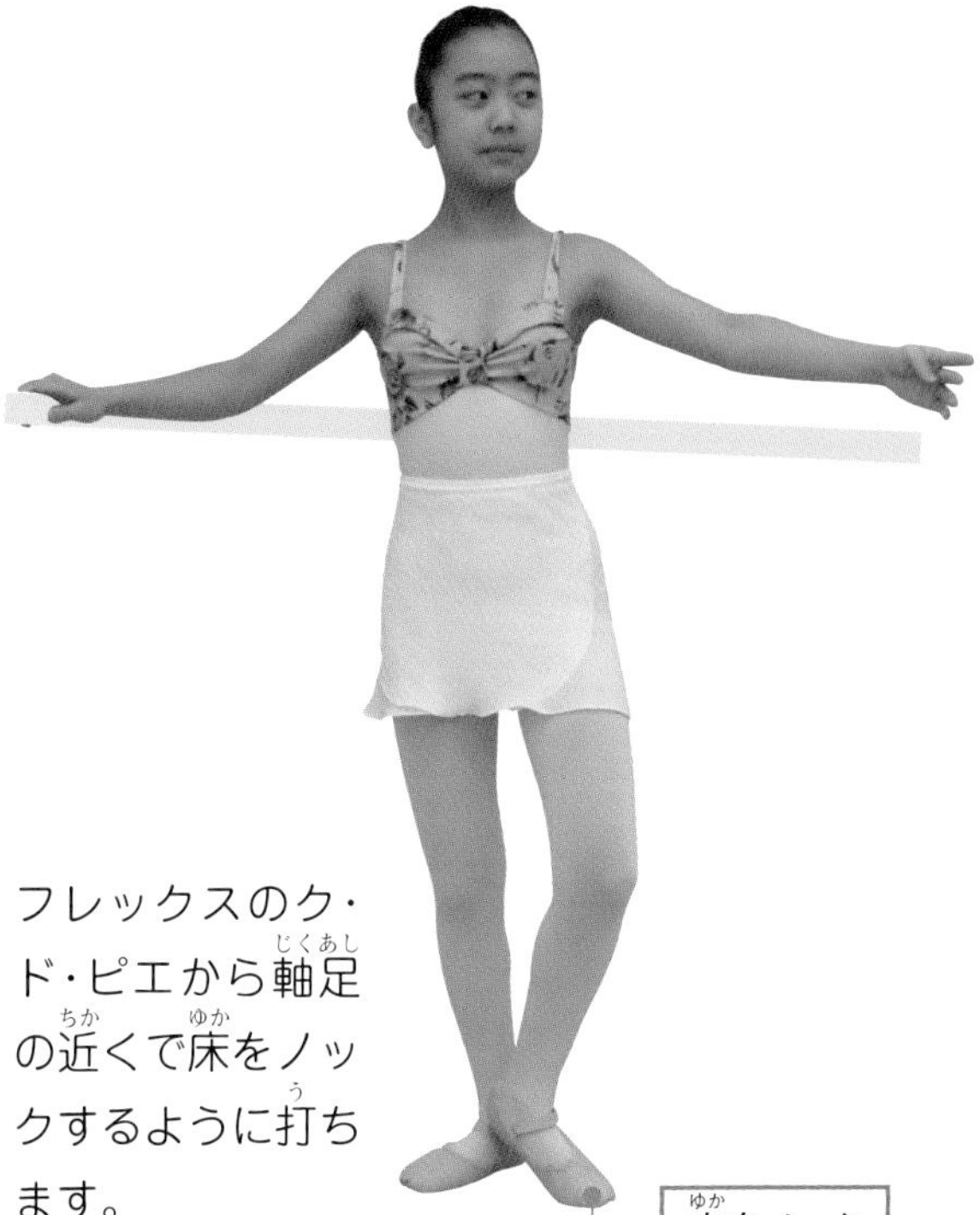

フレックスのク・ド・ピエから軸足《じくあし》の近《ちか》くで床《ゆか》をノックするように打《う》ちます。

床《ゆか》をノック

ここに注目《ちゅうもく》

プレパレーションからク・ド・ピエ

プレパレーションは、まず横《よこ》のタンデュに足《あし》を出《だ》してから、フレックスのク・ド・ピエ。

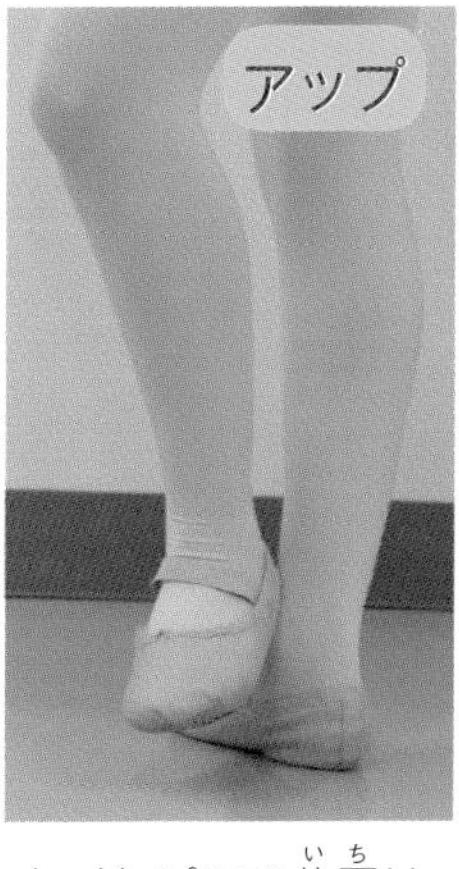

ク・ド・ピエの位置《いち》は、レッスン18で確認《かくにん》し、その場所《ばしょ》でフレックスにします。

動《うご》きのながれ

1

フレックスのク・ド・ピエからはじめます。ヒザ、ツマ先《さき》は横《よこ》むき。

↓

2

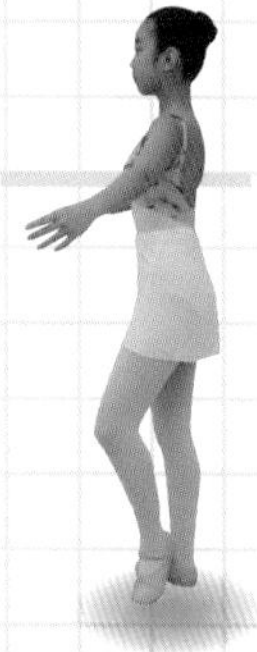

軸足《じくあし》の近《ちか》くで、床《ゆか》をノックします。床《ゆか》につけるのはツマ先《さき》だけです。

↓

3

横《よこ》のデガジェの位置《いち》でツマ先《さき》とヒザをしっかりのばします。

↓

4

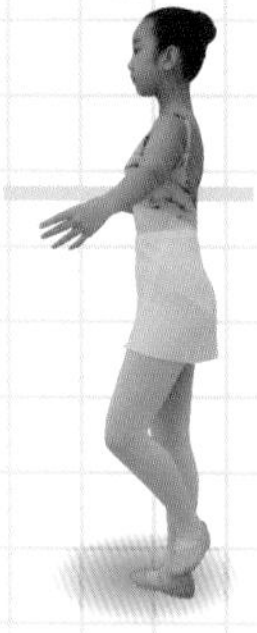

すばやく後《うし》ろのフレックスのク・ド・ピエに足《あし》を入《い》れます。

横のフラッペ

床《ゆか》をノックして横《よこ》にだします。ツマ先《さき》は床《ゆか》にむけてのばしましょう。

ここに注目《ちゅうもく》

横《よこ》のフラッペのク・ド・ピエの位置《いち》は、前《まえ》と同《おな》じです。足首《あしくび》は曲《ま》げ、ツマ先《さき》はのばします。

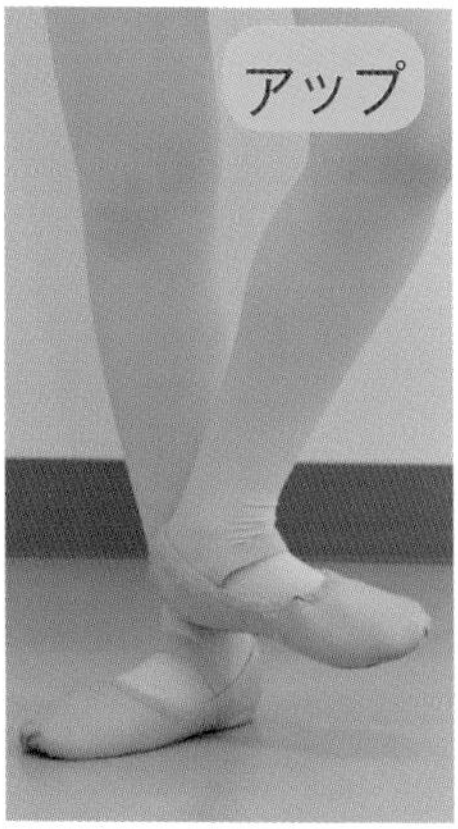

くるぶしの少《すこ》し上《うえ》で足首《あしくび》をしっかり曲《ま》げます。軸足《じくあし》よりも内《うち》がわに入《はい》りすぎないこと。

後ろのフラッペ

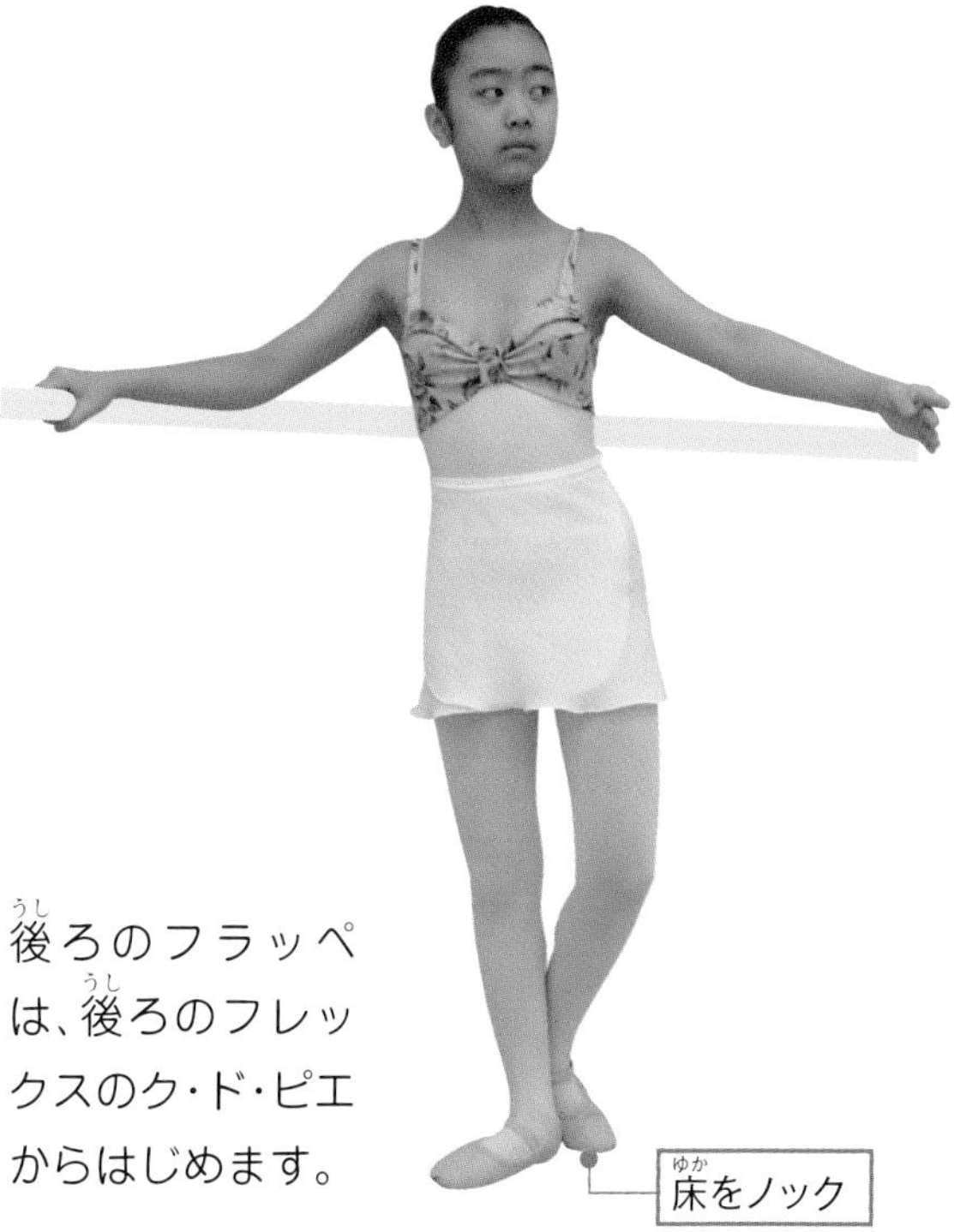

後《うし》ろのフラッペは、後《うし》ろのフレックスのク・ド・ピエからはじめます。

ここに注目《ちゅうもく》

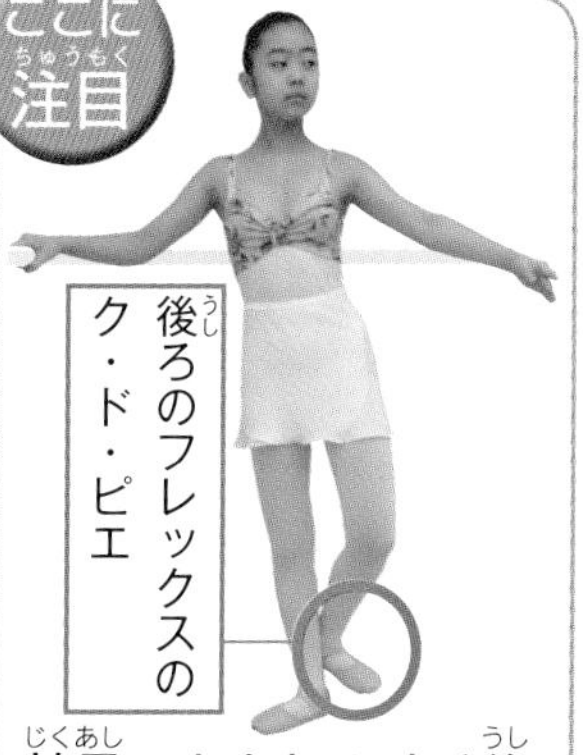

軸足《じくあし》のカカトのすぐ後《うし》ろで床《ゆか》をノックします。指先《ゆびさき》だけを使《つか》うように気《き》をつけて。

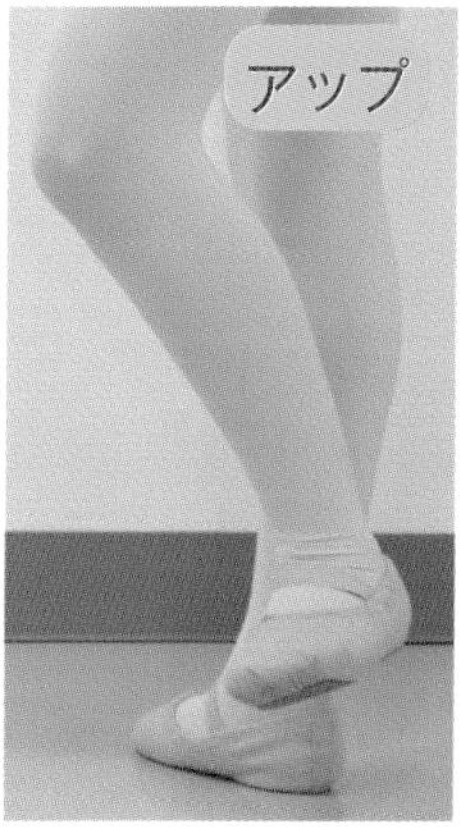

後《うし》ろのフレックスのク・ド・ピエは、カカトを後《うし》ろのくるぶしの上《うえ》につけます。

動《うご》きのながれ

1

後《うし》ろのフレックスのク・ド・ピエからはじめます。

↓

2

足《あし》を後《うし》ろに。床《ゆか》をノックするように打《う》ちましょう。

↓

3

後《うし》ろのジュテの位置《いち》でツマ先《さき》を床方向《ゆかほうこう》にのばします。

↓

4

すばやく後《うし》ろのフレックスのク・ド・ピエにもどります。

足《あし》のポジション 5 番《ばん》からスタート

LESSON 15

ロンド・ジャンブ・アン・レール

ヒザの下《した》をつかってだ円《えん》をえがく

アン・レールとは「空中《くうちゅう》で」という意味《いみ》です。足《あし》をルティレから横《よこ》にまっすぐにのばし、軸足《じくあし》のヒザの近《ちか》くで小《ちい》さいだ円《えん》をえがくように動《うご》かします。ルティレしたときのヒザの位置《いち》をかえず、ヒザから下《した》をまわします。ルティレからのばしたときの足《あし》は体《からだ》に対して90度《ど》ですが、角度《かくど》は高《たか》さにより異《こと》なります。ヒザの位置《いち》が前後《ぜんご》したり、えがくだ円《えん》が大《おお》きくなりすぎないように気《き》をつけましょう。

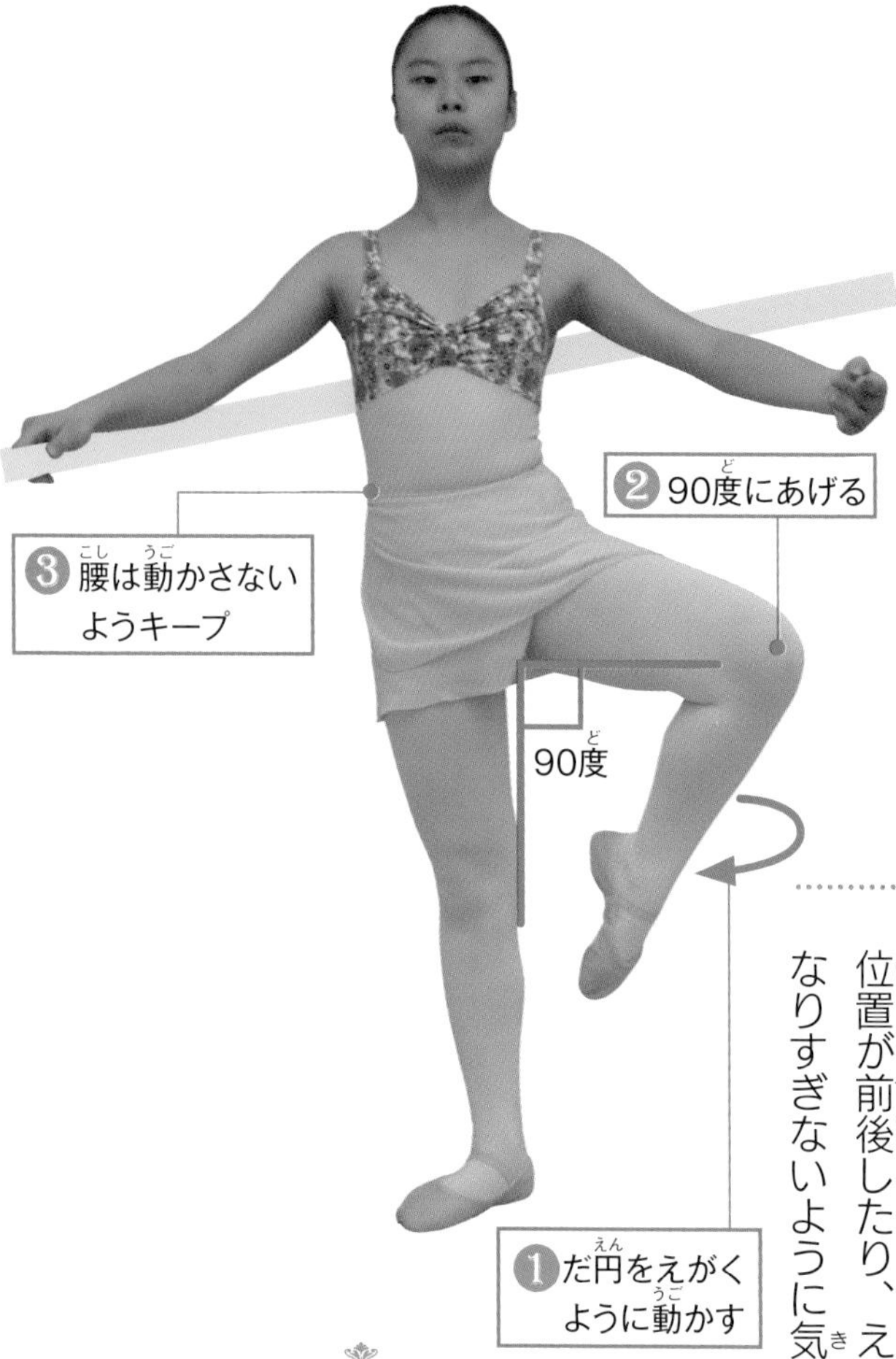

チェックポイント

① ヒザの下《した》を使《つか》って小《ちい》さなだ円《えん》をえがくように動《うご》かします
② 足《あし》は横《よこ》に90度《ど》の高《たか》さにあげます
③ 太《ふと》モモや腰《こし》は動《うご》かさないように気《き》をつけましょう

動《うご》きのながれ

1

手《て》はアン・ナヴァンで前《まえ》のルティレにします。

↓

2

床《ゆか》と平行《へいこう》、軸足《じくあし》との角度《かくど》が90度《ど》の場所《ばしょ》に足《あし》をあげます。

↓

3

後《うし》ろから前《まえ》へまわします。ヒザから下《した》でだ円《えん》をえがくイメージです。

↓

4

けとばさないように、ア・ラ・スゴンドへのばします。

アン・ドゥオール

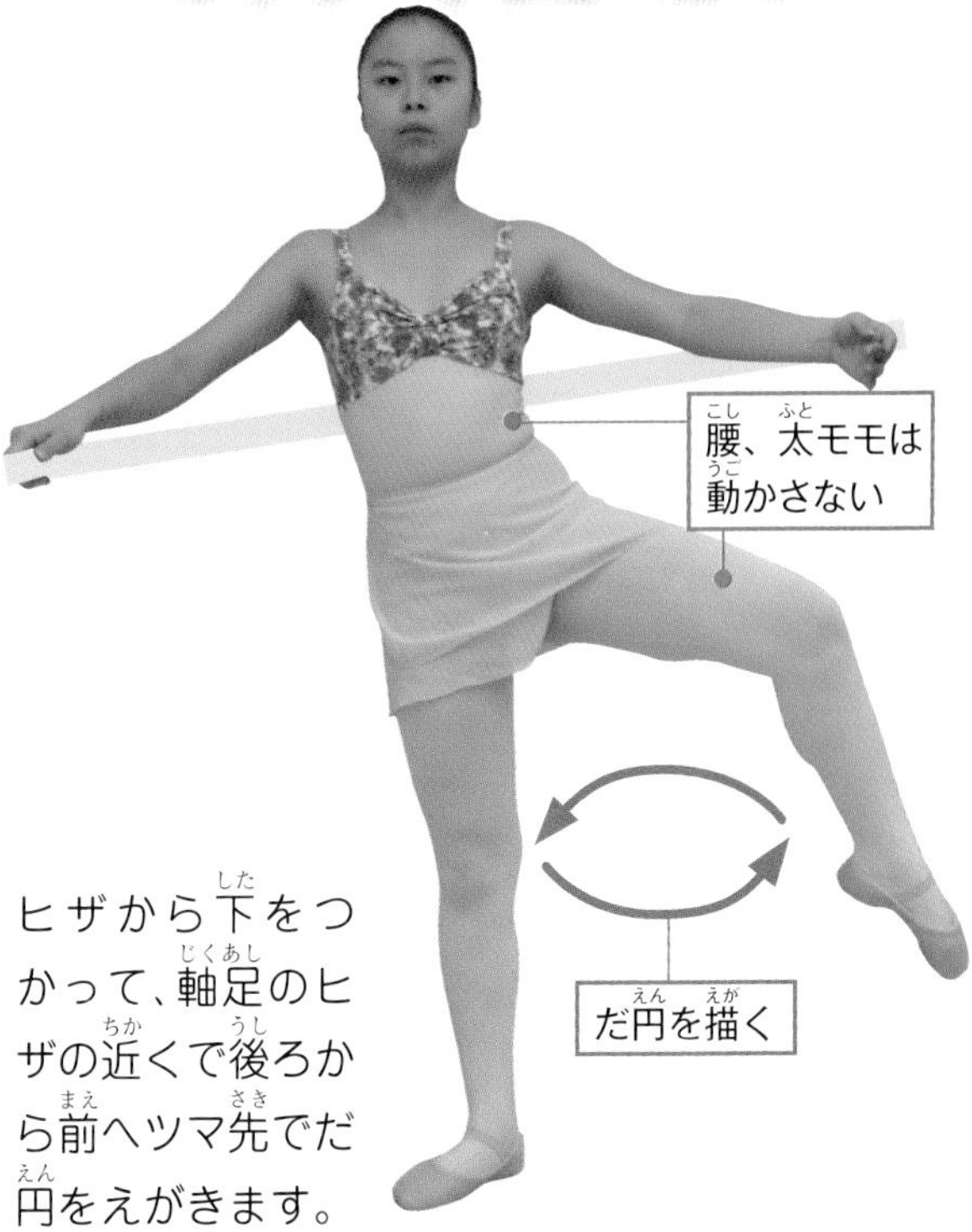

腰《こし》、太《ふと》モモは動《うご》かさない
だ円《えん》を描《えが》く

ヒザから下《した》をつかって、軸足《じくあし》のヒザの近《ちか》くで後《うし》ろから前《まえ》へツマ先《さき》でだ円《えん》をえがきます。

ここに注目《ちゅうもく》

ルティレを通《とお》る

ツマ先《さき》をまわしているとき、太《ふと》モモは横《よこ》へ意識《いしき》して、腰《こし》と同様動《どうようう》かさないよう注意《ちゅうい》。

横《よこ》から

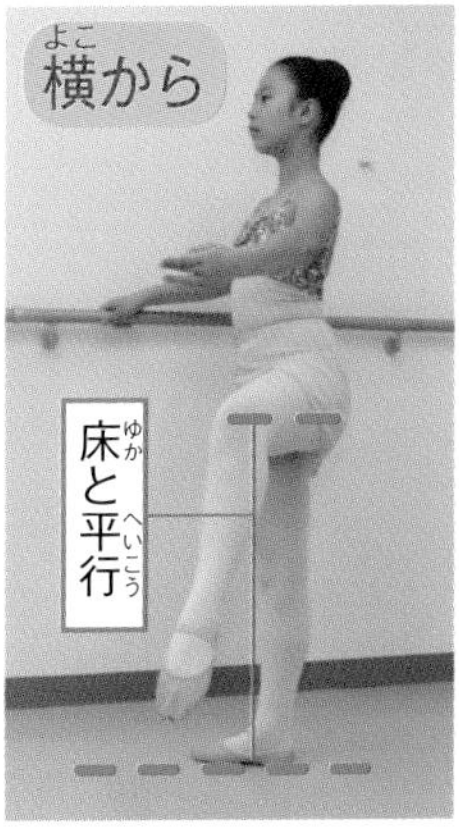

床《ゆか》と平行《へいこう》

ヒザ下《した》を動《うご》かすので、ヒザの位置《いち》は変《か》わりません。太《ふと》モモは床《ゆか》と平行《へいこう》のまま。

動《うご》きのながれ

1

手《て》はアン・ナヴァンで後《うし》ろのルティレにします。

↓

2

足《あし》を床《ゆか》と平行《へいこう》になるように横《よこ》にのばします。腰《こし》は動《うご》かさないこと。

↓

3

前《まえ》から後《うし》ろへまわすように、ヒザから下《した》を使《つか》ってだ円《えん》を描《えが》きます。

↓

4

カカトを前《まえ》にしながら、ア・ラ・スゴンドへのばします。

アン・ドゥダン

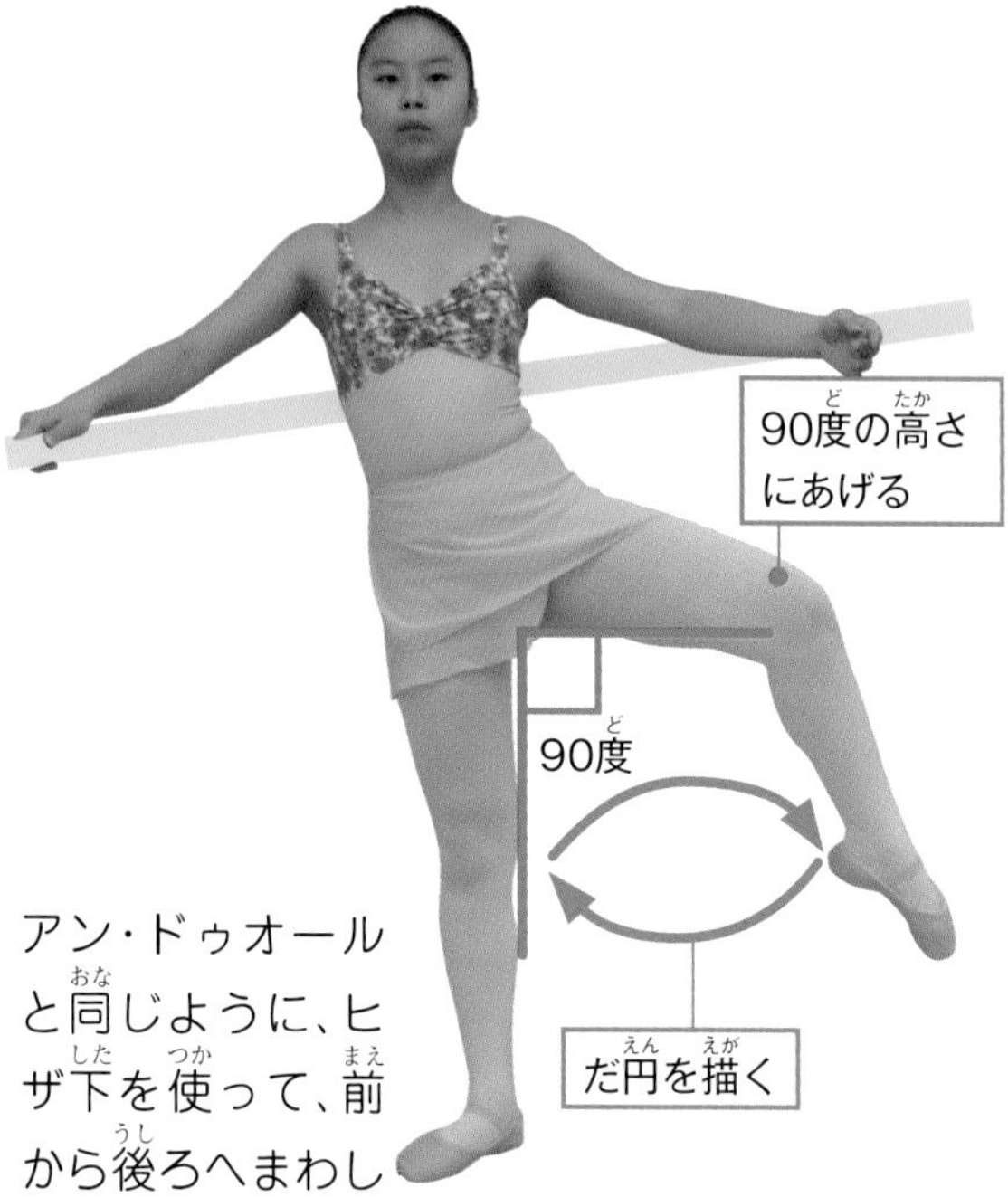

90度《ど》の高《たか》さにあげる
90度《ど》
だ円《えん》を描《えが》く

アン・ドゥオールと同《おな》じように、ヒザ下《した》を使《つか》って、前《まえ》から後《うし》ろへまわします。

ここに注目《ちゅうもく》

ヒザの位置《いち》はかえない

前《まえ》から後《うし》ろへまわすとき、あげた足《あし》のヒザの位置《いち》はかえません。

悪《わる》い例《れい》

ヒザが一緒《いっしょ》にまわってしまったり、ツマ先《さき》がひざよりも後《うし》ろを通《とお》らないよう注意《ちゅうい》しましょう。

動《うご》きのながれ

1

左足前《ひだりあしまえ》のデガジェの延長線上《えんちょうせんじょう》まで足《あし》をまっすぐあげます。

2

足《あし》をアン・ドゥオールしたまま、横《よこ》までまわしていきます。

3

高《たか》さを変《か》えないまま後《うし》ろに足《あし》をまわしていきます。

4

後《うし》ろのタンデュを通《とお》り、後《うし》ろに入《い》れて5番《ばん》にもどります。

足《あし》をのばしたまま円《えん》をえがく場合《ばあい》

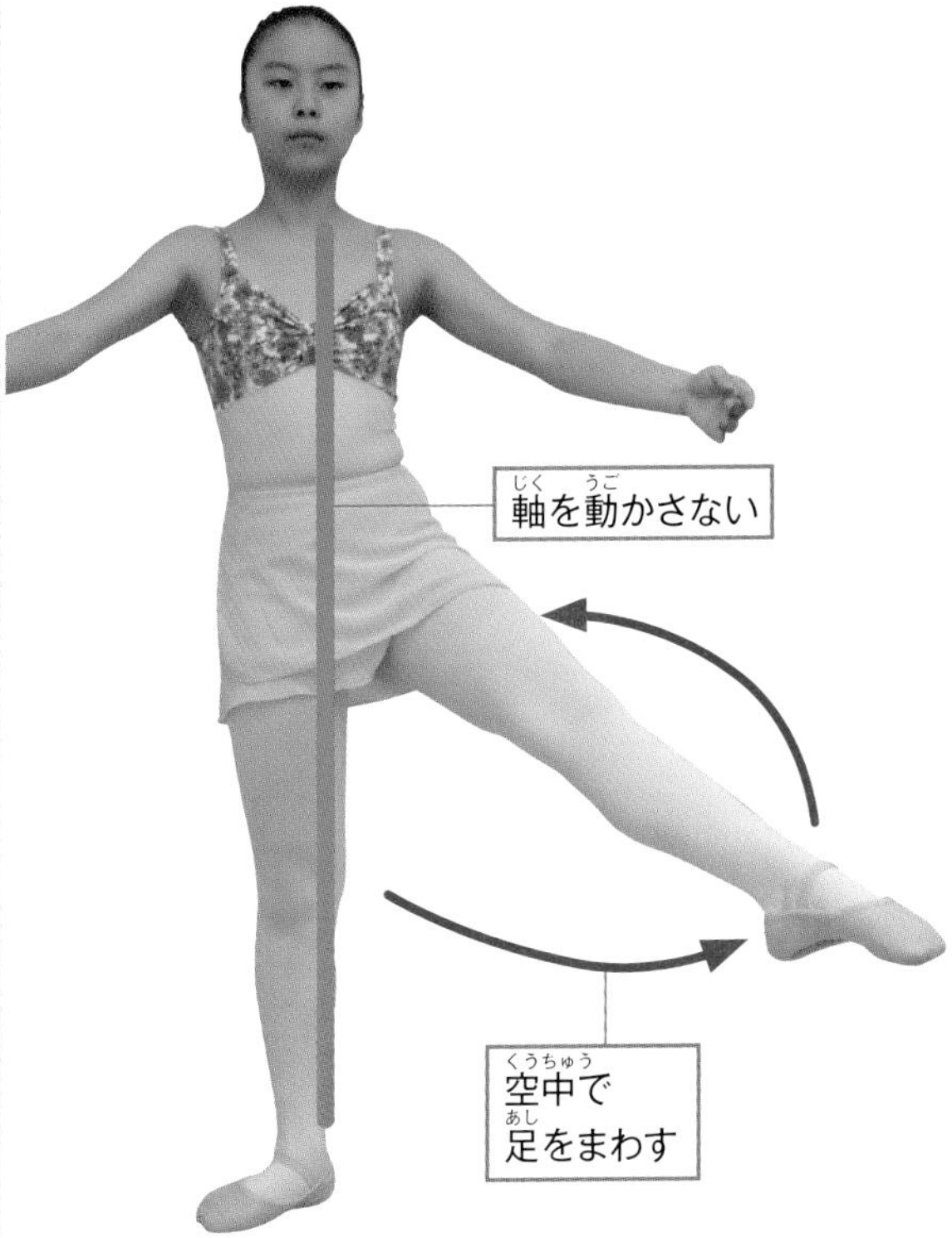

「ロンド・ジャンブ・アン・レール」にはもう一つのパターンがあります。それは、左《ひだり》の写真《しゃしん》のように、ロンド・ジャンブ・ア・テール（レッスン12）を空中《くうちゅう》でおこなうものです。ヒザをのばし、軸足《じくあし》で床《ゆか》をしっかりとおします。おへそを前《まえ》に向《む》けたまま、前《まえ》から横《よこ》、後《うし》ろ、もしくは後《うし》ろから横《よこ》、前《まえ》へ動《うご》かします。足《あし》の高《たか》さはどの方向《ほうこう》にいっても同《おな》じが理想的《りそうてき》です。

足《あし》のポジション 5番《ばん》からスタート

LESSON 16 デヴェロッペ

骨盤《こつばん》を床《ゆか》にたいして垂直《すいちょく》にたもつ

　ク・ド・ピエを通過《つうか》し、ルティレ（片足《かたあし》のヒザを曲《ま》げてツマ先《さき》をもう片方《かたほう》の足《あし》のヒザにつける）からアティテュード（足《あし》をあげてヒザを曲《ま》げるポーズ）を通過《つうか》してヒザをまっすぐにのばすという動《うご》きです。

　足《あし》は常《つね》にアン・ドゥオールにして、骨盤《こつばん》は床《ゆか》にたいして垂直《すいちょく》にたもちます。軸足《じくあし》はまげません。また、後《うし》ろのデヴェロッペでは、骨盤《こつばん》は少《すこ》し前《まえ》へかたむきますが、胸《むね》はナナメ上《うえ》に意識《いしき》しましょう。

チェックポイント

❶ 後《うし》ろは足《あし》があがるにつれて骨盤《こつばん》は前《まえ》にかたむき胸《むね》はナナメ上《うえ》にむかいます
❷ 軸足《じくあし》が曲《まが》がらないように気をつけます
❸ 足《あし》を動《うご》かしても、骨盤《こつばん》は床《ゆか》にたいして垂直《すいちょく》にたもちます

動《うご》きのながれ

1

プレパレーションから足《あし》はク・ド・ピエ、手《て》はアン・バーに。

↓

2

足《あし》の上《うえ》をすべらせるように動《うご》かして、足《あし》はルティレにします。

↓

3

軸足《じくあし》はのばしたまま、前《まえ》アティテュードを通過《つうか》します。

↓

4

ヒザをのばします。ツマ先《さき》までしっかりのばしましょう。

前《まえ》のデヴェロッペ

前《まえ》のアティテュードをとおって足《あし》をのばします。足《あし》をあげているほうの腰《こし》があがらないよう注意《ちゅうい》します。

ここに注目《ちゅうもく》

ク・ド・ピエからスタートします。そのまま、足《あし》の上《うえ》をすべらせるようにルティレへ。

悪《わる》い例《れい》

足《あし》を高《たか》くあげても軸足《じくあし》のヒザが曲《まが》ってしまったり、腰《こし》が落《お》ちないこと。

動《うご》きのながれ

1

横《よこ》も、足《あし》はク・ド・ピエ、手《て》はアン・バーからはじめます。

↓

2

軸足上《じくあしじょう》をすべらせるようにもちあげて、ルティレします。

↓

3

軸足《じくあし》のヒザをのばしたまま、横《よこ》のアティテュードを通過《つうか》。

↓

4

ゆっくりとヒザをのばします。タンデュを通《とお》っておろします。

横のデヴェロッペ

横《よこ》は、足《あし》のつけ根《ね》を折《お》りたたむようなイメージでアティテュードします。腰骨《こしぼね》は床《ゆか》と平行《へいこう》のままです。

ここに注目《ちゅうもく》

足《あし》をアン・ドゥオールしたまま、ツマ先《さき》までのばしきります。カカトを前《まえ》にだすよう意識《いしき》して。

軸足《じくあし》もしっかりアン・ドゥオール。ヒザをのばしたまま、おこないます。

動《うご》きのながれ

1

足《あし》は後《うし》ろのク・ド・ピエにして、腕《うで》はアンバーからはじめます。

2

足《あし》を軸足《じくあし》の裏側《うらがわ》をすべらせてルティレにします。

3

後《うし》ろアティテュード。骨盤《こつばん》は少《すこ》し前《まえ》に傾《かたむ》きます。

4

足《あし》をのばしながら、胸《むね》はナナメ上《うえ》に向《む》かっていきます。

後ろのデヴェロッペ

アティテュードから、少しずつ腰《こし》を前《まえ》にかたむけ、胸《むね》をナナメ上《うえ》にむけていきます。

ここに注目《ちゅうもく》

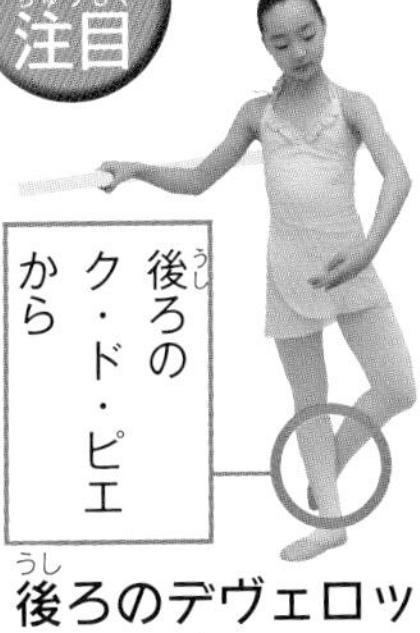

後《うし》ろのデヴェロッペは、後《うし》ろのク・ド・ピエからスタートします。

足《あし》があがるにつれて、胸《むね》をナナメ上《うえ》にしていきます。

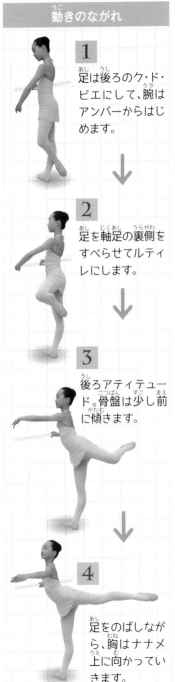

LESSON 17

足《あし》のポジション 5番《ばん》からスタート

グランバットマン

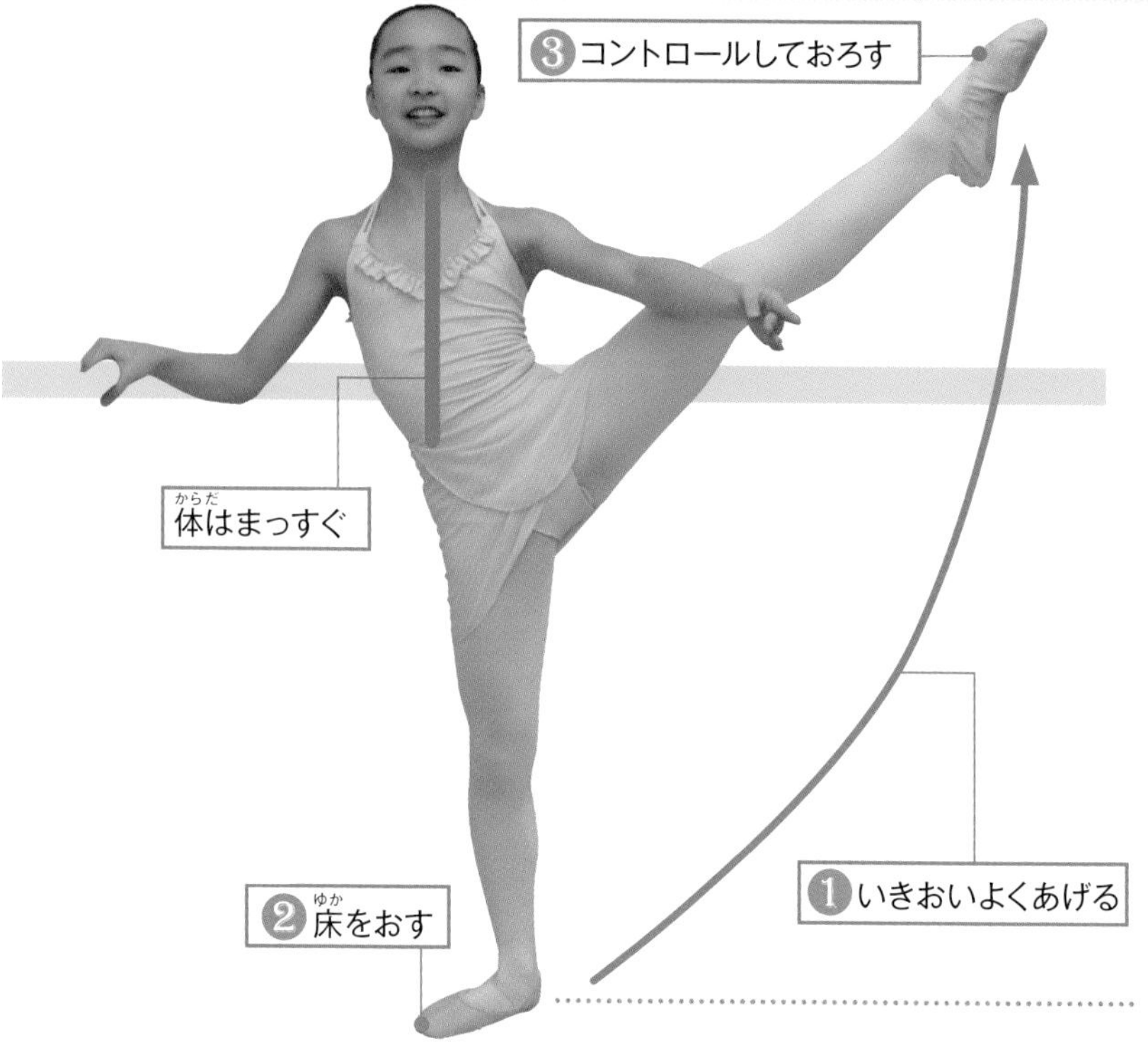

③コントロールしておろす
体《からだ》はまっすぐ
①いきおいよくあげる
②床《ゆか》をおす

ボールをけりあげるように足《あし》をあげる

グランバットマンは、ジュテを通《とお》って足《あし》を高《たか》くけりあげる動《うご》きです。そのとき軸足《じくあし》も床《ゆか》をおし、頭《あたま》は天井《てんじょう》をおすようなイメージで足《あし》を動《うご》かします。軸足《じくあし》もけりあげる足《あし》もヒザがまがらないようにして、足《あし》はアン・ドゥオールするように気《き》をつけましょう。あげた足《あし》は、コントロールしながらおろし、タンデュをとおって5番《ばん》にもどります。すばやく高《たか》く足《あし》をあげて、ゆっくりおろすのが基本《きほん》です。

チェックポイント

1. ボールをけりあげるイメージであげます
2. 軸足《じくあし》は強《つよ》く床《ゆか》をおします
3. あげた足《あし》はコントロールしながらおろします

動《うご》きのながれ

1

どの方向《ほうこう》も、同《おな》じながれでおこないます。

2

足《あし》をあげるときは、ジュテをとおってあげます。

3

すばやく、高《たか》くあげます。ボールをけるイメージです。

4

ゆっくりとおろし、タンデュを通《とお》って5番《ばん》にもどります。

前《まえ》のグランバットマン

軸足《じくあし》は、床《ゆか》をおしてしっかりのばして、足《あし》を高《たか》く早《はや》くあげます。そして、ゆっくりおろします。

横

高《たか》く足《あし》をあげても、バー側《がわ》に体《からだ》が倒《たお》れないように注意《ちゅうい》しましょう。

後ろ

背中《せなか》は長《なが》くのばす意識《いしき》で、胸《むね》をナナメ上《うえ》にむけ、前《まえ》に倒《たお》れすぎないよう注意《ちゅうい》しましょう。

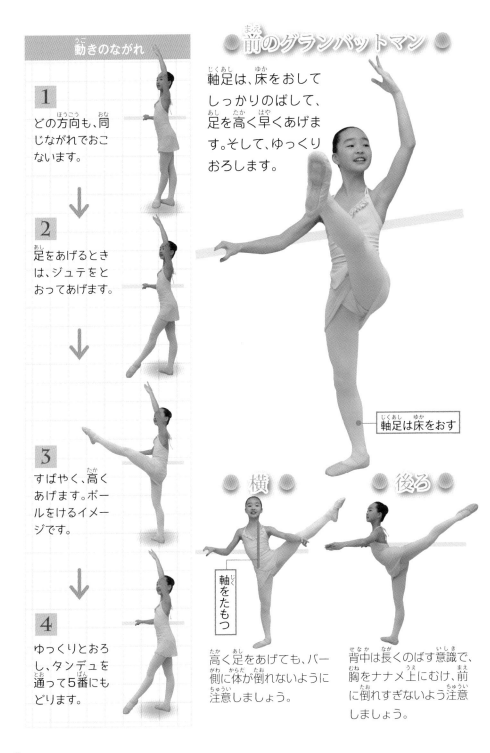

LESSON 18

シュル・ル・ク・ド・ピエ（ク・ド・ピエ）

ク・ド・ピエの場所《ばしょ》をおぼえよう

片足《かたあし》で立《た》って、もういっぽうの足《あし》のツマ先《さき》を軸足《じくあし》のくるぶしの位置《いち》につける動作《どうさ》のことを「シュル・ル・ク・ド・ピエ」（省略《しょうりゃく》して「ク・ド・ピエ」）といいます。

フォンデュ、フラッペ、デベロッペ、センターレッスンのジュッテやバランセなどでもク・ド・ピエが出《で》てきます。バレエの動《うご》きの中《なか》ではかかせない、よく使《つか》うポーズですから正確《せいかく》に覚《おぼ》えておきましょう。カカトは前《まえ》、ツマ先《さき》は後《うし》ろになることに注意《ちゅうい》します。

※足《あし》の裏《うら》で足首《あしくび》をくるむク・ド・ピエもあります。

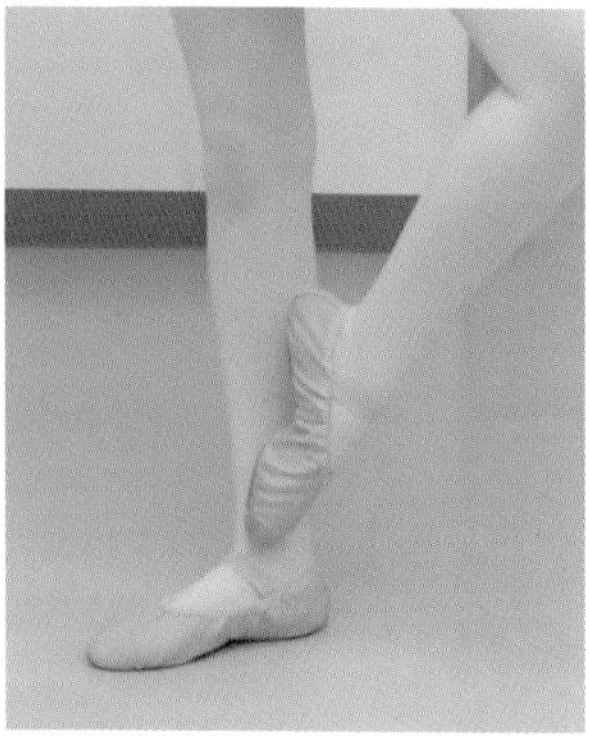

前《まえ》のク・ド・ピエ

軸足《じくあし》の前《まえ》のくるぶしの上あたりに反対《はんたい》の足《あし》のつま先《さき》をつけます。

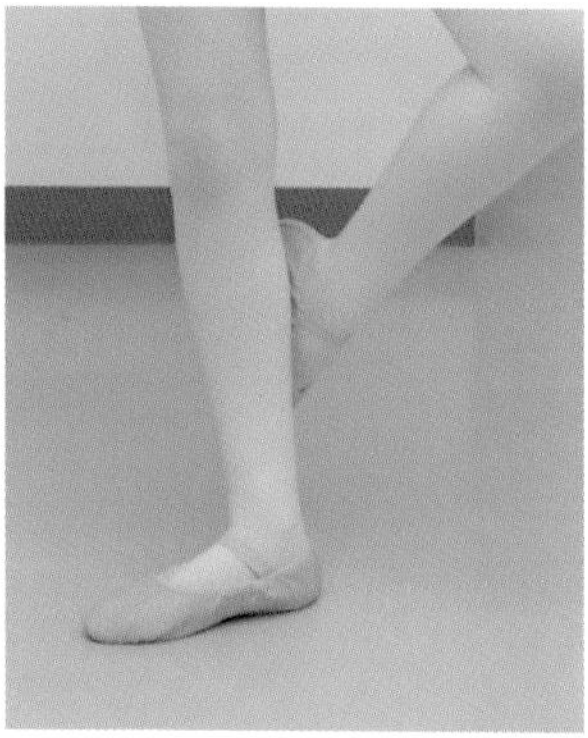

後《うし》ろのク・ド・ピエ

軸足《じくあし》の後《うし》ろのふくらはぎの下部《かぶ》に反対《はんたい》の足《あし》のカカトをつけます。

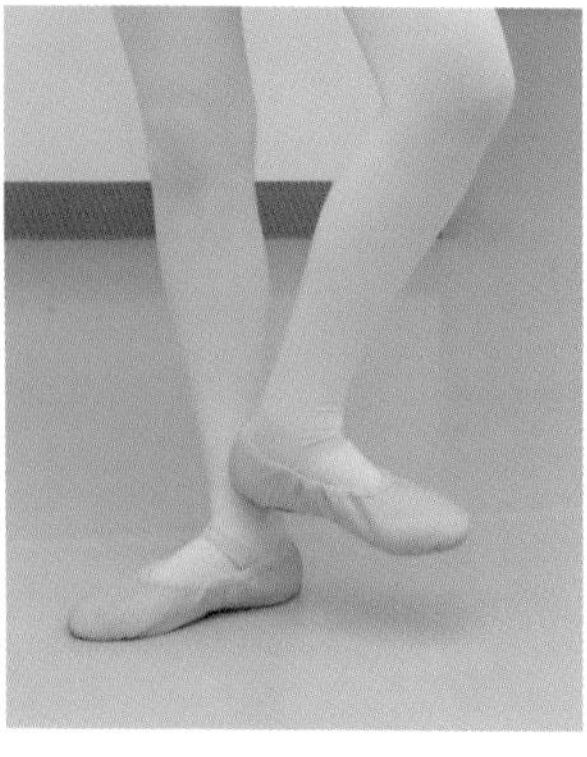

フレックスのク・ド・ピエ

フレックス＝まげるという意味《いみ》。床《ゆか》にたいして平行《へいこう》に足首《あしくび》をまげ、くるぶしの上《うえ》につけます。

PART 3

センターレッスンで動《うご》きのある踊《おど》りをみせましょう

センターレッスンでは、バーをはなれて練習《れんしゅう》します。体《からだ》を正《ただ》しくつかうことのほかに、バランスをとることも大切《たいせつ》になります。そのためにも、床《ゆか》をしっかりととらえるよう意識《いしき》しましょう。

足《あし》のポジション 5番《ばん》からスタート

LESSON 19

エシャペ

東京《とうきょう》タワーをつくるイメージで立《た》つ

エシャペとは5番《ばん》プリエと2番《ばん》ルルヴェ（＝ドゥミ・ポアント）をくりかえしながら、足《あし》を入《い》れかえる動《うご》きのことです。（2番《ばん》のときポアントするものや、ジャンプする「エシャペ・ソテ」もあります）2番《ばん》ルルヴェには「シャッ！」とひらき、東京《とうきょう》タワーをつくるようなイメージで立《た》ちます。このとき、おしりが後《うし》ろにでないように気《き》をつけましょう。

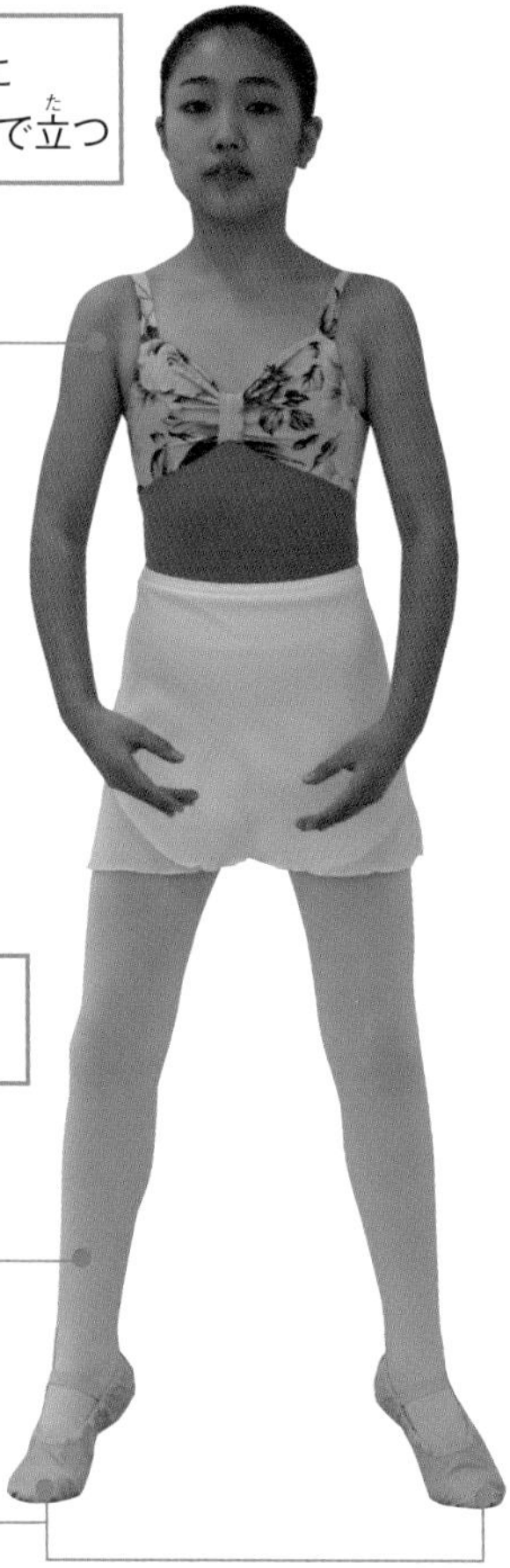

❶ 自分《じぶん》が高《たか》い塔《とう》になったイメージで立《た》つ

❷ すばやくスライドさせる

❸ 足《あし》の指《ゆび》で床《ゆか》をおす

チェックポイント

❶ 両足《りょうあし》で東京《とうきょう》タワーをつくるイメージで立《た》ちます

❷ 両足《りょうあし》を左右《さゆう》にすばやく「シャッ！」とスライドさせます

❸ ルルヴェのとき足《あし》の指《ゆび》で床《ゆか》をしっかりおします

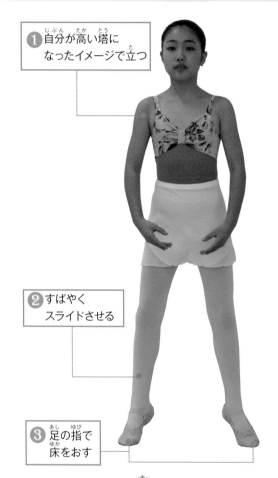

動《うご》きのながれ

1

右足前《みぎあしまえ》5番で立ちます。

2

5番《ばん》プリエで床《ゆか》をしっかり押《お》し、すばやく立《た》つ準備《じゅんび》をします。

3

2番《ばん》ルルヴェにシャッと高《たか》く立ちます。背《せ》を高《たか》くたもちます。

4

足《あし》を入《い》れかえて左足前《ひだりあしまえ》5番《ばん》にプリエでやわらかくおります。

東京《とうきょう》タワーのイメージで足《あし》で三角形《さんかくけい》をつくり、すばやく立《た》ちましょう。

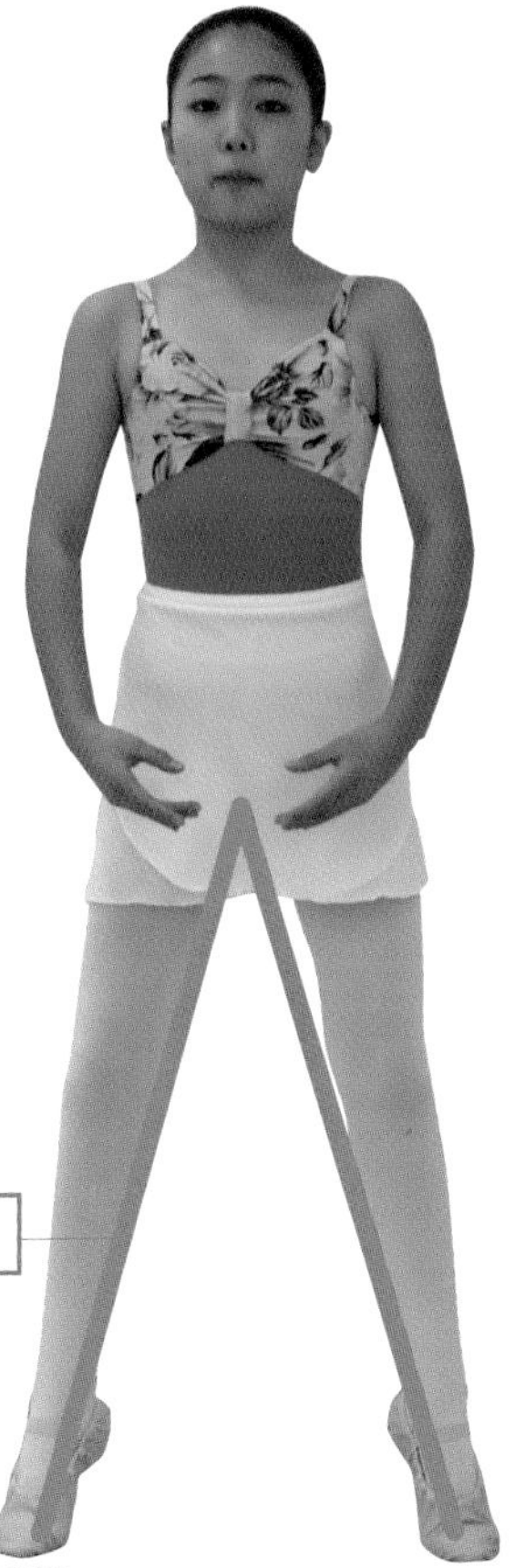

ここに注目《ちゅうもく》

足《あし》をアン・ドゥオールしカカトを前《まえ》に。足《あし》のうらが床《ゆか》に垂直《すいちょく》になるようにします。

✕ 悪《わる》い例《れい》

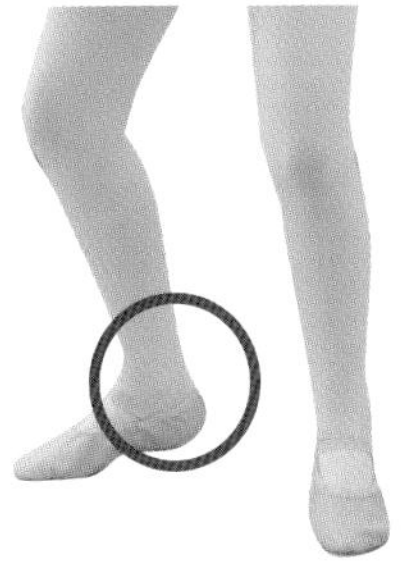

カカトが低《ひく》く、ヒザが曲《ま》がり、体重《たいじゅう》の軸《じく》が足《あし》の小指側《こゆびがわ》にかからないよう注意《ちゅうい》しましょう。

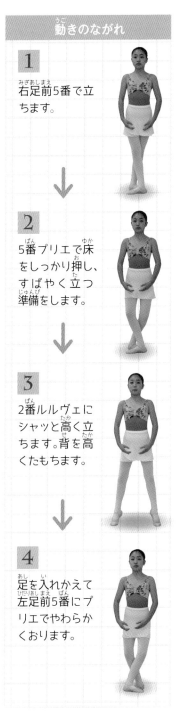

足《あし》のポジション 5番《ばん》からスタート

LESSON 20

ルルヴェルティレ

床《ゆか》をおしてすばやく片足《かたあし》ルルヴェ

ルルヴェルティレとは、5番《ばん》プリエから前《まえ》の足《あし》をルティレし、後《うし》ろの足《あし》をルルヴェにして立《た》つ動作《どうさ》です。この動作《どうさ》はピルエットで使《つか》う大切《たいせつ》な動《うご》きです。前足《まえあし》のルティレはヒザがしっかり横《よこ》を向《む》き、カマ足《あし》にならないように気《き》をつけましょう。

ルティレの足《あし》は、ゆっくりやった場合《ばあい》、軸《じく》の足《あし》をつたってあがっていきます。それをイメージしながらすばやく動《うご》きましょう。

チェックポイント

① 両足《りょうあし》プリエで床《ゆか》を押《お》し、すばやく片足《かたあし》ルルヴェになります

② ルティレの足《あし》は軸《じく》の足《あし》をつたってあげます

③ ヒザは横《よこ》に、カカトは前《まえ》に出《だ》しましょう

動《うご》きのながれ

1

背《せ》スジをのばして5番《ばん》で立《た》ちます。

2

プリエでしっかり床《ゆか》を押《お》します。体《からだ》をひきあげましょう。

3

ルルヴェと同時《どうじ》に前足《まえあし》をルティレにします。軸《じく》はまっすぐに。

4

軸《じく》の足《あし》をつたってルティレを5番《ばん》プリエにおろします。

動《うご》かす足《あし》は、軸足《じくあし》をつたってあげて、ルティレにします。軸足《じくあし》は、すばやくルルヴェで立《た》ちます。

ここに注目《ちゅうもく》

ルティレのよい形《かたち》は、ヒザがきちんと横《よこ》を向《む》き、カカトは前《まえ》になっている状態《じょうたい》です。

× 悪《わる》い例《れい》

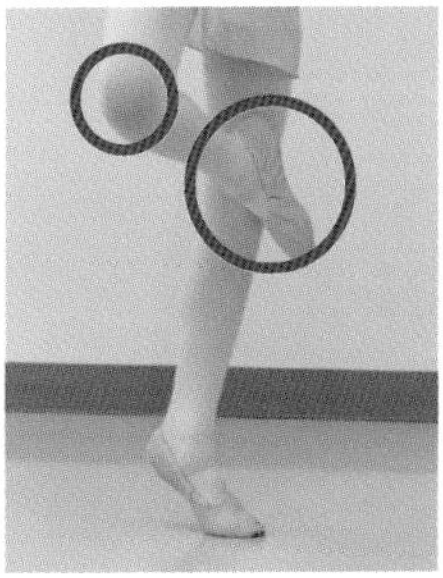

カマ足《あし》になり、ヒザが前《まえ》をむいてしまっては、きれいにみえません。

LESSON 21

足《あし》のポジション 5番《ばん》からスタート

ピルエット・アン・ドゥオール

バランスをとってしっかり立《た》つ

ピルエットとは、両足《りょうあし》プリエでふみきり、片足《かたあし》のルティレでまわる動《うご》きのことをいいます。ルティレの足《あし》の方向《ほうこう》に回転《かいてん》するまわり方《かた》がアン・ドゥオールです。

まわることよりも軸《じく》にしっかり立《た》つことに注意《ちゅうい》して、まわろうとして手《て》をふりまわさないように気《き》をつけましょう。軸足《じくあし》にしっかりとルルヴェして、コルクの栓《せん》がぬけるような軸《じく》の回転《かいてん》を意識《いしき》しながら、ルティレのほうへまわります。

チェックポイント

1. まわることよりも、軸《じく》にしっかり立《た》つことを意識《いしき》しましょう
2. 手《て》をふりまわさないように気《き》をつけましょう
3. みるポイント（焦点《しょうてん》）に視線《しせん》をのこして、まわったらすぐ同《おな》じところをみましょう

動《うご》きのながれ 右まわりの場合《ばあい》

1

右足前《みぎあしまえ》5番《ばん》からはじめます。顔《かお》は正面《しょうめん》をむき、遠《とお》くをみます。

2

プリエと同時《どうじ》に手《て》はア・ラ・スゴンドにします。

3

手《て》をアン・ナヴァン、ルルヴェルティレでまわります。

4

ルティレの足《あし》を後《うし》ろにおろして、前足《まえあし》をプリエしております。

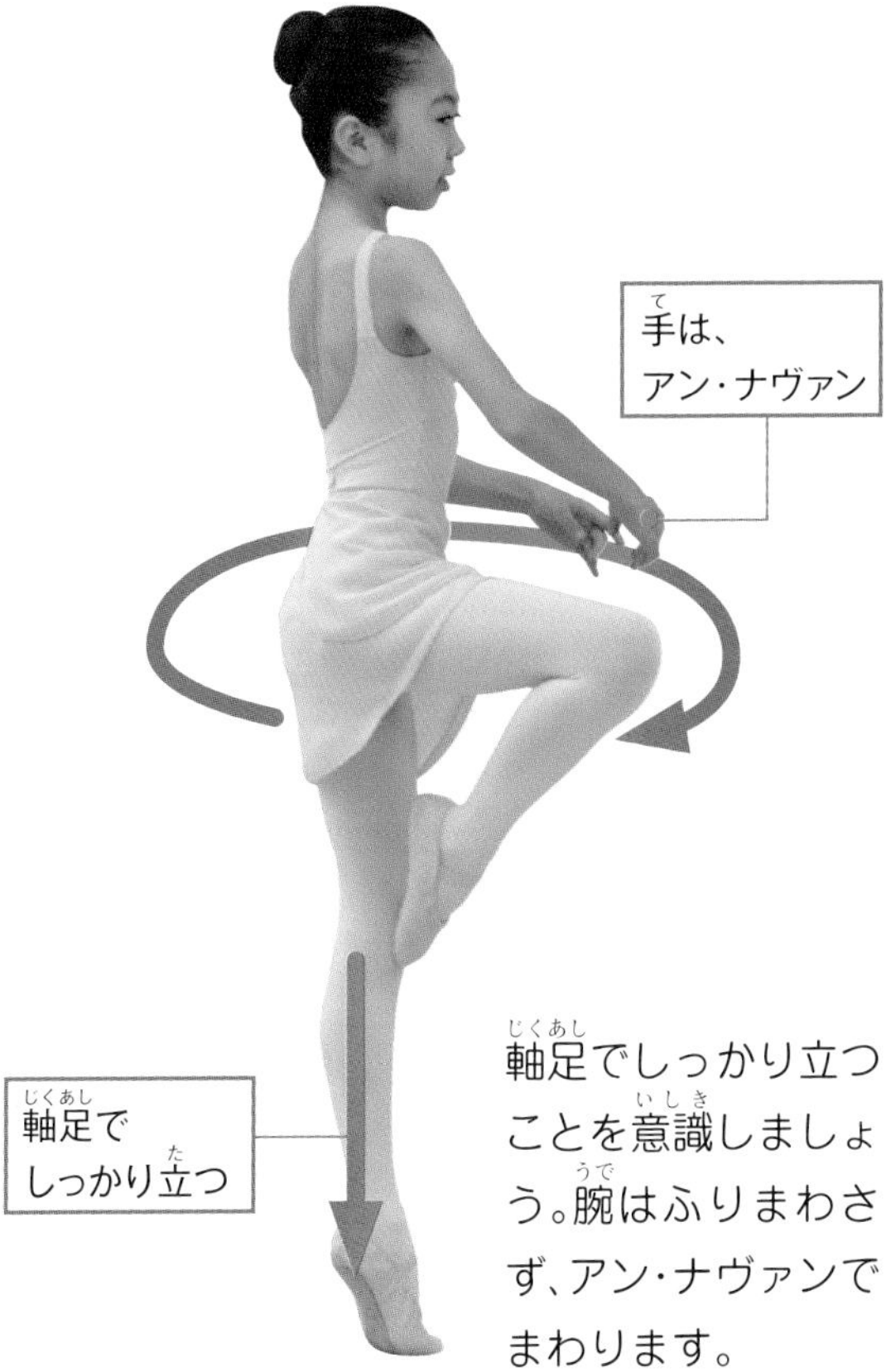

軸足《じくあし》でしっかり立つことを意識《いしき》しましょう。腕《うで》はふりまわさず、アン・ナヴァンでまわります。

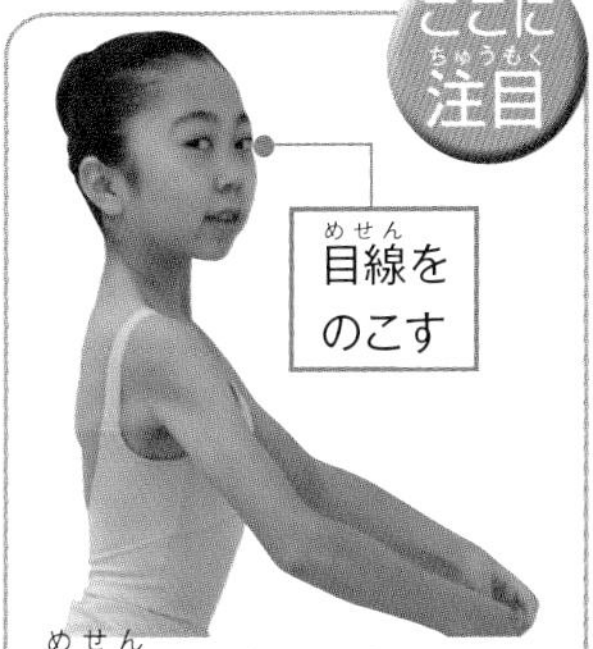

目線《めせん》をぎりぎりまで正面《しょうめん》にのこし、すばやくまわしてまた正面《しょうめん》の同《おな》じところをみます。

軸足《じくあし》が曲《ま》がり、ルティレの足がヒザより内《うち》がわに入《はい》っていると美《うつく》しくありません。

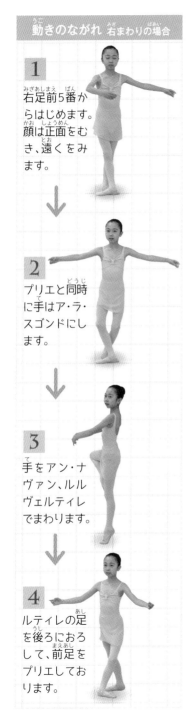

足《あし》のポジション 5番《ばん》からスタート

LESSON 22

ピルエット・アン・ドゥダン

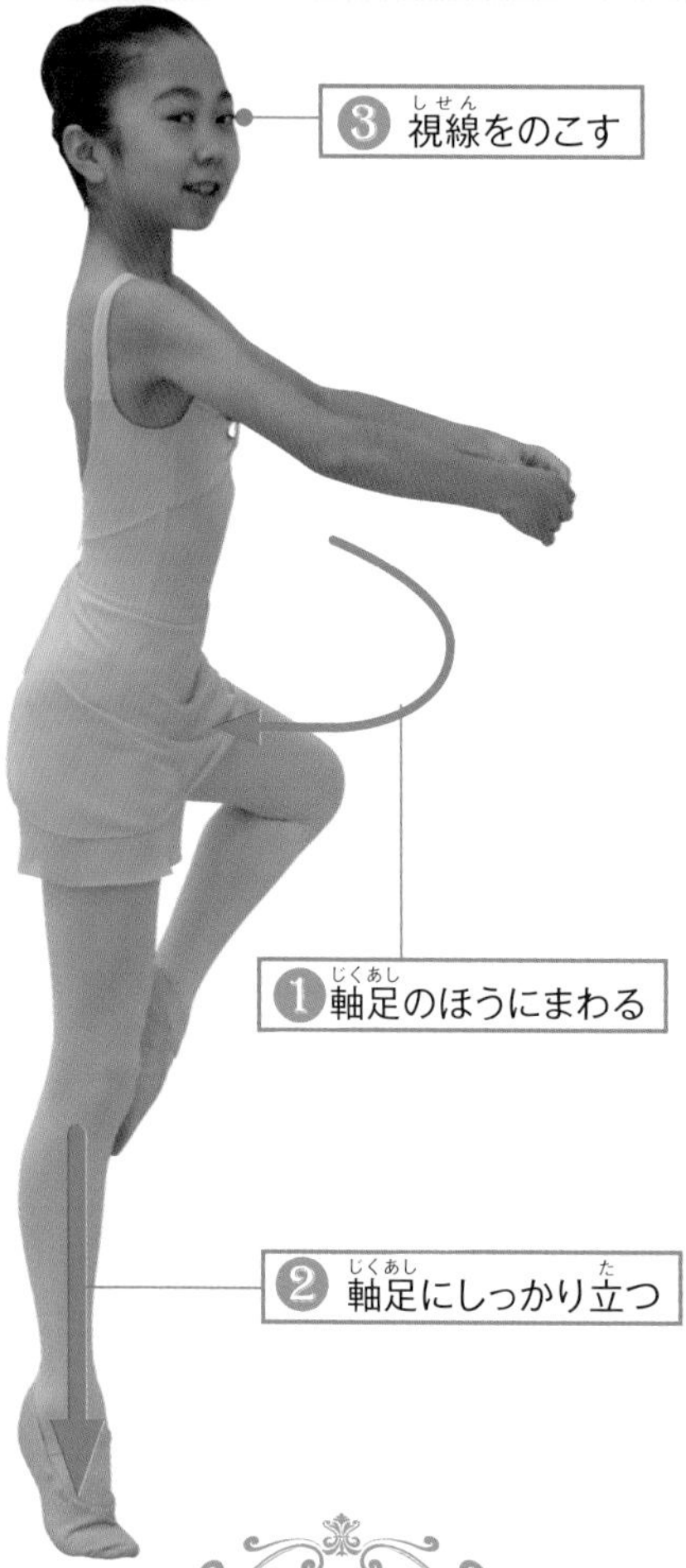

軸足《じくあし》の方向《ほうこう》にルティレでまわる

ピルエット・アン・ドゥダンは、左足《ひだりあし》をルティレにして、右足《みぎあし》（軸足《じくあし》）のほうにまわります。（右《みぎ》まわり）

アン・ドゥオールのポイントと基本的《きほんてき》には同《おな》じ注意点《ちゅういてん》がまわりかたのコツになります。まわることを意識《いしき》しすぎないで、

きちんとルルヴェルティレに立《た》つように気《き》をつけましょう。プリエのときに床《ゆか》をしっかり押《お》して、足《あし》のうらが床《ゆか》に垂直《すいちょく》になるくらい高《たか》く立《た》つときれいにまわることができます。

チェックポイント

1. 軸足《じくあし》のほうにまわるのがアン・ドゥダン
2. まわることよりも、軸足《じくあし》にしっかり立《た》つことに注意《ちゅうい》
3. みるポイント（焦点《しょうてん》）に視線《しせん》をのこして、まわったらすぐ同《のこ》じところをみましょう

動《うご》きのながれ

1

右足前《みぎあしまえ》5番《ばん》プリエからはじめます。顔《かお》は遠《とお》くをみます。

2

床《ゆか》をおしてプリエ。同時《どうじ》に手《て》はア・ラ・スゴンドにします。

3

左《ひだり》足をルティレし、右足《みぎあし》ルルヴェで軸足《じくあし》方向《ほうこう》にまわります。

4

左足前《ひだりあしまえ》の5番《ばん》におり、手《て》はア・ラ・スゴンドにします。

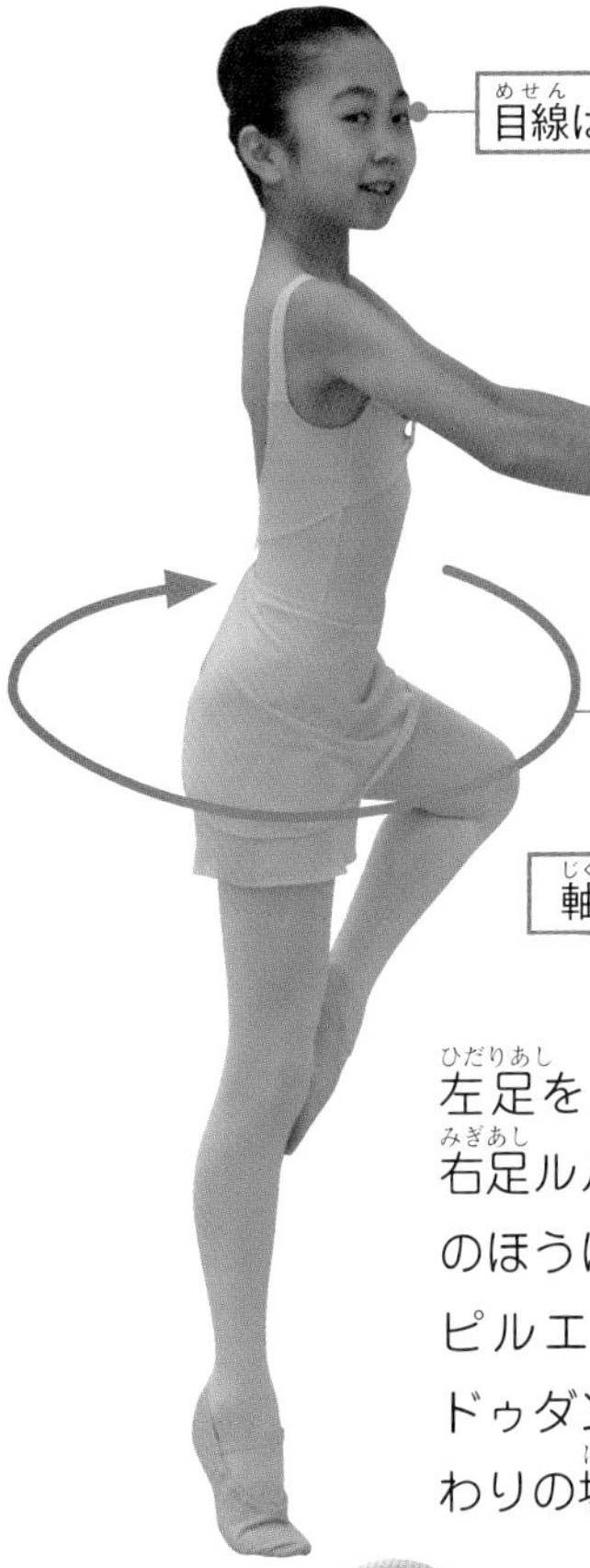
目線《めせん》は正面《しょうめん》にのこす
軸足側《じくあしがわ》にまわる

左足《ひだりあし》をルティレし、右足《みぎあし》ルルヴェで軸足《じくあし》のほうにまわるのがピルエット・アン・ドゥダンです。(右《みぎ》まわりの場合《ばあい》)

ここに注目《ちゅうもく》

ルルヴェでしっかり立《た》つ

軸足《じくあし》でしっかりと立《た》ち、ルティレでバランスをとることが大切《たいせつ》です。

ひとことアドバイス

ピルエット・アン・ドゥダンは、横《よこ》に足《あし》をだしてから回転《かいてん》する動《うご》き方《かた》もあります。ワガノワ派《は》と呼《よ》ばれる、ロシア系《けい》のバレエに多《おお》くみられます。お教室《きょうしつ》の先生《せんせい》の教《おし》えにしたがいましょう。

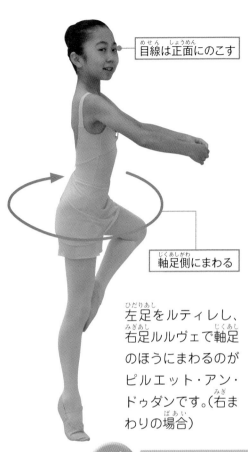

足《あし》のポジション 5番《ばん》からスタート

シャンジュマン

LESSON 23

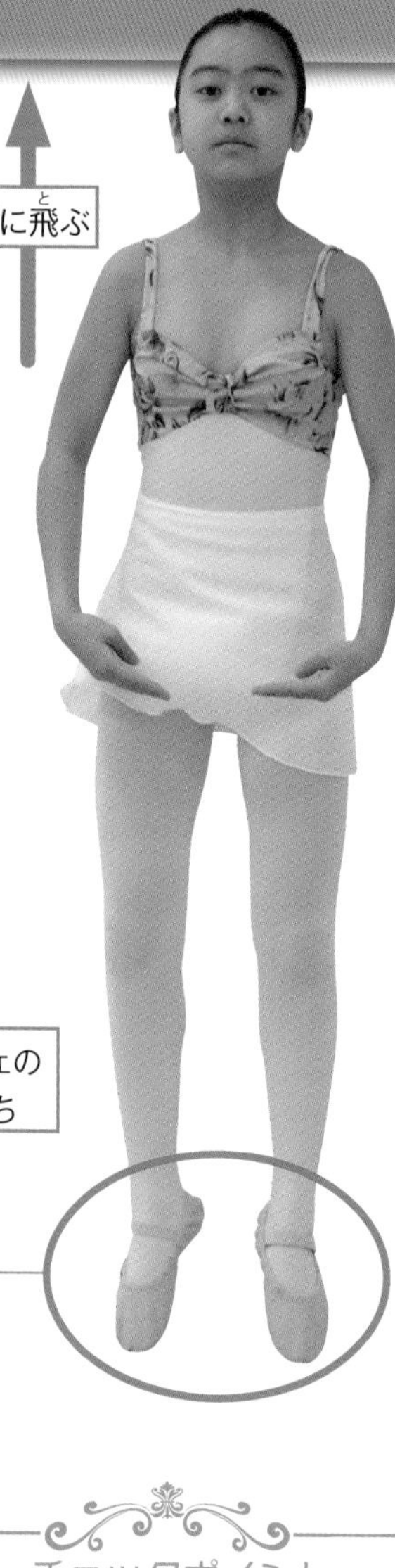

空中《くうちゅう》でツマ先《さき》を1番《ばん》ルルヴェの延長《えんちょう》に

シャンジュマンとは、5番《ばん》の両足《りょうあし》プリエからふみきってとび、足《あし》をいれかえて着地《ちゃくち》する動《うご》きのことです。より大《おお》きくとぶ「グラン・シャンジュマン」や、いれかえないで着地《ちゃくち》する「スーブルソー」などに似《に》ている動《うご》きもあります。

空中《くうちゅう》の足《あし》は、1番《ばん》ルルヴェの延長《えんちょう》のかたちになるように気《き》をつけましょう。足《あし》が空中《くうちゅう》ではなれすぎないこと、着地《ちゃくち》のときのプリエが、前《まえ》にたおれないことも注意《ちゅうい》します。

チェックポイント

❶ 空中《くうちゅう》の足《あし》は1番《ばん》ルルヴェの延長《えんちょう》のかたち
❷ まっすぐ真上《まうえ》に飛《と》びます
❸ 足《あし》が空中《くうちゅう》ではなれすぎないようにします

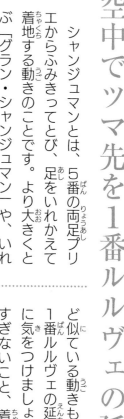

動《うご》きのながれ

1

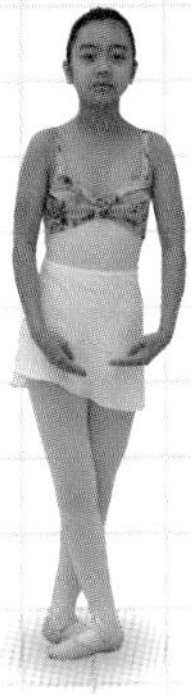

右足前《みぎあしまえ》5番《ばん》で立《た》ちます。手《て》はアン・バーではじめます。

↓

2

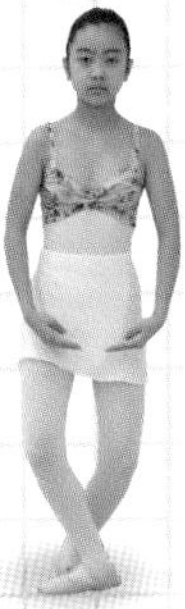

プリエでしっかり床《ゆか》をおしてふみきります。

↓

3

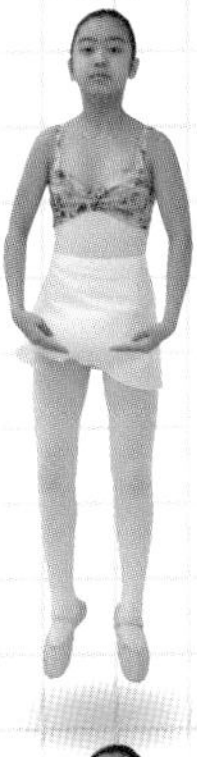

両足《りょうあし》でふみきって真上《まうえ》にとび、空中《くうちゅう》で足《あし》をいれかえます。

↓

4

左足前《ひだりあしまえ》5番《ばん》のプリエにやわらかく着地《ちゃくち》します。

プリエで床《ゆか》をしっかり押《お》して、足《あし》の裏《うら》が床《ゆか》から離《はな》れていくのを感《かん》じながらまっすぐ上《うえ》に飛《と》びます。

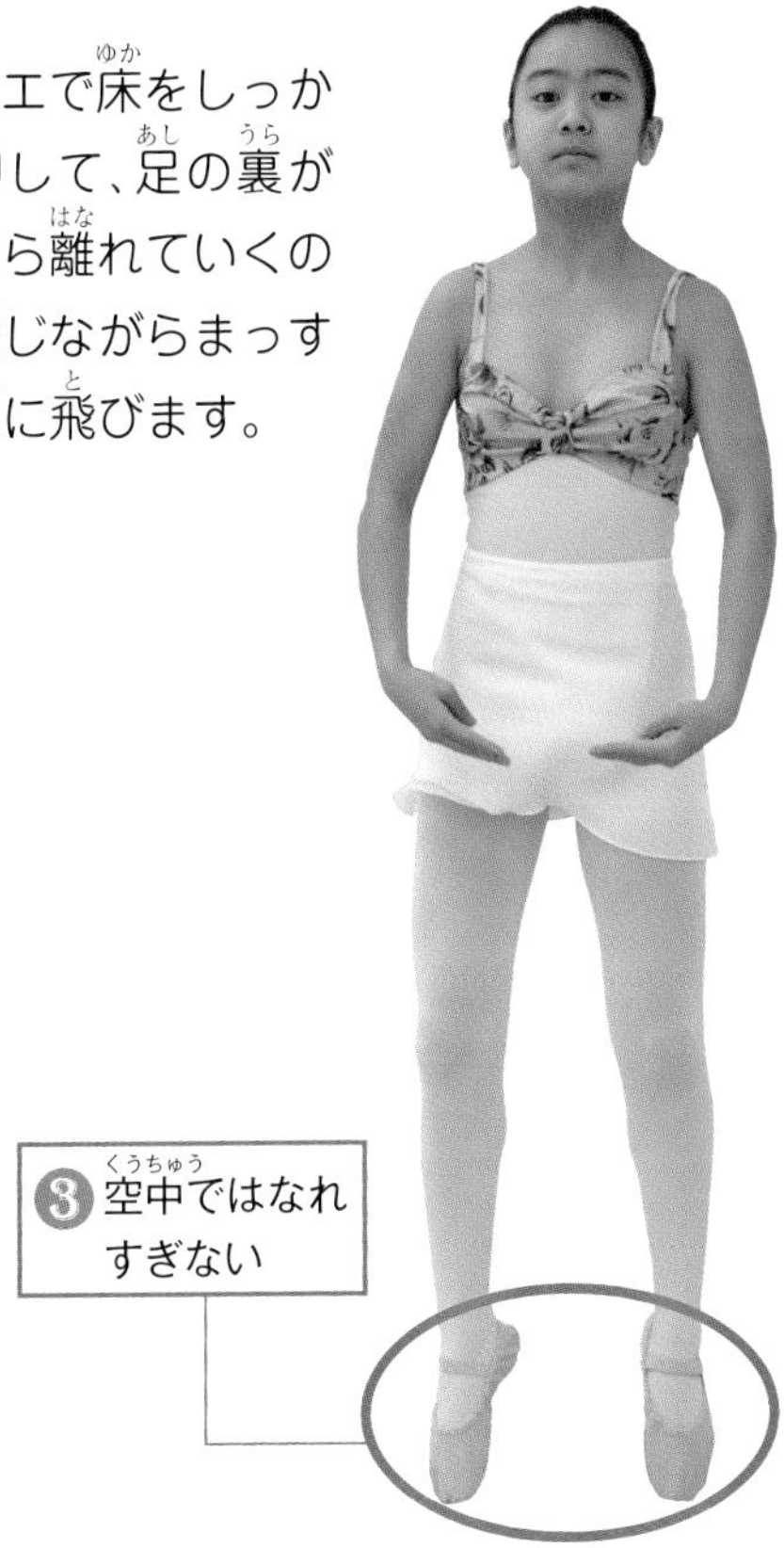

エクササイズ

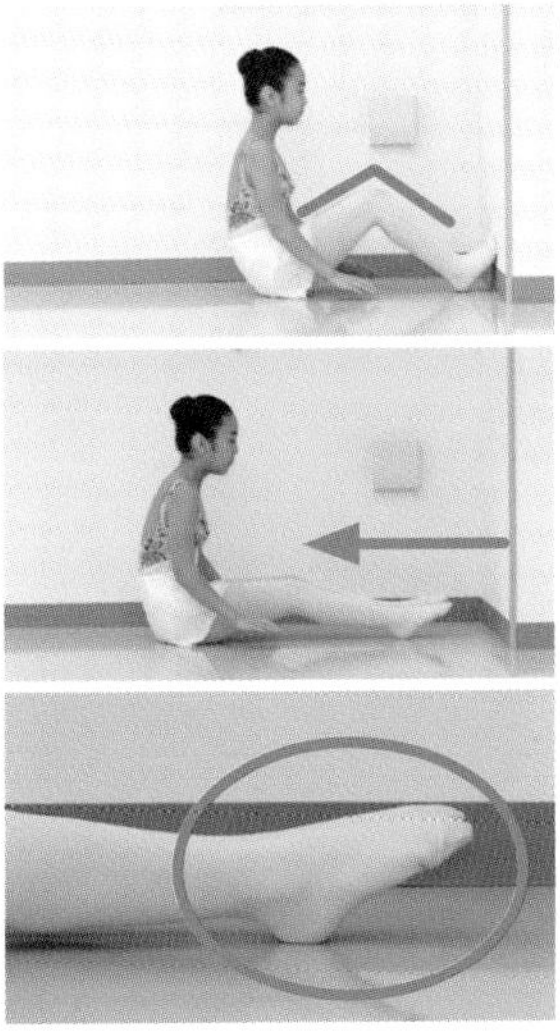

壁《かべ》にむかってヒザが少《すこ》し曲《まが》る位置《いち》で足《あし》を6番《ばん》にそろえて座《すわ》ります。壁《かべ》をしっかりけって、足《あし》をのばします。そのときの感覚《かんかく》をつかって飛《と》ぶようにしましょう。

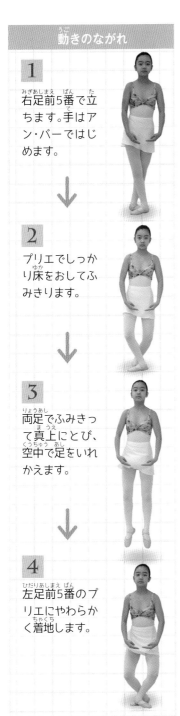

足《あし》のポジション 5番《ばん》からスタート

LESSON 24

アッサンブレ

足を空中ですばやくあつめる

アッサンブレとは「あつめる」という意味《いみ》です。床《ゆか》をすりながら片足《かたあし》を横にだして、もう片方《かたほう》の足《あし》でふみきり、空中《くうちゅう》で両足《りょうあし》をあつめて、両足《りょうあし》プリエで着地します。横《よこ》に足《あし》をだすアッサンブレだけではなく、前《まえ》や後《うし》ろのアッサンブレもあります。

空中《くうちゅう》では、足《あし》をあつめてスーブルソ（5番《ばん》ルルヴェの延長《えんちょう》）になります。その場《ば》で真上《まうえ》にジャンプするようにして、出《だ》した足《あし》のほうに体《からだ》がもっていかれないように気《き》をつけましょう。

チェックポイント

1. **その場《ば》で真上《まうえ》にジャンプします**
2. **ヒザ、ツマ先《さき》をしっかりのばしましょう**
3. **空中《くうちゅう》でスーブルソのかたちに足《あし》をあつめます**

動《うご》きのながれ

1

左足前《ひだりあしまえ》5番《ばん》、アンバーからはじめます。引《ひ》きあげて立《た》ちます。

↓

2

左足《ひだりあし》でプリエして、右足《みぎあし》を横《よこ》に出《だ》します。左足《ひだりあし》でふみきります。

↓

3

ジャンプしながら、空中《くうちゅう》ですばやく両方《りょうほう》の足《あし》をあつめます。

↓

4

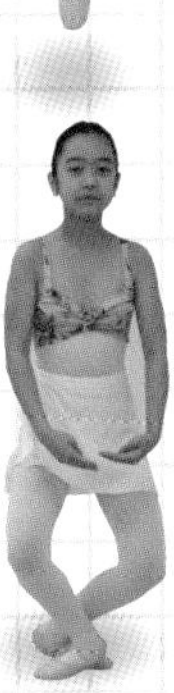

右足前《みぎあしまえ》5番《ばん》のプリエに両足同時《りょうあしどうじ》におります。

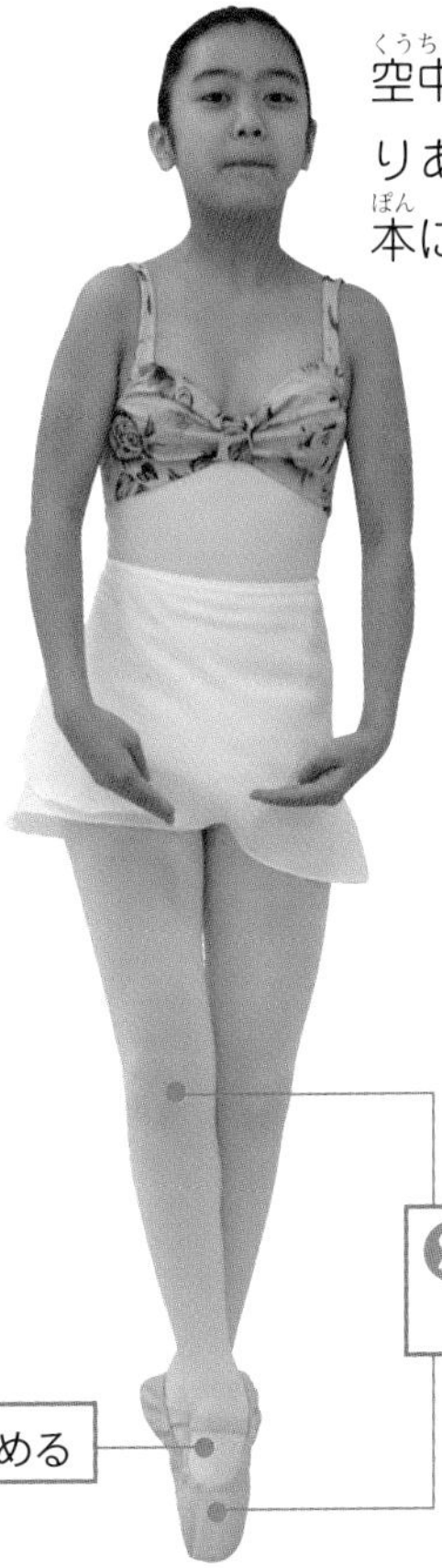

空中《くうちゅう》で足《あし》をしっかりあつめ、足《あし》を1本《ぽん》にします。

ここに注目《ちゅうもく》

ふみきりは片足《かたあし》で、着地《ちゃくち》は両足《りょうあし》になります。しっかりプリエし、高《たか》いジャンプを。

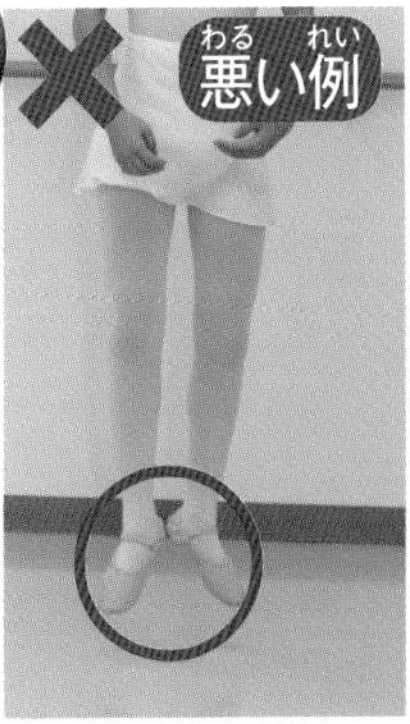

中でしっかり足《あし》があつまっていないと、きれいにみえません。

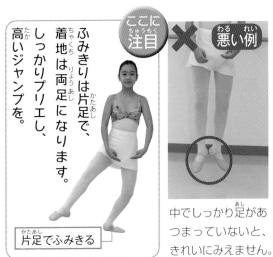

足《あし》のポジション 5番《ばん》からスタート

LESSON 25

ジュテ

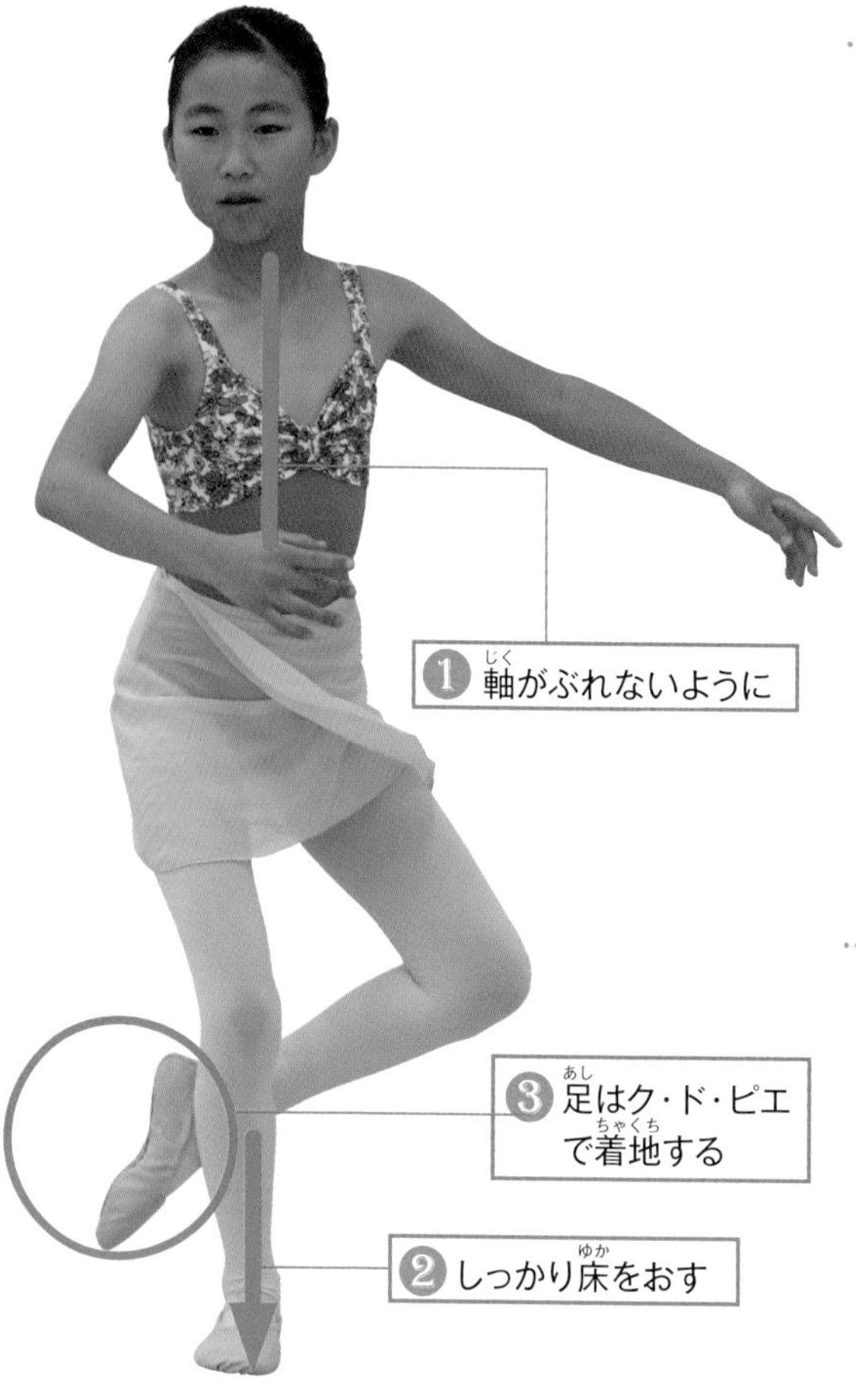

空中《くうちゅう》でク・ド・ピエになる

ジュテとは「投《な》げる」という意味《いみ》です。床《ゆか》をすりながら片足《かたあし》を横《よこ》に出《だ》し、もう片方《かたほう》の軸足《じくあし》のプリエでふみきって真上《まうえ》にとびます。横《よこ》に出《だ》していた足《あし》をプリエで着地《ちゃくち》し、ふみきったほうの足《あし》は空中《くうちゅう》で

ク・ド・ピエにしております。足《あし》を横《よこ》にだすので、軸《じく》がぶれて左右《さゆう》に動《うご》かないように気《き》をつけましょう。空中《くうちゅう》でのツマ先《さき》、着地《ちゃくち》するときのク・ド・ピエのツマ先《さき》はしっかりのばしましょう。

チェックポイント

① 左右《さゆう》に軸《じく》がぶれないように気《き》をつけましょう
② ふみきるプリエ・着地《ちゃくち》のプリエもしっかり床《ゆか》をおしましょう
③ 着地《ちゃくち》したときのク・ド・ピエ、空中《くうちゅう》でのツマ先《さき》はのばします

動《うご》きのながれ

1

右足《みぎあし》を横《よこ》に出《だ》し、軸足《じくあし》で床《ゆか》をしっかり押《お》してプリエをします。

2

空中《くうちゅう》でツマ先《さき》をしっかりのばして真上《まうえ》にジャンプします。

3

左足《ひだりあし》はク・ド・ピエにし、右足《みぎあし》をプリエにおりましょう。

4

反対側《はんたいがわ》の足《あし》もおなじようにおこないます。

真上《まうえ》にとんで、体《からだ》の軸《じく》がぶれないように注意《ちゅうい》。空中《くうちゅう》ではツマ先《さき》をしっかりのばすことも大切《たいせつ》です。

横《よこ》にジュテして、軸足《じくあし》でプリエしてからとびます。片足《かたあし》でジャンプし、片足《かたあし》で着地《ちゃくち》です。

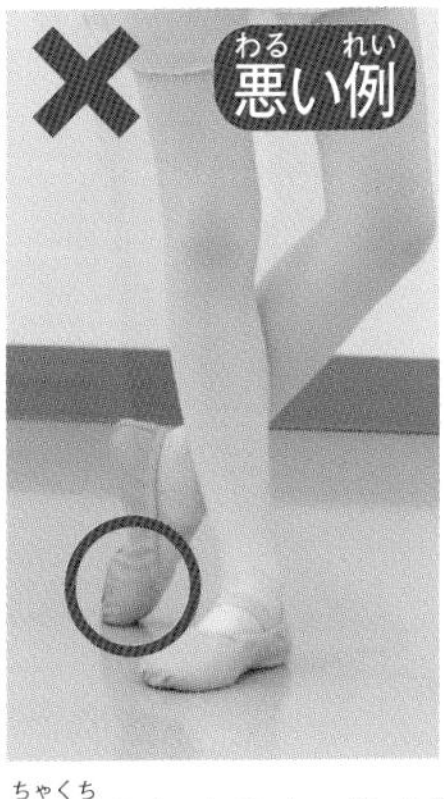

着地《ちゃくち》のときのク・ド・ピエのツマ先《さき》の位置《いち》が低《ひく》いと、床《ゆか》についてしまいます。

足《あし》のポジション　5番《ばん》からスタート

LESSON 26

パ・ド・シャ

両《りょう》ヒザをしっかりあげてジャンプ

パ・ド・シャとは、5番《ばん》から軸足《じくあし》プリエ、片足《かたあし》ルティレの状態《じょうたい》からジャンプしてプリエとルティレを通《とお》って片足《かたあし》ずつおりるという動《うご》きのことです。そのため、空中《くうちゅう》では両足《りょうあし》ともルティレにした状態《じょうたい》になります。空中《くうちゅう》では、ツマ先《さき》までしっかりとのばします。

進《すす》む方向《ほうこう》をみて、上にジャンプするよう意識《いしき》しましょう。足音《あしおと》をたてないように、かろやかに着地《ちゃくち》するのもポイントです。

チェックポイント

1. 進《すす》むほうをみて、横《よこ》ではなく、上《うえ》にジャンプします
2. 足音《あしおと》をたてず、かろやかに飛《と》びましょう
3. 空中《くうちゅう》でもツマ先《さき》がしっかりのびるように気《き》をつけます

動《うご》きのながれ

1

左足前《ひだりあしまえ》5番《ばん》からはじめます。顔《かお》は進行方向《しんこうほうこう》に向《む》けます。

2

右足《みぎあし》をルティレにし、左足《ひだりあし》はプリエで床《ゆか》を押《お》してふみきります。

3

空中《くうちゅう》で、両足《りょうあし》ともにルティレのかたちになります。

4

右足《みぎあし》、左足《ひだりあし》の順《じゅん》に着地《ちゃくち》し、左足前《ひだりあしまえ》5番《ばん》にもどります。

空中《くうちゅう》では、両足《りょうあし》ともにルティレしたかたち。猫《ねこ》の動《うご》きをイメージして、軽《かろ》やかに静《しず》かに。

ここに注目《ちゅうもく》

片足《かたあし》でジャンプして、片足《かたあし》で着地《ちゃくち》します。上《うえ》にジャンプするよう意識《いしき》しましょう。

ひとことアドバイス

パ・ド・シャには、「ネコの足《あし》どり」という意味《いみ》があります。その言葉《ことば》どおり、「眠《ねむ》れる森《もり》の美女《びじょ》」の第《だい》3幕《まく》で「長靴《ながぐつ》をはいた猫《ねこ》と白《しろ》い猫《ねこ》の踊《おど》り」ではやはりこのパ・ド・シャが多《おお》くでてきます。注意《ちゅうい》してみましょう。

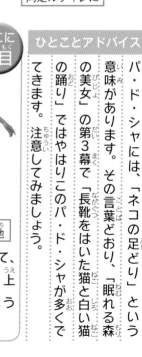

足《あし》のポジション 5 番《ばん》からスタート

LESSON 27

ソテ・アラベスク

アラベスクをつくってからとぶ

ソテ・アラベスクとは、アラベスクのかたちをつくってから、軸足《じくあし》でプリエし、そのままふみきってとび、その足《あし》でプリエに着地《ちゃくち》するという動《うご》きのことです。

空中《くうちゅう》で軸足《じくあし》のツマ先《さき》とヒザがしっかりのびるように気《き》をつけましょう。

また、足《あし》を後《うし》ろにあげるので、背中《せなか》がそりがちです。胸《むね》は、ナナメ上《うえ》に意識《いしき》して飛《と》びましょう。

チェックポイント

1. 背中《せなか》をおろして、胸《むね》はナナメ上《うえ》にむけます
2. 空中《くうちゅう》で軸足《じくあし》のツマ先《さき》とヒザをしっかりのばします
3. アラベスクのかたちをつくってから軸足《じくあし》で飛《と》びます

動《うご》きのながれ

1

右足《ひだりあし》を前《まえ》のジュテに出《だ》して、そこからアラベスクになります。

2

アラベスクの軸足《じくあし》をプリエして、とぶための準備《じゅんび》をします。

3

そのまま、真上《まうえ》にジャンプ。軸足《じくあし》のツマ先《さき》ものばしましょう。

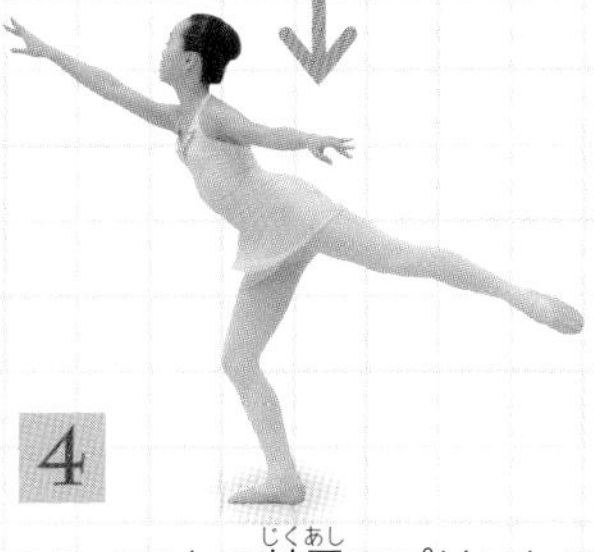

4

アラベスクの軸足《じくあし》でプリエして、やわらかく着地《ちゃくち》します。

ヒザをのばす
ツマ先《さき》をのばす

まずは第《だい》1アラベスクになってから、ジャンプします。ツマ先《さき》とヒザをしっかりのばしましょう。

アップ

片足《かたあし》でふみきって片足《かたあし》で着地《ちゃくち》するので、軸《じく》をしっかりたもつことが大切《たいせつ》。

ここに注目《ちゅうもく》

アラベスクの姿勢《しせい》のまま上《うえ》に飛《と》びます。軸足《じくあし》はやわらかくプリエして着《ちゃく》地《ち》。

軸足《じくあし》でふみきる

足《あし》のポジション５番《ばん》からスタート

シソンヌ

空中《くうちゅう》でアラベスクになる

シソンヌは、このステップを考《かんが》えたフランスの伯爵《はくしゃく》の名前《なまえ》です。両足《りょうあし》でふみきって前《まえ》か横《よこ》か後《うし》ろの方向《ほうこう》にとんで、両足《りょうあし》もしくは片足《かたあし》で着地《ちゃくち》するという動《うご》きです。「シソンヌ・ウーベルト」は着地《ちゃくち》のとき足《あし》を開《ひら》いたまま。「シソンヌ・フェルメ」は足《あし》を閉《と》じます。ふみきるときに両足《りょうあし》でプリエをして、床《ゆか》をおして高《たか》くとびます。空中《くうちゅう》でもヒザ、ツマ先《さき》はしっかりのばします。

チェックポイント

❶ 両足《りょうあし》プリエから空中《くうちゅう》でアラベスクをつくります
❷ ふみきるときのプリエは足《あし》のうらでしっかり床《ゆか》をおします
❸ ヒザ・ツマ先《さき》をしっかりのばす

動《うご》きのながれ

1

右足前《みぎあしまえ》5番《ばん》で、床《ゆか》をしっかり押《お》してプリエからはじめます。

2

両足《りょうあし》でふみきって空中《くうちゅう》でアラベスクをします。

3

空中《くうちゅう》では両足《りょうあし》のヒザ・ツマ先《さき》をのばします。

4

両足《りょうあし》でおり、右足前《みぎあしまえ》5番《ばん》のプリエにやわらかく着地《ちゃくち》します。

空中《くうちゅう》でアラベスクのかたちになります。ヒザ、ツマ先《さき》は両足《りょうあし》ともしっかりのばします。

ここに注目《ちゅうもく》

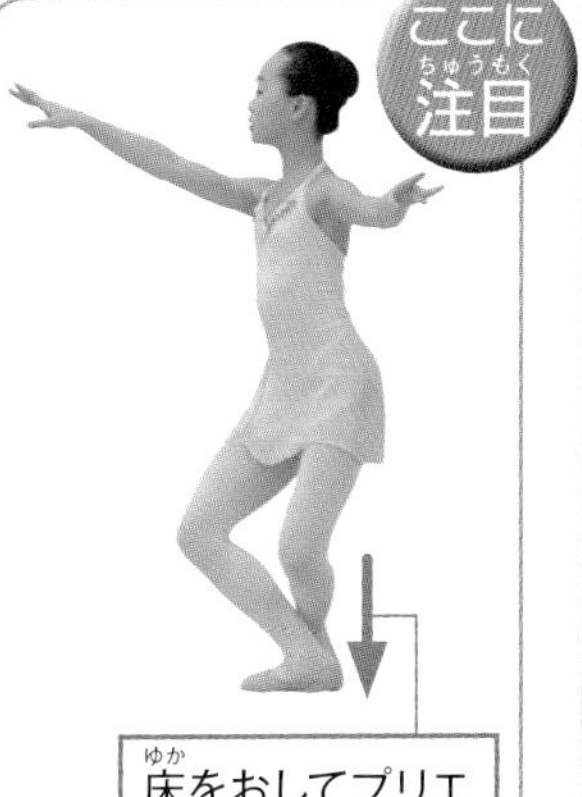

高《たか》くとべるように、床《ゆか》をおして、両足《りょうあし》プリエをします。この姿勢《しせい》も気《き》をぬかないこと。

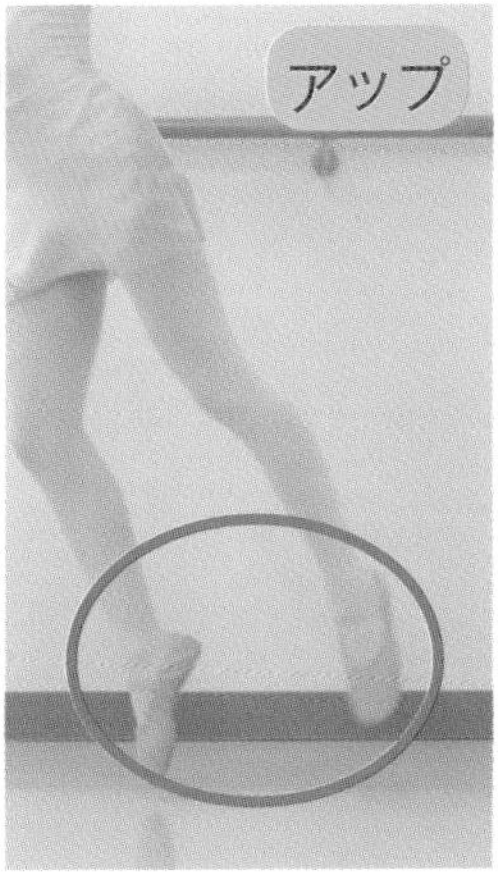

シソンヌは、両足《りょうあし》でふみきります。そのため、両足同時《りょうあしどうじ》に床《ゆか》からはなれます。

LESSON 29 ピケターン

ルティレの足《あし》をしっかり横《よこ》にひらく

ピケとは「刺《さ》す」という意味《いみ》です。軸足《じくあし》を床に刺すようにドゥミ・ポアントで立《た》ち、もう片方《かたほう》の足《あし》をルティレにしてまわります。（アラベスクやアティテュードのピケターンもあります）ここではアン・ドゥダン（内回《うちまわ》り）でまわっています。（アン・ドゥオール（外回《そとまわ》り）もあります）踊《おど》りの最後《さいご》の「マネージュ」（舞台《ぶたい》に大《おお》きな円《えん》を描《えが》く）で、連続《れんぞく》のピケ・ターンをすることがあります。

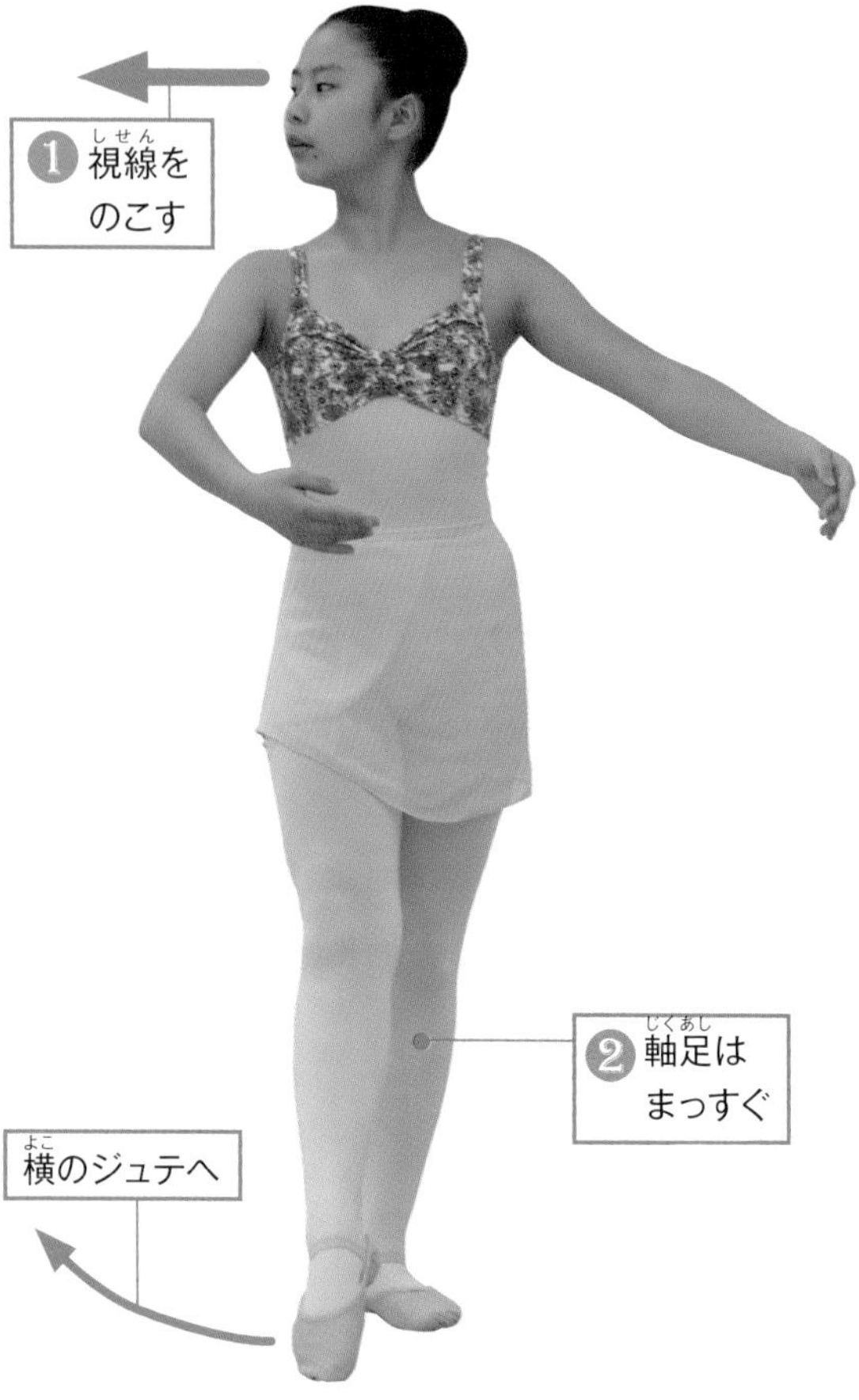

チェックポイント

① 見《み》るポイント（焦点《しょうてん》）に視線《しせん》をのこして、まわったらすぐ同《おな》じところを見《み》ましょう
② 軸足《じくあし》の体重《たいじゅう》は親指《おやゆび》のほうにかけて、まっすぐ立《た》ちます
③ ルティレの足《あし》をしっかり横《よこ》にひらこう

動き《うご》のながれ

1

右足前《みぎあしまえ》タンデュから横《よこ》のジュテへ。手《て》はア・ラ・スゴンド。

↓

2

タンデュの足《あし》を軸《じく》に反対足《はんたいあし》を後《うし》ろのルティレにしてまわります。

↓

3

顔《かお》は、進《すす》む方向《ほうこう》へ残《のこ》し、すぐに同《おな》じところをみます。

↓

4

ルティレの足《あし》が床《ゆか》についたらすぐに①へもどります。

ルティレはヒザが横《よこ》にくるようにしっかりと開《ひら》いて回《まわ》りましょう。

ここに注目《ちゅうもく》

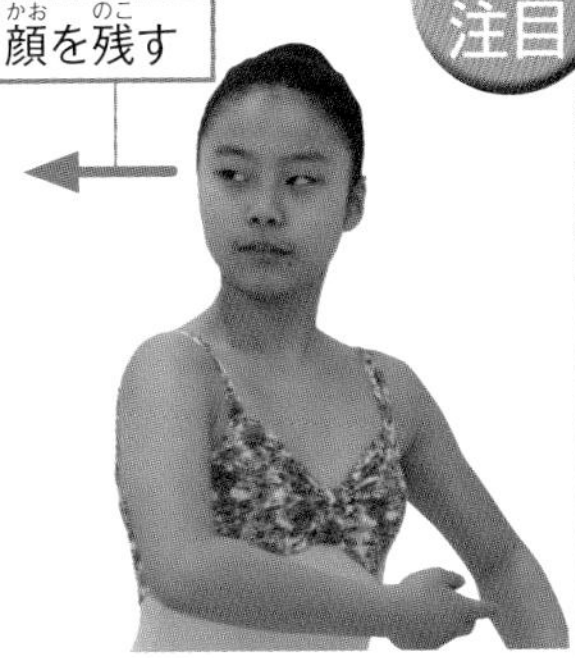

顔《かお》はみるポイント（焦点《しょうてん》）に視線《しせん》をのこして、まわったらすぐに同《おな》じところを見《み》るようにしましょう。

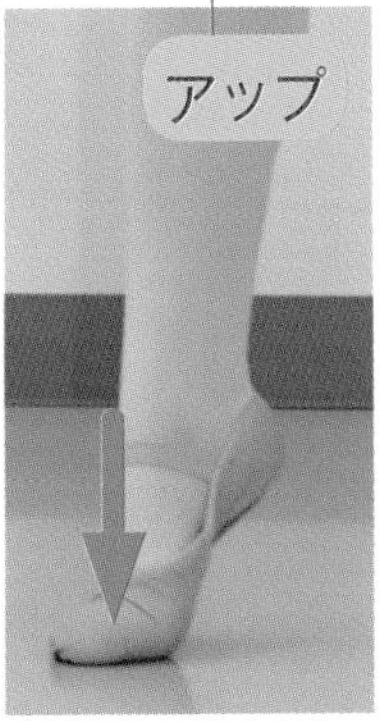

軸足《じくあし》をしっかり床《ゆか》に刺《さ》すように立《た》つことで、ふらつかずにまわることができます。

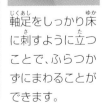

LESSON 30

ピケ スートゥニュ

スムーズに足《あし》を入《い》れかえてまわる

スートゥニュは「支《ささ》える」という意味《いみ》です。軸足《じくあし》はプリエをしながら、もう片方《かたほう》の足《あし》を横《よこ》にだし、だした足《あし》の方《ほう》へピケススしてドゥミ・ポアントでまわります。重《かさ》ねた両足《りょうあし》をしっかりアン・ドゥオールし、足《あし》の間《あいだ》にすき間《ま》ができないようにしましょう。ぞうきんをしぼるようなイメージで立《た》ちます。足《あし》は、右左《みぎひだり》と順番《じゅんばん》に突《つ》きさして、左足前《ひだりあしまえ》の5番《ばん》になってからふり返《かえ》ります。

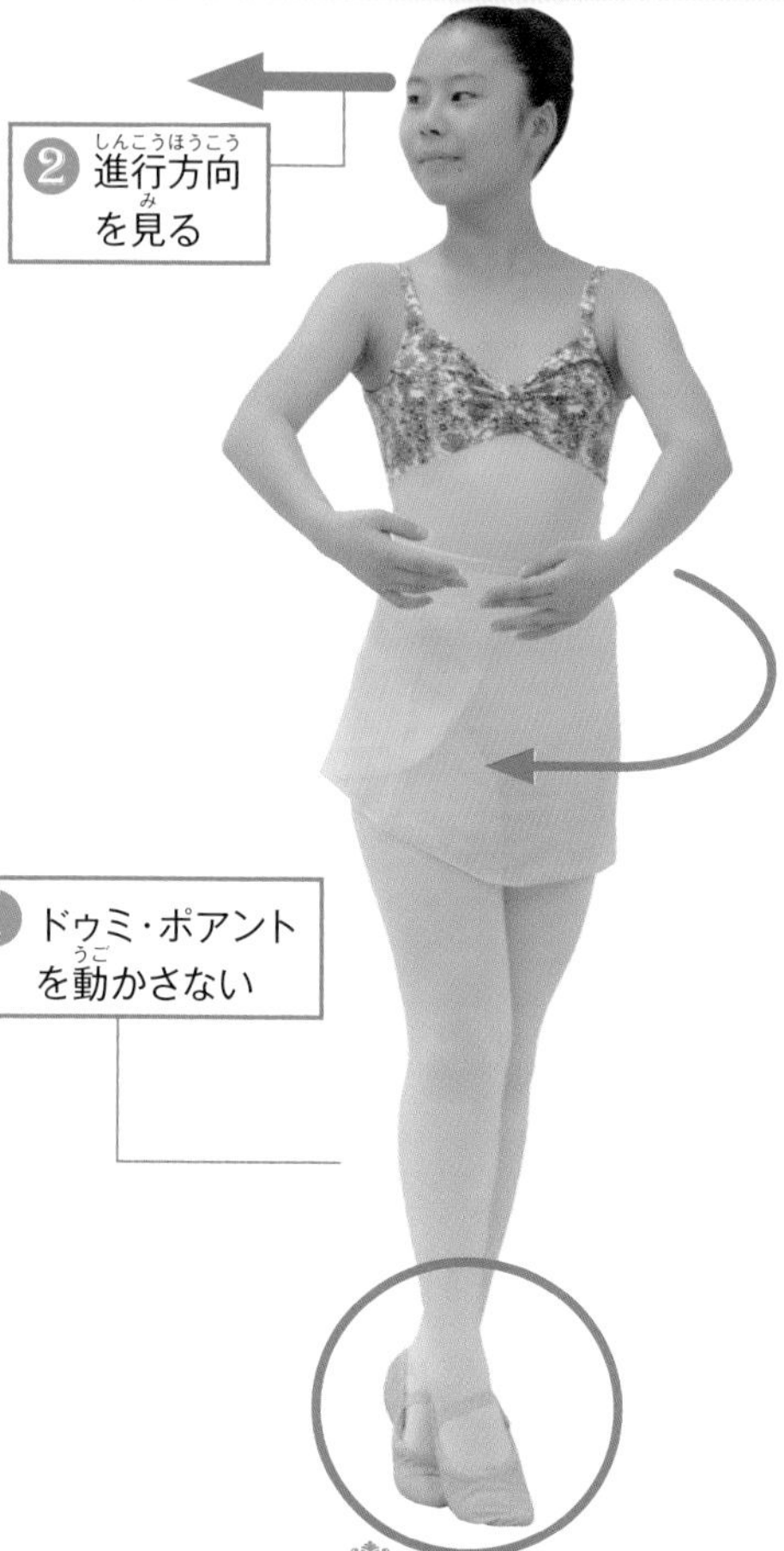

チェックポイント

❶ ドゥミ・ポアントを動《うご》かさずにふりかえると足《あし》が自然《しぜん》と入《い》れかわります
❷ 顔《かお》は進行方向《しんこうほうこう》に向《む》け、みるポイント（焦点《しょうてん》）をしっかりみます
❸ 重《かさ》ねた両足《りょうあし》はしっかりアン・ドゥオールすること

動《うご》きのながれ

1

右足前《みぎあしまえ》5番《ばん》からはじめます。床《ゆか》を押《お》して立《た》ちましょう。

2

右足横《みぎあしよこ》のジュテ、軸《じく》はプリエ。

3

横《よこ》のジュテの位置《いち》に左足前《ひだりあしまえ》になるようにドゥミ・ポアント。

4

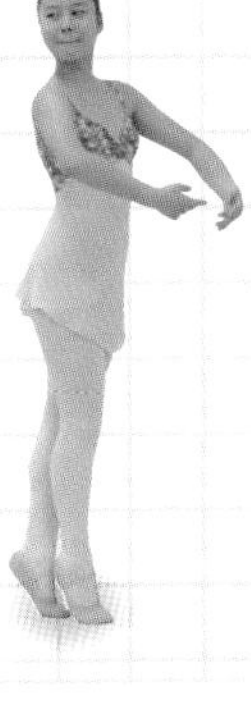

まわると右足《みぎあし》前《まえ》になります。5番《ばん》におりておわります。

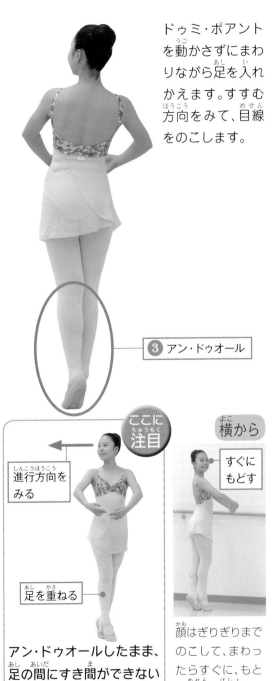

ドゥミ・ポアントを動《うご》かさずにまわりながら足《あし》を入《い》れかえます。すすむ方向《ほうこう》をみて、目線《めせん》をのこします。

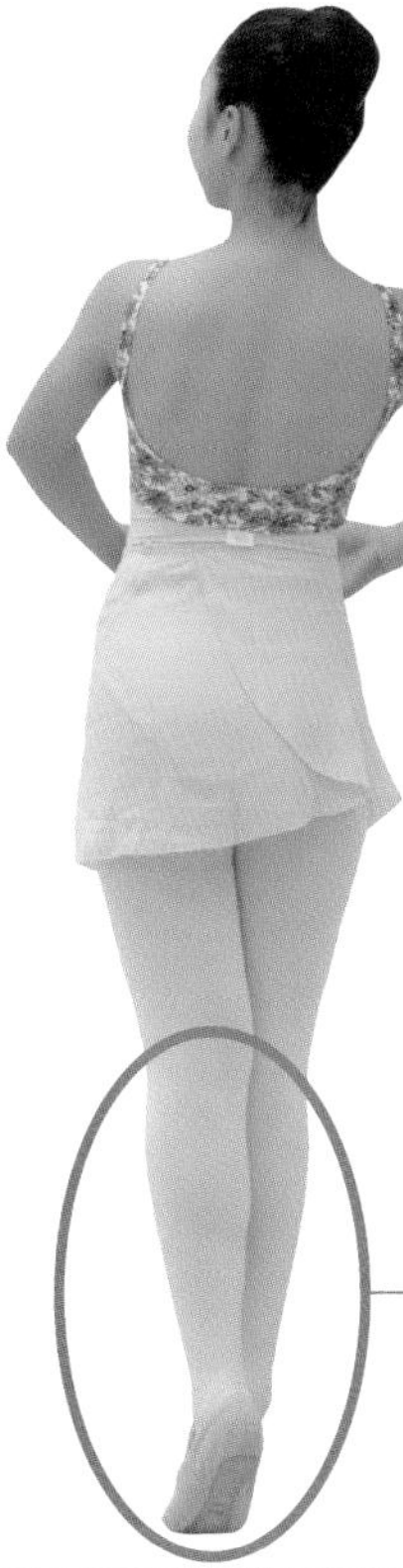
3 アン・ドゥオール

ここに注目《ちゅうもく》

進行方向《しんこうほうこう》をみる
足《あし》を重《かさ》ねる

アン・ドゥオールしたまま、足《あし》の間《あいだ》にすき間《ま》ができないように、重《かさ》ねてまわります。

横《よこ》から

すぐにもどす

顔《かお》はぎりぎりまでのこして、まわったらすぐに、もとの目線《めせん》の場所《ばしょ》にもどします。

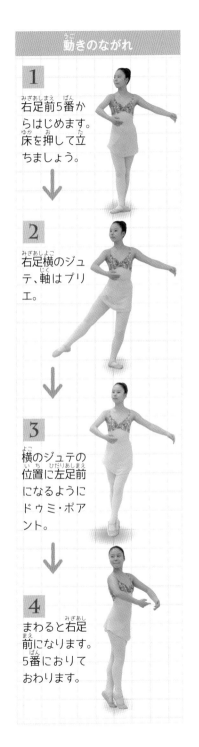

LESSON 31

筋《きん》トレ①

腹《ふっ》筋《きん》

腹《ふっ》筋《きん》をつけて体《からだ》の軸《じく》を支《ささ》える

1

仰向《あおむ》けにまっすぐに寝《ね》て、足《あし》を6番《ばん》にして、ヒザを軽《かる》くまげます。

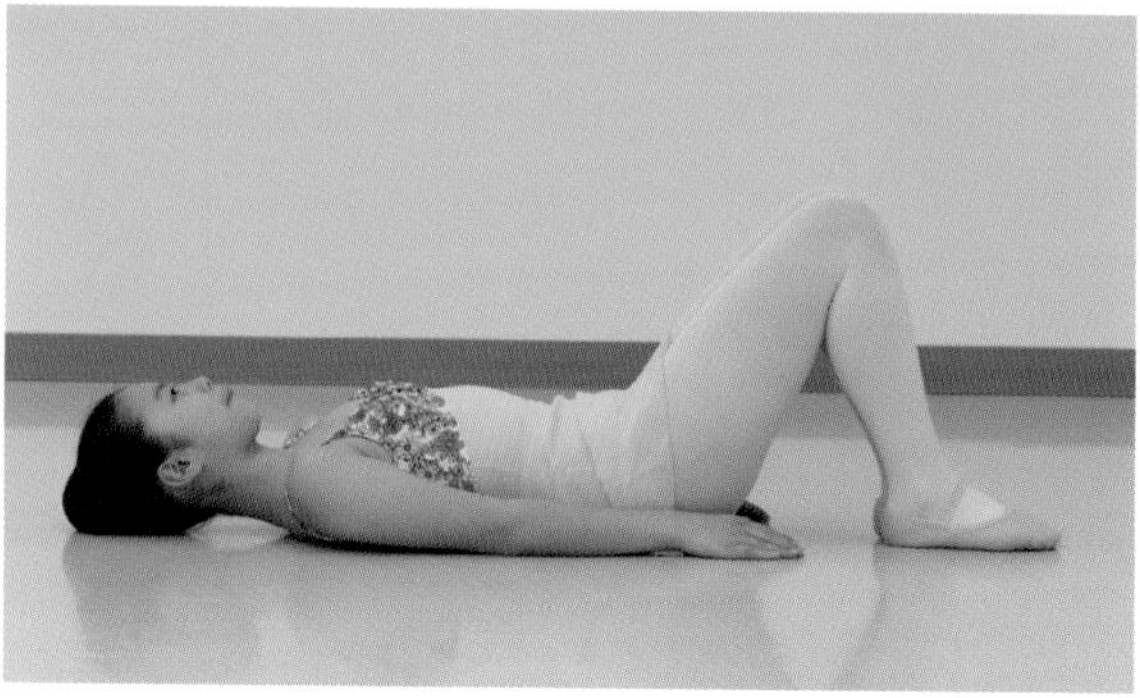

↓

2

頭《あたま》の上《うえ》からクルクル丸《まる》くなるイメージでおへそのあたりをみるようにします。カメレオンの舌《した》のイメージです。このとき、首《くび》に力が入りすぎないように気《き》をつけましょう。

バレエでは、腹筋《ふっきん》があることはとても大切《たいせつ》なことです。とはいっても、ムキムキの割《わ》れた腹筋《ふっきん》にしようというのではありません。体《からだ》の軸《じく》をたもつためにも、内側《うちがわ》の筋肉《きんにく》をきたえるのです。やり方《かた》を一《ひと》つ紹介《しょうかい》します。毎日《まいにち》、少《すこ》しずつでも行《おこな》えるように努力《どりょく》しましょう。

息《いき》は止《と》めずに行《おこな》うのがポイントです。息《いき》を吸《す》ってから準《じゅん》備《び》をし、丸《まる》くなりながら少《すこ》しずつ息《いき》を吐《は》きだします。

呼吸《こきゅう》は止《と》めないようにしましょう。

PART 4

踊《おど》りのつなぎにつかう パを覚《おぼ》えましょう

踊《おど》りの中《なか》で、大《おお》きなジャンプ前《まえ》の助走《じょそう》などつなぎとしてつかうパがあります。それを覚《おぼ》えるとよりスムーズに踊《おど》ることができます。

LESSON 32

グリッサード

横《よこ》にスライドするように動《うご》く

グリッサードとは「すべる」という意味《いみ》です。そのあとにアッサンブレやジュテなどが続《つづ》いたり、グラン・ジュテやグラン・パ・ド・シャなど、ジャンプの前《まえ》の助走《じょそう》の役割《やくわり》をしたり、〝つなぎのパ〟としてよく使《つか》われます。だした足《あし》のところに移動《いどう》します。空中《くうちゅう》で横《よこ》にスライドするようにしますが、あまり高《たか》くならないように。横《よこ》の場合《ばあい》、空中《くうちゅう》の足《あし》のポジションは2番《ばん》でツマ先《さき》がのびた状態《じょうたい》です。

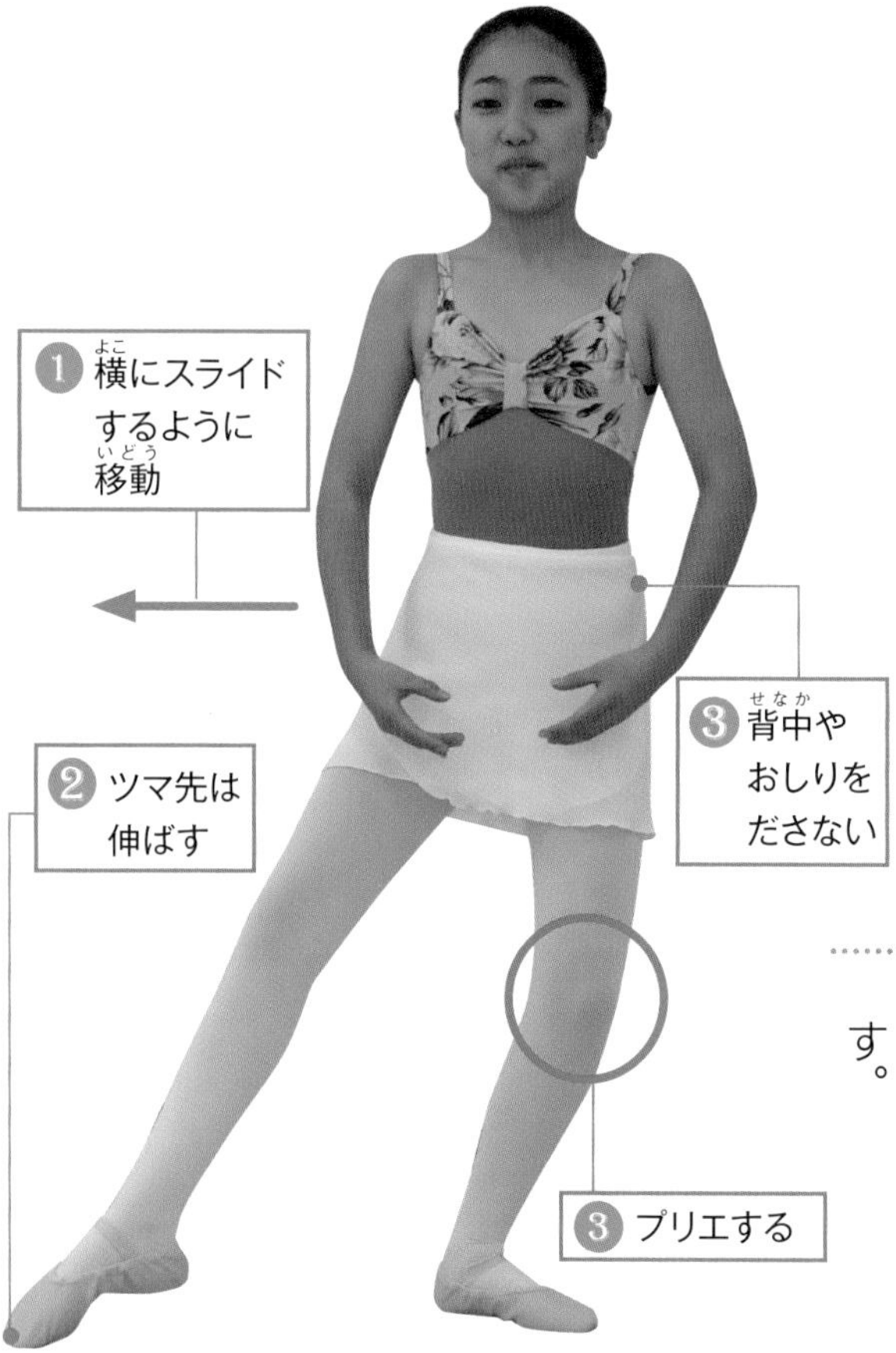

❶ 横《よこ》にスライドするように移動《いどう》
❷ ツマ先は伸ばす
❸ 背中《せなか》やおしりをださない
❸ プリエする

チェックポイント

❶ 飛《と》びあがりすぎず、体《からだ》を横《よこ》にスライドさせましょう
❷ 空中《くうちゅう》の足《あし》は2番《ばん》のツマ先《さき》がのびた状態《じょうたい》です
❸ プリエでは背中《せなか》やおしりをださないようにしましょう

動《うご》きのながれ

1

右足前《みぎあしまえ》5番《ばん》、クロワゼ（ワガノワの⑧の方向《ほうこう》）でたちます。

↓

2

右足《みぎあし》を横《よこ》にタンデュし、軸足《じくあし》はプリエになります。

↓

3

タンデュの位置《いち》に2番《ばん》の足《あし》で低《ひく》くとび移動《いどう》します。

↓

4

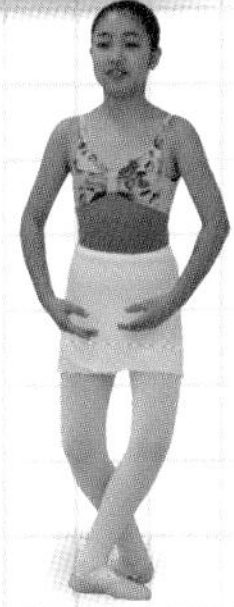

左足前《ひだりあしまえ》5番《ばん》に着地《ちゃくち》し、クロワゼ（ワガノワの②の方向《ほうこう》）に。

おしりをつきださないようにして、プリエ。からだを横《よこ》にスライドさせるように移動《いどう》します。

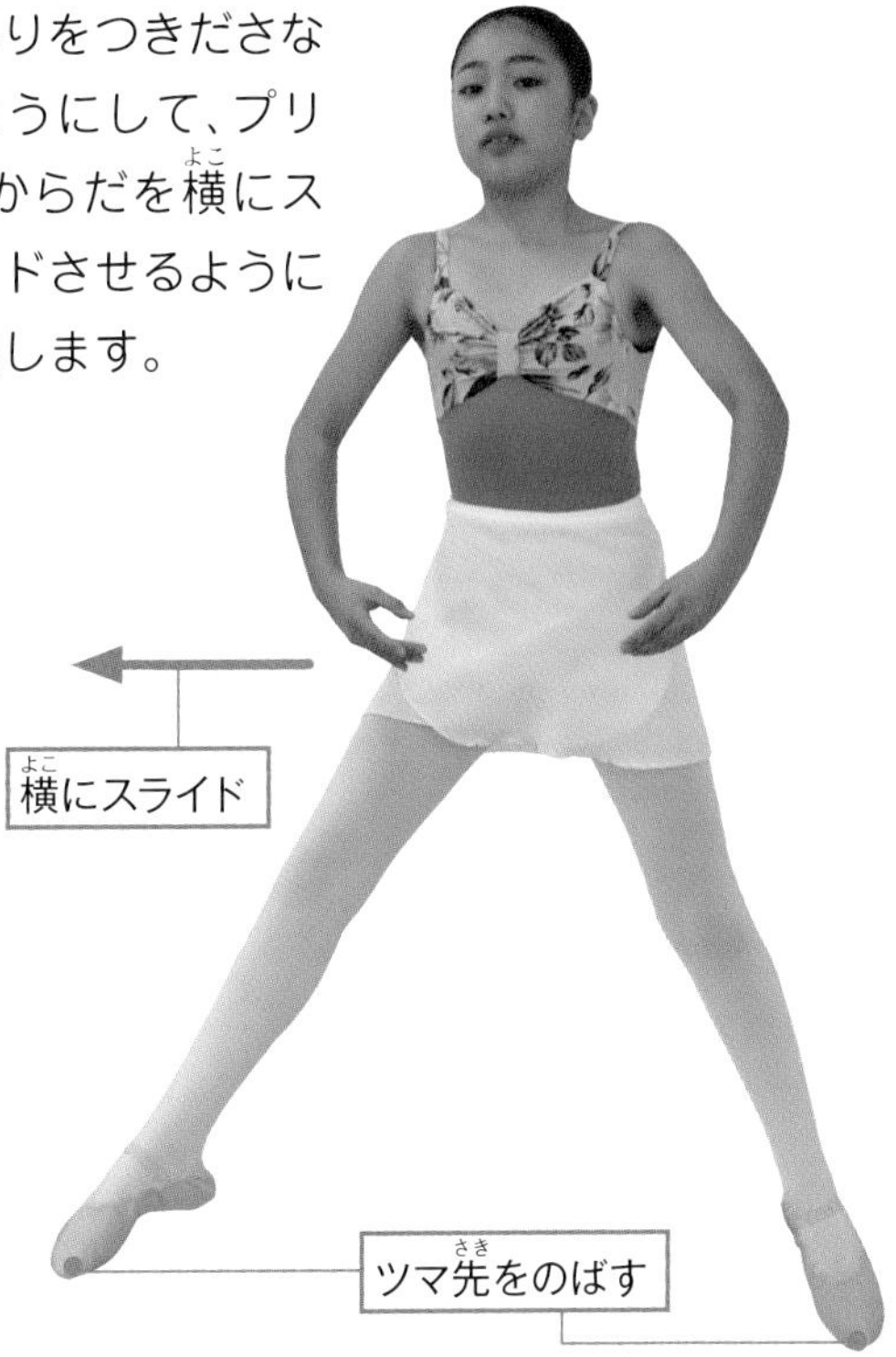

アップ

低《ひく》い位置《いち》でとんで移動《いどう》します。床《ゆか》をすべるようなイメージです。

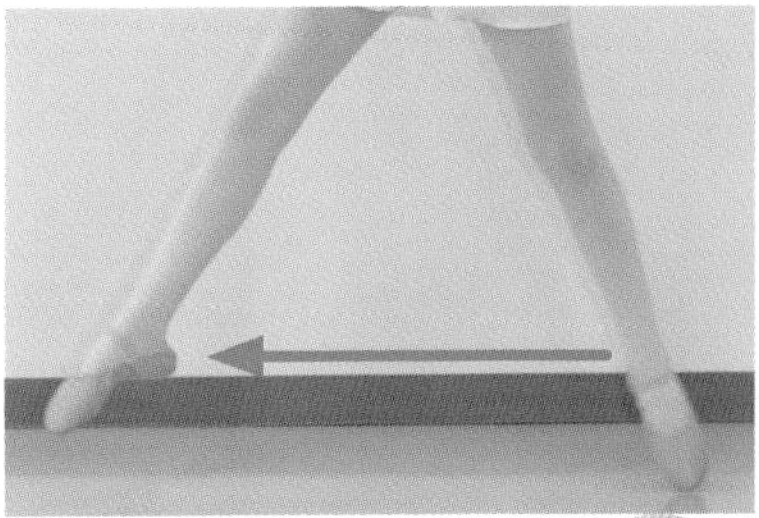

ここに注目《ちゅうもく》

空中《くうちゅう》では、足《あし》は2番《ばん》になります。ツマ先《さき》をしっかりのばしましょう。

LESSON 33

足《あし》のポジション 5 番《ばん》からスタート

シャッセ

前《まえ》の足《あし》を後《うし》ろの足《あし》で追《お》いかけて進《すす》む

シャッセとは、「追《お》いかける」という意味《いみ》です。前《まえ》の足《あし》を後《うし》ろの足《あし》で追《お》いかけて進《すす》みます。つなぎ・助走《じょそう》・移動《いどう》のパとして使《つか》われ、アレグロやグラン・ジャンプ（グラン・ジュテやグラン・パ・ド・シャなどのジャンプしながら空中《くうちゅう》で足《あし》を大《おお》きく開《ひら》くパ）のアンシェヌマン（一連《いちれん》の動作《どうさ》のつながり）に多《おお》く使《つか》われます。前《まえ》だけではなく横《よこ》や後《うし》ろへ動《うご》くシャッセもあります。

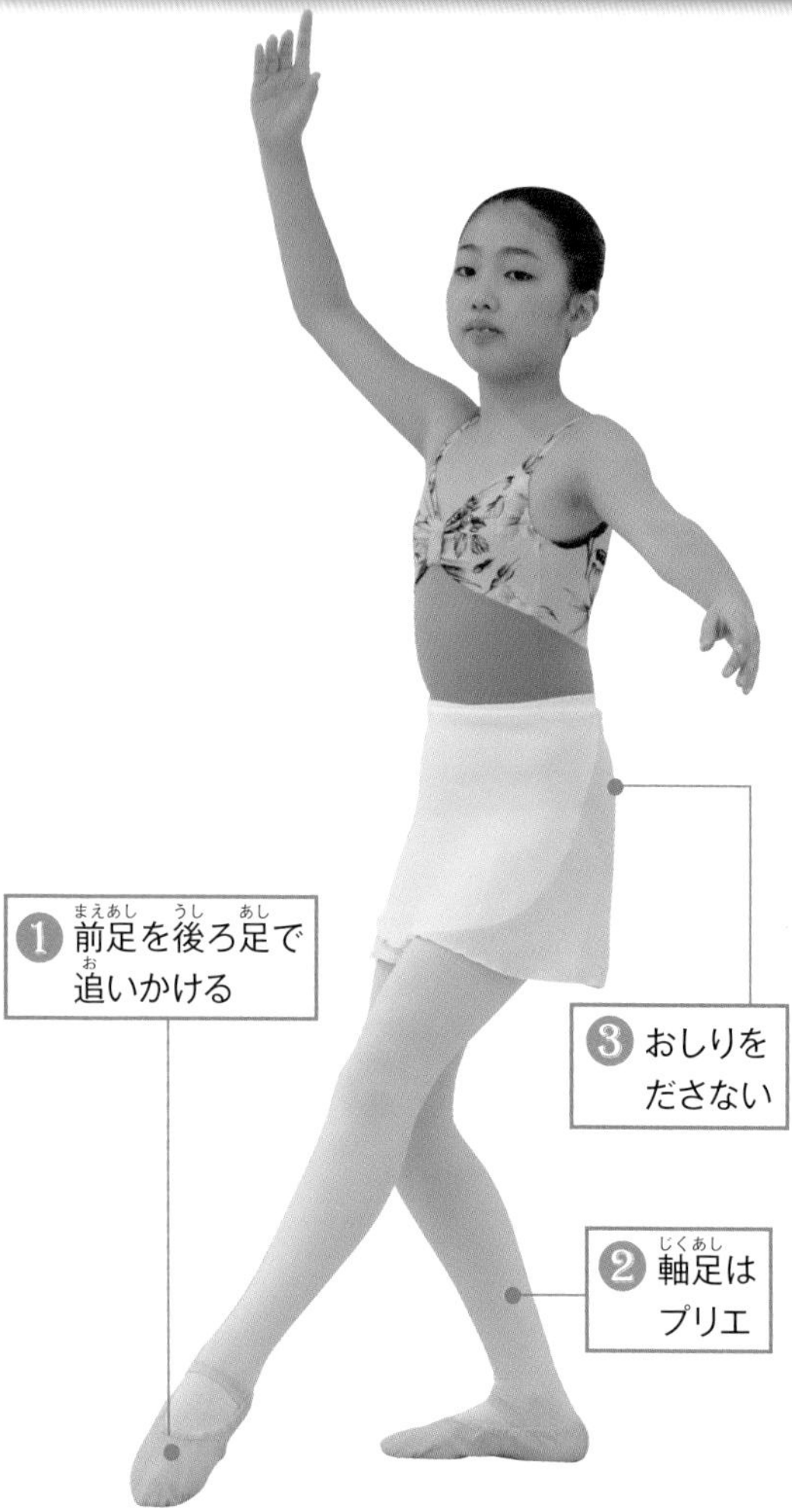

チェックポイント

① 前《まえ》の足《あし》を後《うし》ろの足《あし》で追《お》いかけて進《すす》みます
② 軸足《じくあし》はプリエします
③ ふみきるときのおしりが後《うし》ろにでないように

動《うご》きのながれ

1

右足前《みぎあしまえ》5番《ばん》から前《まえ》ジュテをして、軸足《じくあし》はプリエします。

2

前《まえ》にだした足《あし》の場所《ばしょ》に片足《かたあし》プリエでふみきります。

3

足《あし》をよせツマ先《さき》をのばした5番《ばん》でジャンプします。

4

最初《さいしょ》のポーズ、前《まえ》ジュテで軸足《じくあし》プリエにおります。

前《まえ》の足《あし》をおいかけます。しっかり移動《いどう》しましょう。

ここに注目《ちゅうもく》

ふみきるときはプリエから。おしりをつきださず、背中《せなか》はしっかりのばします。

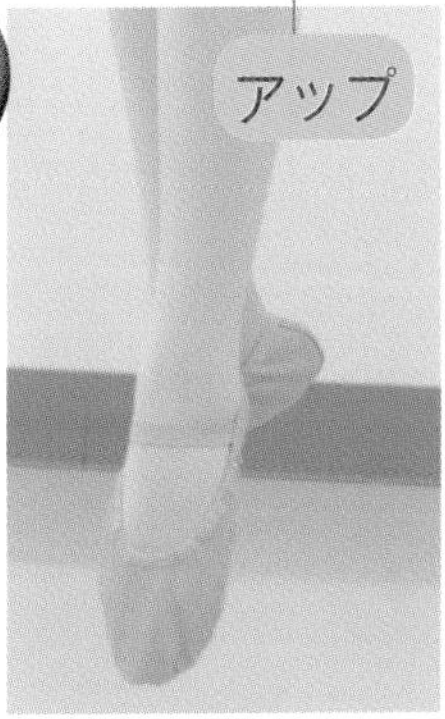

空中《くうちゅう》では、足《あし》をあつめて、5番になります。ツマ先《さき》とヒザをのばしましょう。

足《あし》のポジション 左足《ひだりあし》を軸《じく》にして右足《みぎあし》は後《うし》ろにだしてポーズ

LESSON 34

バランセ（左右《さゆう》）

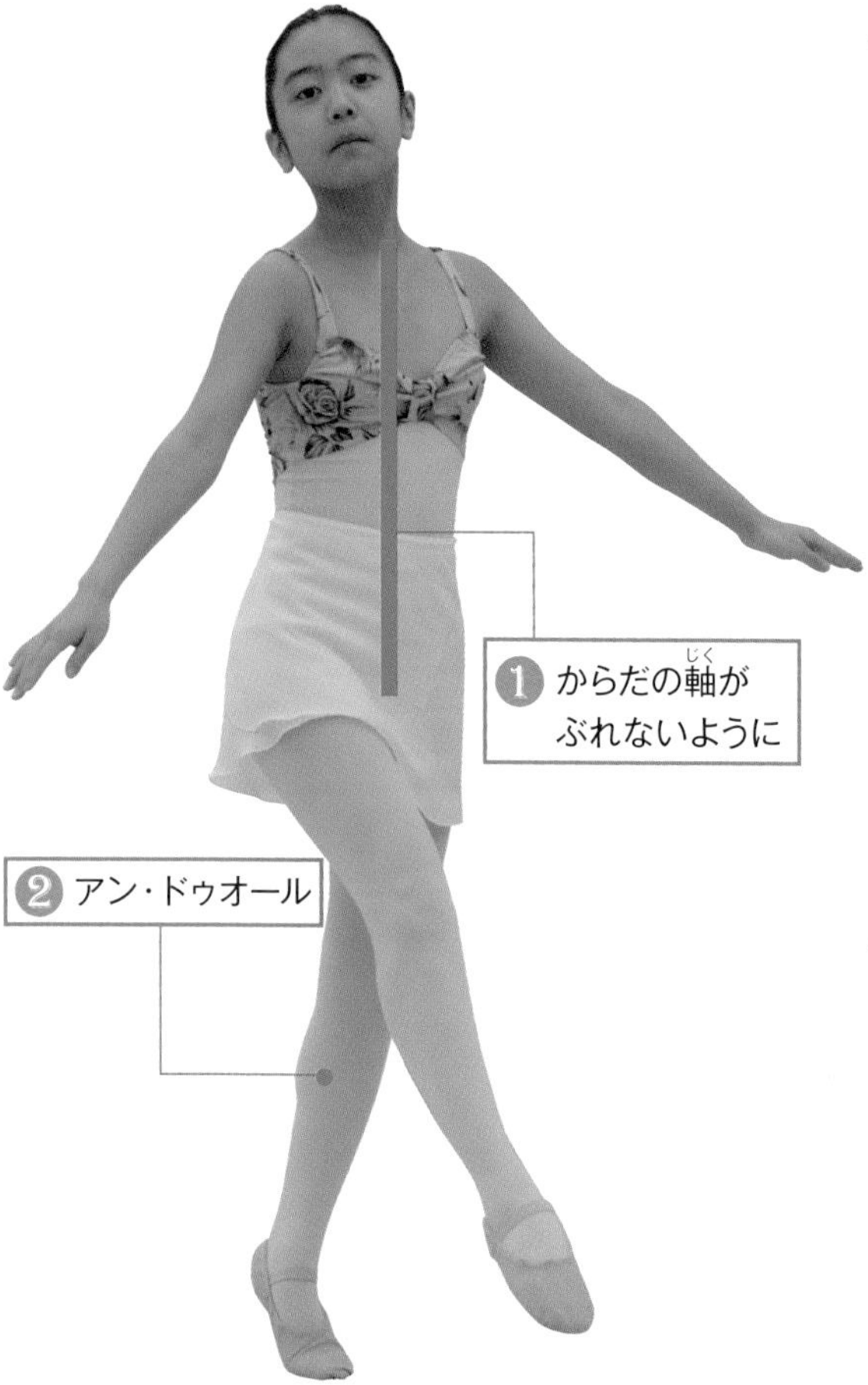

一歩目《いっぽめ》を大《おお》きくだしてプリエする

バランセはワルツの曲《きょく》でよく使《つか》われる3拍子《びょうし》のステップです。体《からだ》を前後《ぜんご》や左右《さゆう》にゆらすようにして行《おこな》います。さまざまなバリエーションがありますが、ここでは左右《さゆう》に動《うご》くバランセを紹介《しょうかい》します。

左右《さゆう》の足《あし》で順番《じゅんばん》にプリエ（1拍目《ぱくめ》）→ピケ（片足《かたあし》をだして、その足《あし》で立《た》つこと・2拍目《はくめ》）→プリエ（3拍目《ぱくめ》）をくり返《かえ》します。プリエとピケとク・ド・ピエ、それぞれしっかりアン・ドゥオールします。

チェックポイント

① からだの軸《じく》がぶれないように気《き》をつけ、3歩目《ぽめ》はその場《ば》でふみます。

② プリエのヒザ、ピケの軸《じく》、ク・ド・ピエそれぞれアン・ドゥオールします

③ 1拍目《ぱくめ》を大《おお》きくだしてプリエをする

動《うご》きのながれ

1

左足前《ひだりあしまえ》、右足《みぎあし》は後《うし》ろのポーズからはじめます。

2

右足《みぎあし》はプリエ、左足《ひだりあし》は後《うし》ろのク・ド・ピエします。【1拍目《ぱくめ》】

3

後《うし》ろ足《あし》はピケで立《た》ち、前足《まえあし》をのばします。【2拍目《はくめ》】

4

前足《まえあし》をもどし、その足《あし》に体重《たいじゅう》を移動《いどう》します。【3拍目《ぱくめ》】

プリエが1拍目《ぱくめ》になるので、アクセントをつけるように大《おお》きくゆったりと動《うご》きましょう。

ここに注目《ちゅうもく》

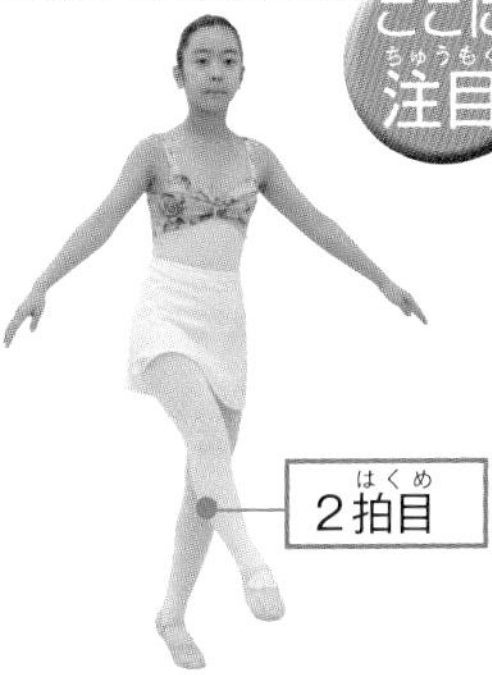

2拍目《はくめ》は、後《うし》ろ足《あし》でピケします。カマ足《あし》にならないよう注意《ちゅうい》しましょう。

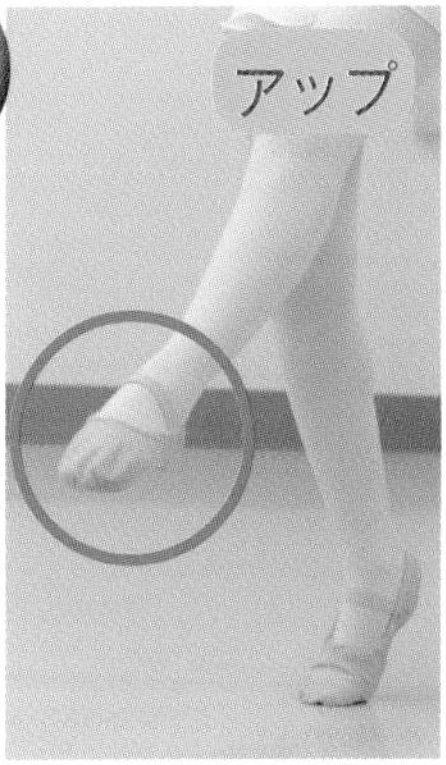

後《うし》ろ足《あし》でピケしたときは、前足《まえあし》のツマ先《さき》はしっかりのばします。

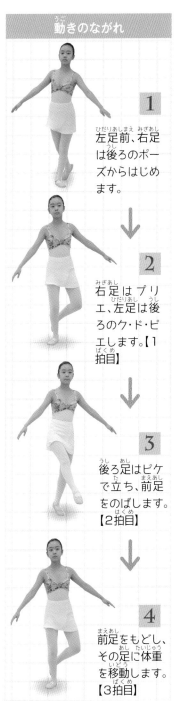

足《あし》のポジション 左足《ひだりあし》を軸《じく》にして右足《みぎあし》を後《うし》ろにだしてポーズ

バランセ（前《まえ》）

3拍子《びょうし》しっかりふむ

このバランセも、ワルツの曲《きょく》で行《おこな》う3拍子《びょうし》のステップです。軸足《じくあし》プリエと同時《どうじ》にもう片足《かたあし》を前《まえ》アティテュードにして、足《あし》を前《まえ》にいれます。プリエはヒザを横《よこ》にきちんと開《ひら》くことを意識《いしき》して、アティテュードの足《あし》もアン・ドゥオールして、ツマ先《さき》もしっかりのばしましょう。バランセには、ここで紹介《しょうかい》した以外《いがい》にも、回《かい》転《てん》しながらおこなうものなど、いろいろなパターンがあります。

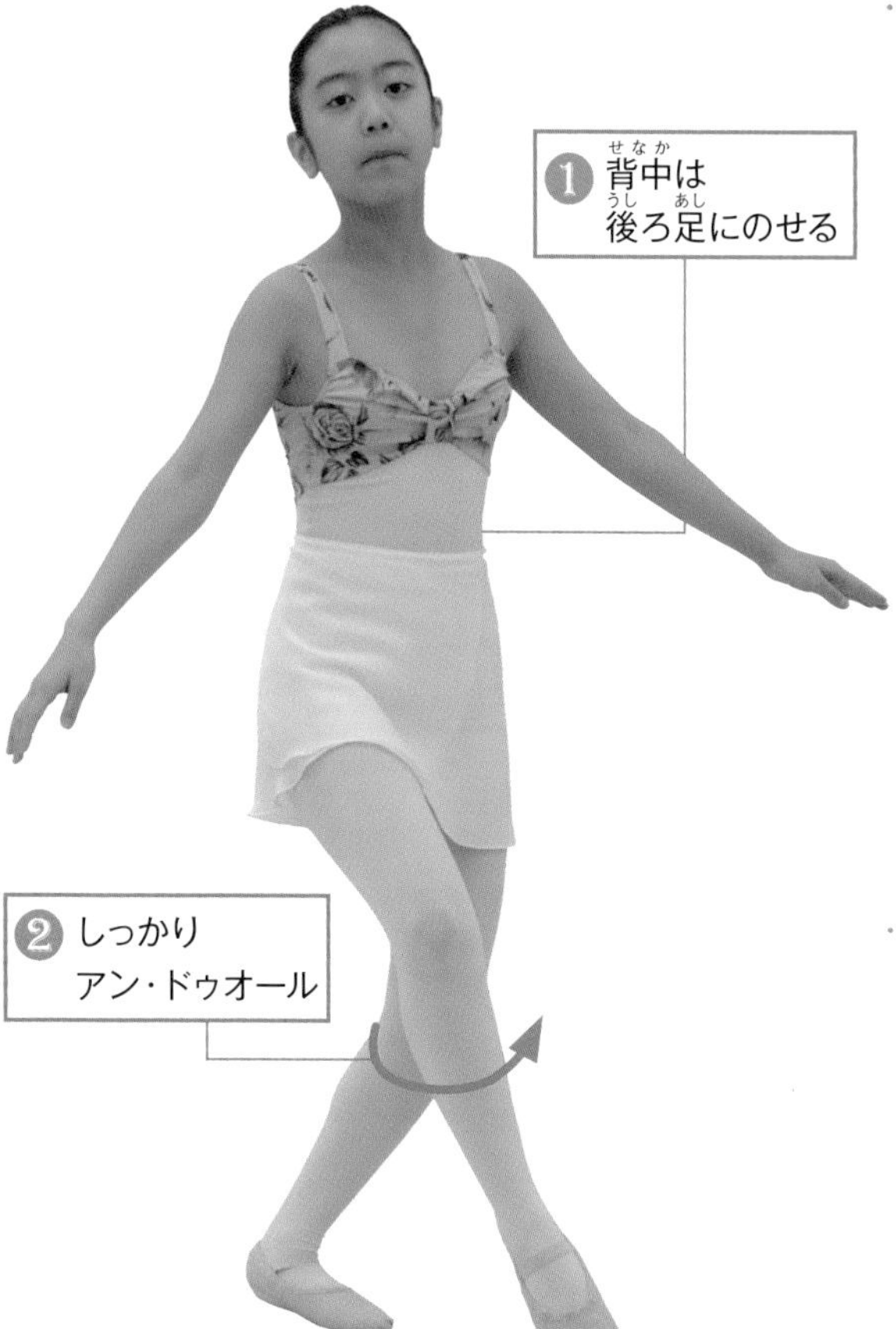

チェックポイント

❶ 背中《せなか》は後《うし》ろ足《あし》の上《うえ》にのせておきます
❷ アテイテユードの足《あし》をしっかりアン・ドゥオール
❸ 2拍目《はくめ》で右足《みぎあし》は床《ゆか》からはなします

動《うご》きのながれ

1

右足《みぎあし》を横《よこ》へだします。

2

左足《ひだりあし》はプリエで右足《みぎあし》を前《まえ》にだします。

3

右足《みぎあし》でツマ先《さき》立《だ》ち。左足《ひだりあし》は床《ゆか》から少《すこ》しはなします。

4

左足《ひだりあし》に体重《たいじゅう》を移動《いどう》して右足《みぎあし》を前《まえ》へ。

3拍子《びょうし》、しっかりとふみましょう。足《あし》の動《うご》きも大切《たいせつ》ですが、リズムをとることが重要《じゅうよう》です。

ここに注目《ちゅうもく》

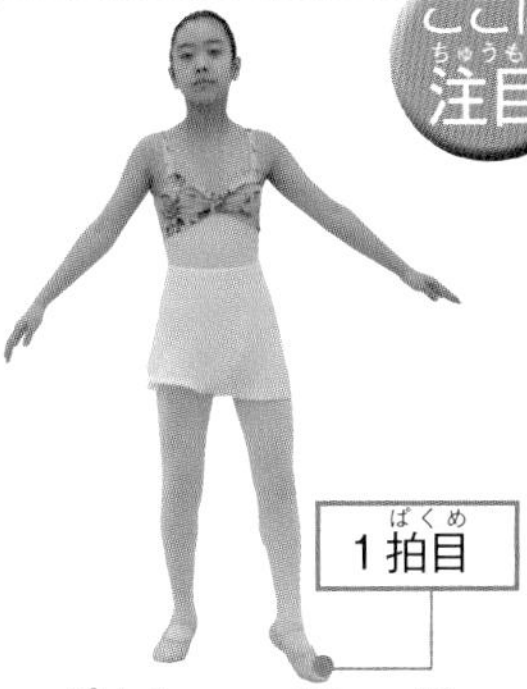

1拍目《ぱくめ》は、少《すこ》し横《よこ》へ移動《いどう》します。ひと呼吸《こきゅう》のびてから、1拍目《ぱくめ》に入りましょう。

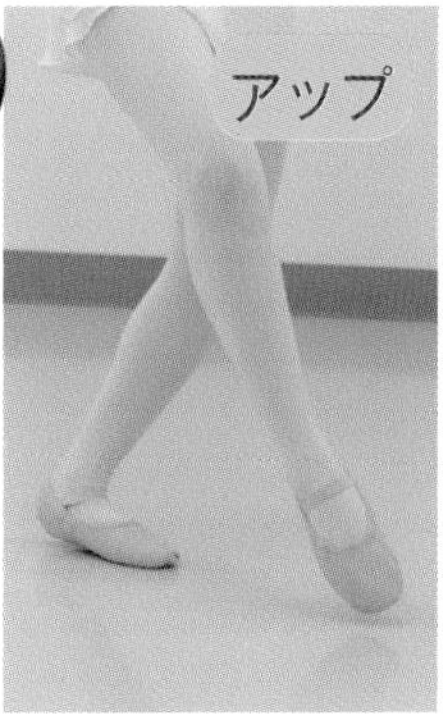

前《まえ》に足《あし》を出《だ》すときに、アティテュードになるようにします。カカトを前《まえ》に。

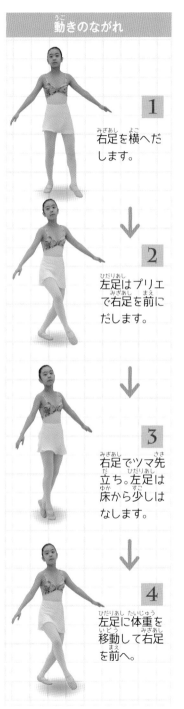

LESSON 36

筋《きん》トレ②

背筋《はいきん》

背筋《はいきん》をきたえて後《うし》ろに高《たか》くあげる

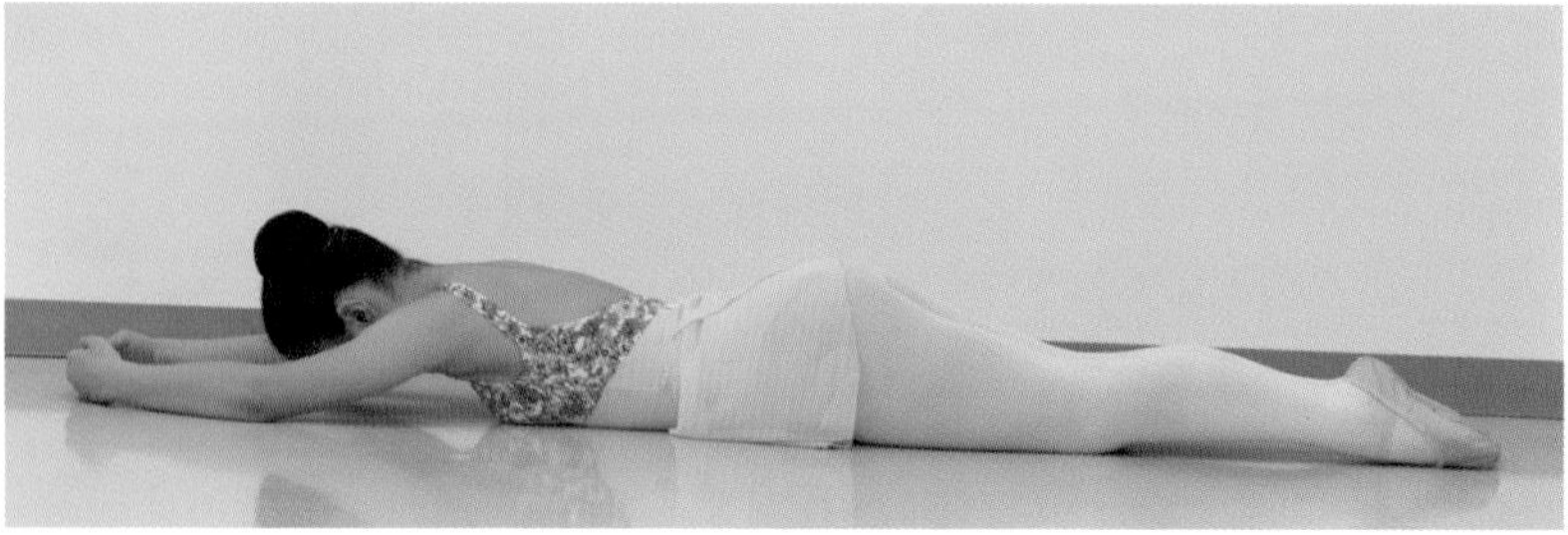

1 うつぶせになります。ツマ先《さき》もヒザものばし、手《て》はアン・オーにします。

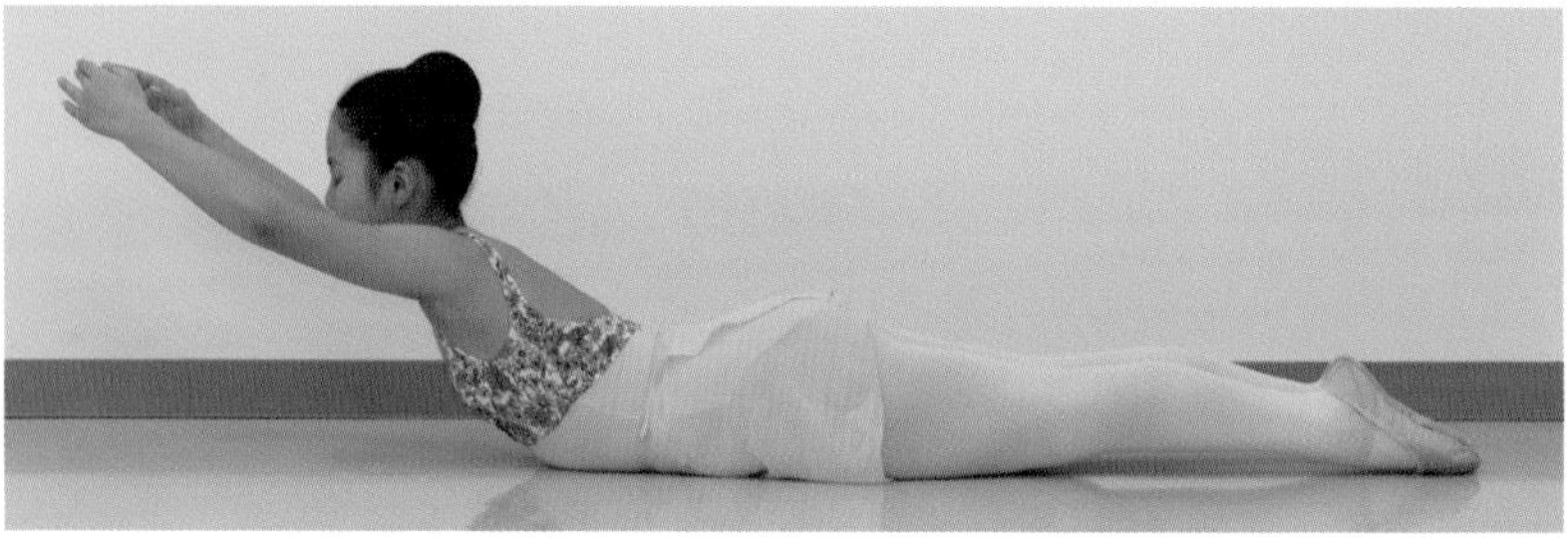

2 背骨《せぼね》から引《ひ》っぱるようなイメージで、からだをそらします。背《せ》がのびて、しなるようなイメージで行いましょう。

アラベスクなど、バレエでは後《うし》ろに足《あし》をあげる動《うご》きがたくさんあります。そのときに重要《じゅうよう》な役割《やくわり》をするのが、背筋《はいきん》です。だからこそ、背筋《はいきん》をきたえておいてソンはありません。ポイントは、背《せ》がのびて、からだがしなるイメージで行うことです。首《くび》だけを後《うし》ろにまげても意味《いみ》がありませんので、背中《せなか》全体《ぜんたい》をしならせるイメージを持ちましょう。

また、足《あし》はあげる必要《ひつよう》はありません。上半身《じょうはんしん》だけを動《うご》かします。息《いき》を吸《す》いながらおきあがり、もどしながらゆっくりとはきます。

PART 5

ポアントは「立《た》つ」ことから始《はじ》めましょう

バレエを始《はじ》めた人《ひと》なら誰《だれ》もがあこがれるポアント。ポアントで美《うつく》しく踊《おど》るためには、まず正《ただ》しく立《た》つことが大切《たいせつ》です。

足《あし》のポジション６番《ばん》からスタート

ポアントの足慣《あしな》らし①

LESSON 37

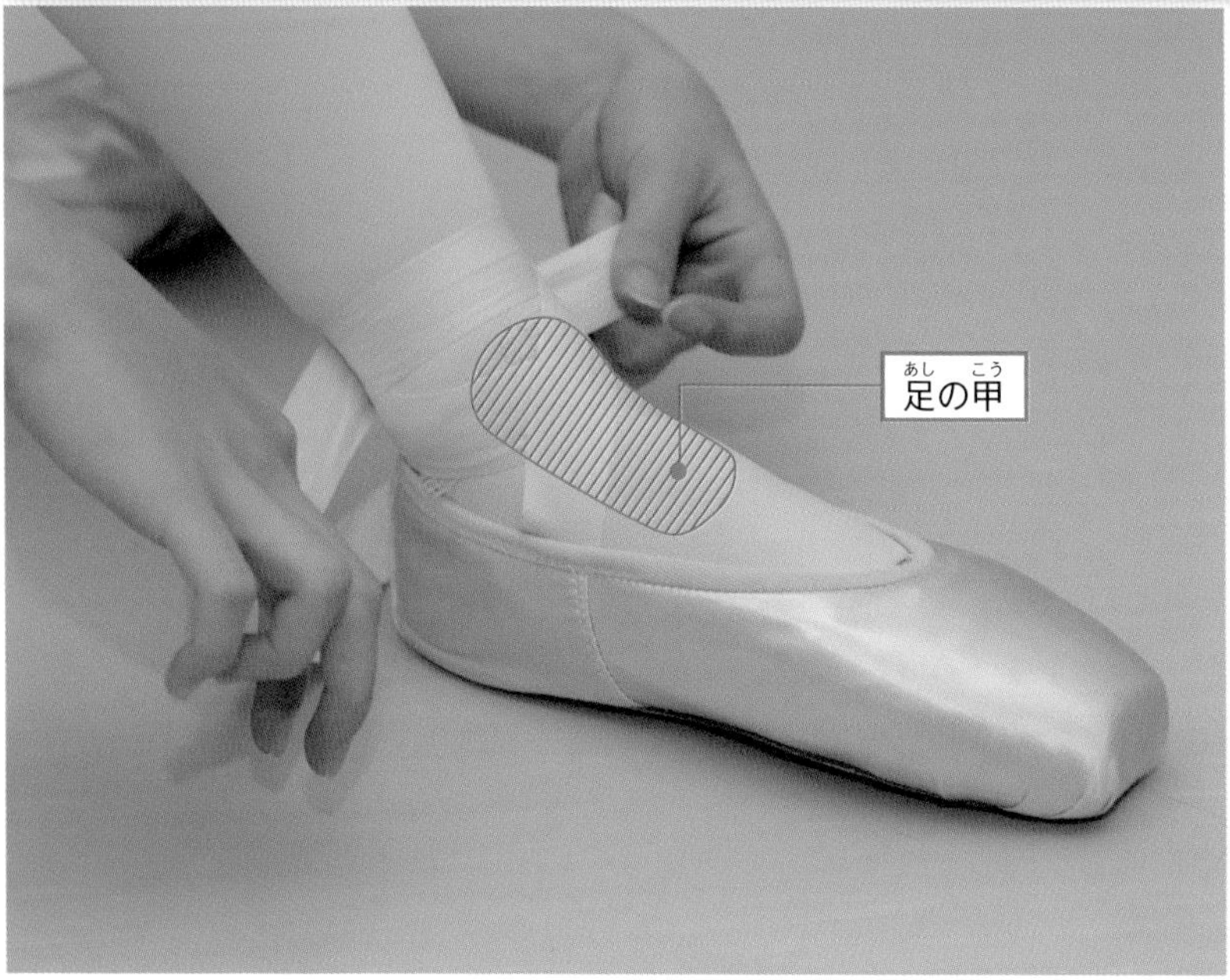

足《あし》の甲《こう》をしっかりのばす

ポアントで立《た》つ前《まえ》に、足《あし》の甲《こう》をしっかりのばします。甲《こう》をだすだけではなく、買《か》ったばかりのトウシューズはかたくて足《あし》になじみにくいため、足《あし》になじませるという意味《いみ》もある大切《たいせつ》なエクササイズです。しっかり行《おこな》ってください。トウシューズをはくと、ツマ先《さき》ののび方《かた》や甲《こう》の出方《でかた》などがとても目立《めだ》ちます。しっかり甲《こう》をのばせるように、軸《じく》をまっすぐたもちながら行《おこな》いましょう。

チェックポイント

1. 足《あし》の甲《こう》をしっかりのばしましょう
2. トウシューズを足《あし》になじませましょう
3. 後《うし》ろ足《あし》のヒザで前足《まえあし》のふくらはぎをおします

動《うご》きのながれ

1

6番《ばん》で立《た》ちます。力をいれず、バーにつかまります。

↓

2

左足《ひだりあし》のカカトに右足《みぎあし》のツマ先《さき》がくるよう足《あし》をおきます。

↓

3

ヒザをひらかないでまっすぐ前《まえ》に甲《こう》をだします。

↓

4

反対《はんたい》がわの足《あし》も同《おな》じように行《おこな》い、甲《こう》をだします。

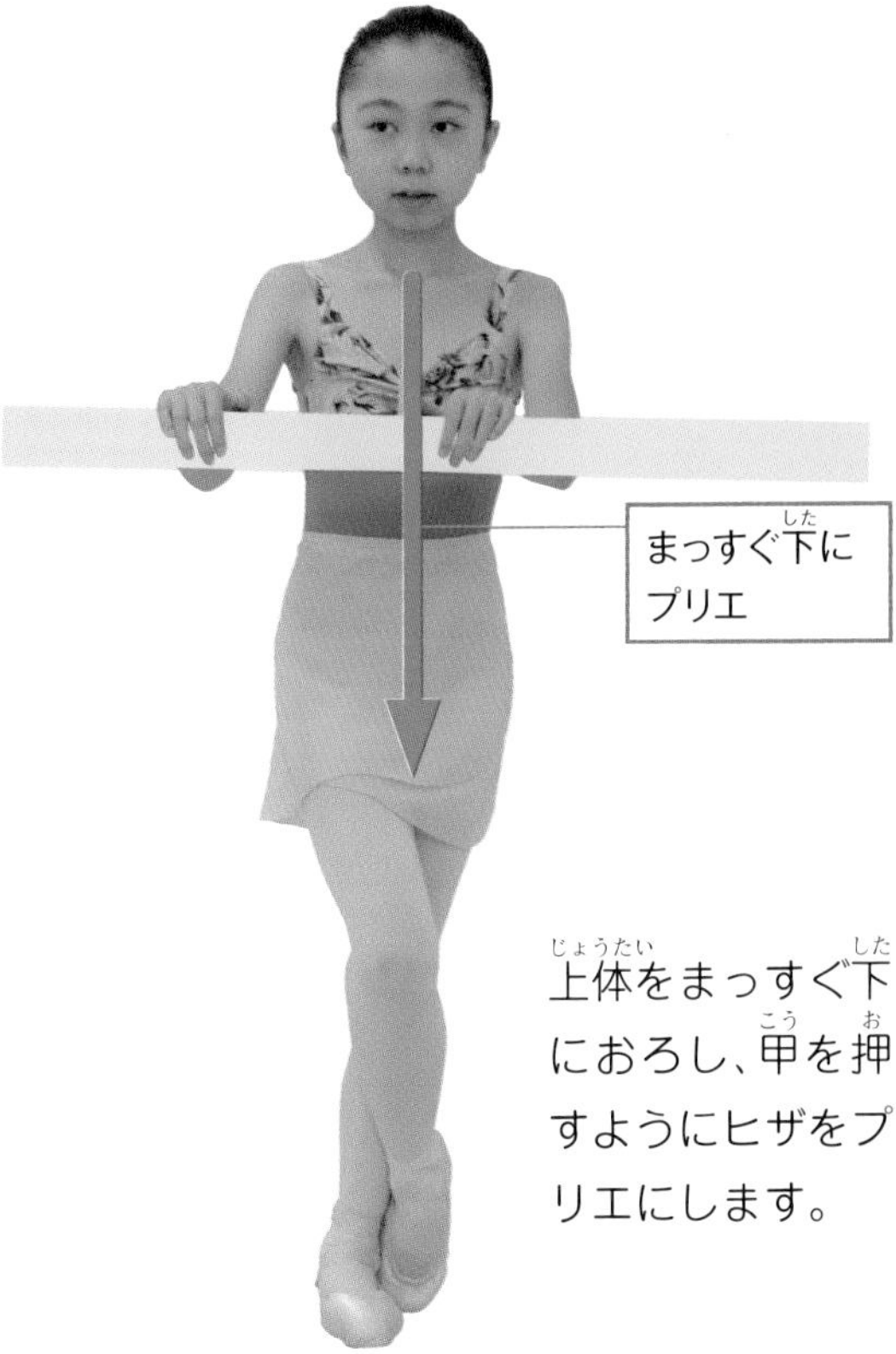

上体《じょうたい》をまっすぐ下《した》におろし、甲《こう》を押《お》すようにヒザをプリエにします。

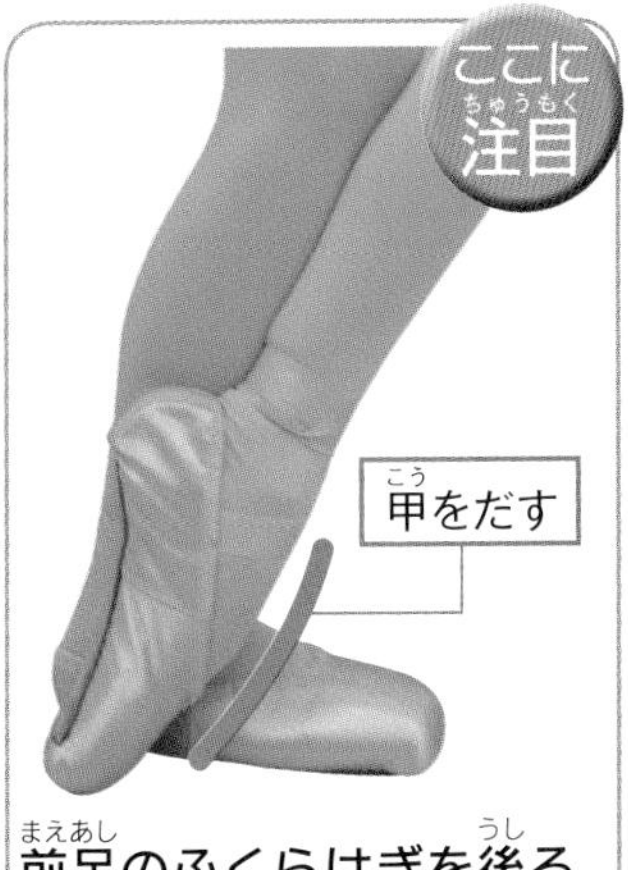

前足《まえあし》のふくらはぎを後《うし》ろ足《あし》のヒザでおして、甲《こう》をだします。シューズを足《あし》になじませます。

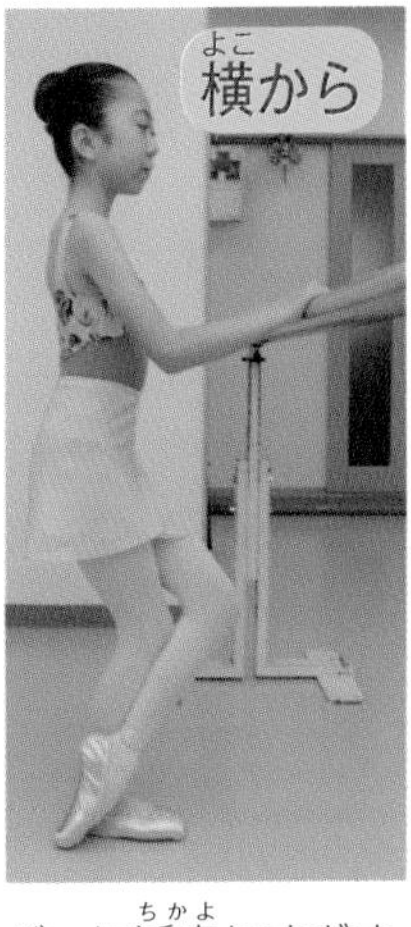

バーに近寄《ちかよ》りすぎず、背中《せなか》が前《まえ》に屈《かが》んだり後《うし》ろに反《そ》ったりしないよう気《き》をつけます。

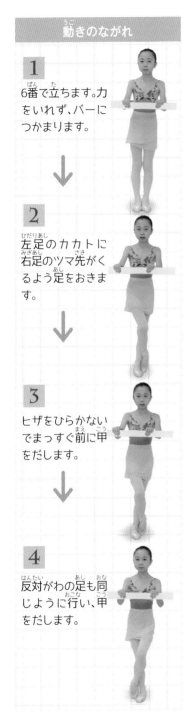

足《あし》のポジション 6 番《ばん》からスタート

LESSON 38

ポアントの足慣《あしな》らし②

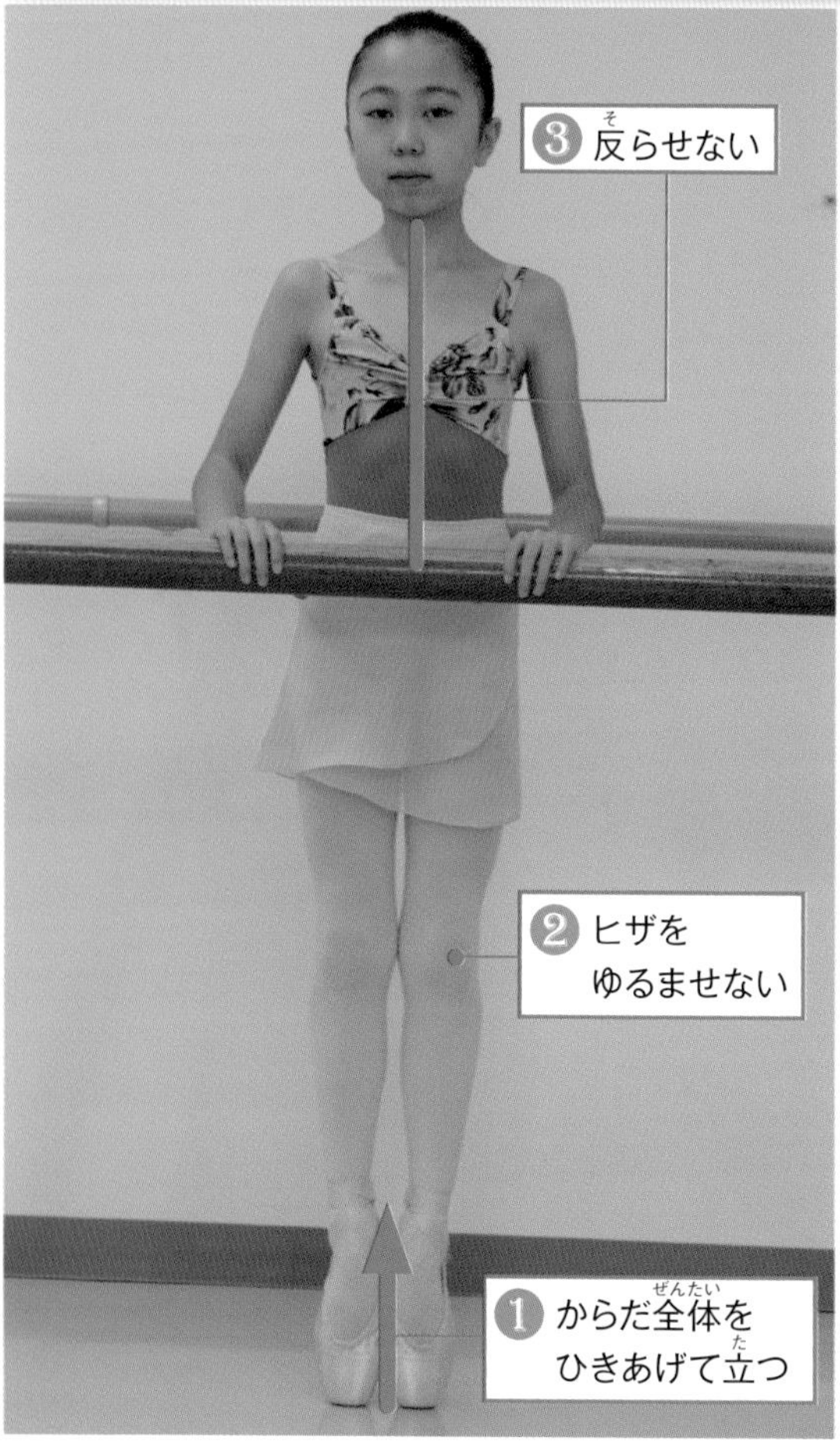

体全体《からだぜんたい》を引《ひ》きあげて立《た》つ

トウシューズが足《あし》になじむためにも足慣《あしな》らしのエクササイズは大切《たいせつ》です。これはドゥミ・ポアントからポアントに立《た》ち、ドゥミ・ポアントを通過《つうか》しておりる、という動《うご》きです。体《からだ》を引《ひ》きあげて、ヒザをゆるませないようにおしりの下をあつめながらポアントに立《た》ちましょう。足《あし》だけで動《うご》こうとするとうまくいかないので、体全体《からだぜんたい》を引《ひ》きあげて立《た》ちます。軸《じく》をまっすぐにたもつことも大切《たいせつ》です。

チェックポイント

1. 足《あし》だけで立《た》つのではなく、体全体《からだぜんたい》を引《ひ》きあげて立《た》ちます
2. ヒザをゆるませないようにおしりの下にも意識《いしき》を
3. 軸《じく》をまっすぐにたもち、反《そ》ったりかがんだりしないように

動《うご》きのながれ

1

バーにつかまり、背《せ》スジ、ヒザをのばして6番《ばん》で立ちます。

↓

2

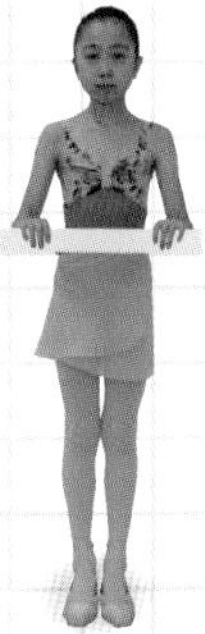

ドゥミ・ポアントになります。内《うち》モモがはなれないように。

↓

3

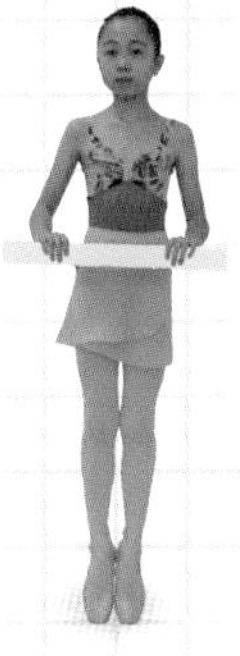

さらに体《からだ》をひきあげて、ポアントで立《た》ちます。

↓

4

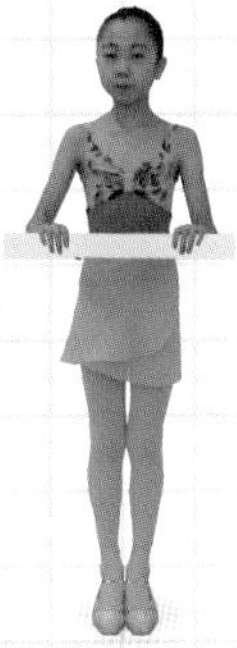

ドゥミ・ポアントをとおってゆっくりおります。

6番《ばん》でヒザをそろえて立《た》ちます。体全体《からだぜんたい》をつかって、上《うえ》にひきあげられるように立《た》ちましょう。

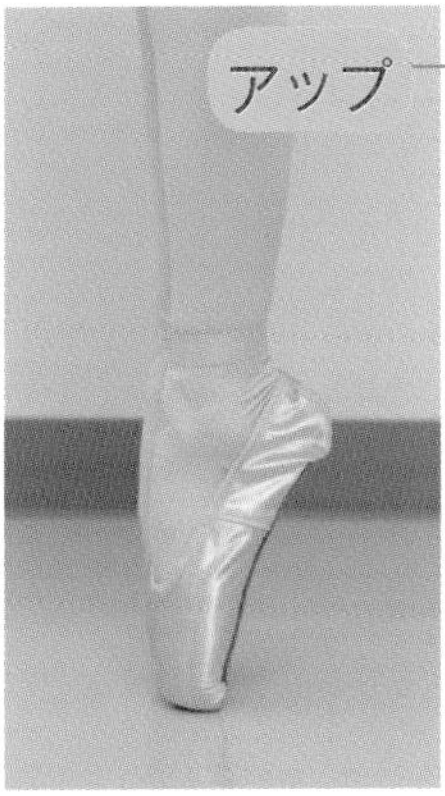

ツマ先全体《さきぜんたい》に体重《たいじゅう》がのるようにたちます。6番《ばん》のほかに、1番《ばん》でも立ってみましょう。

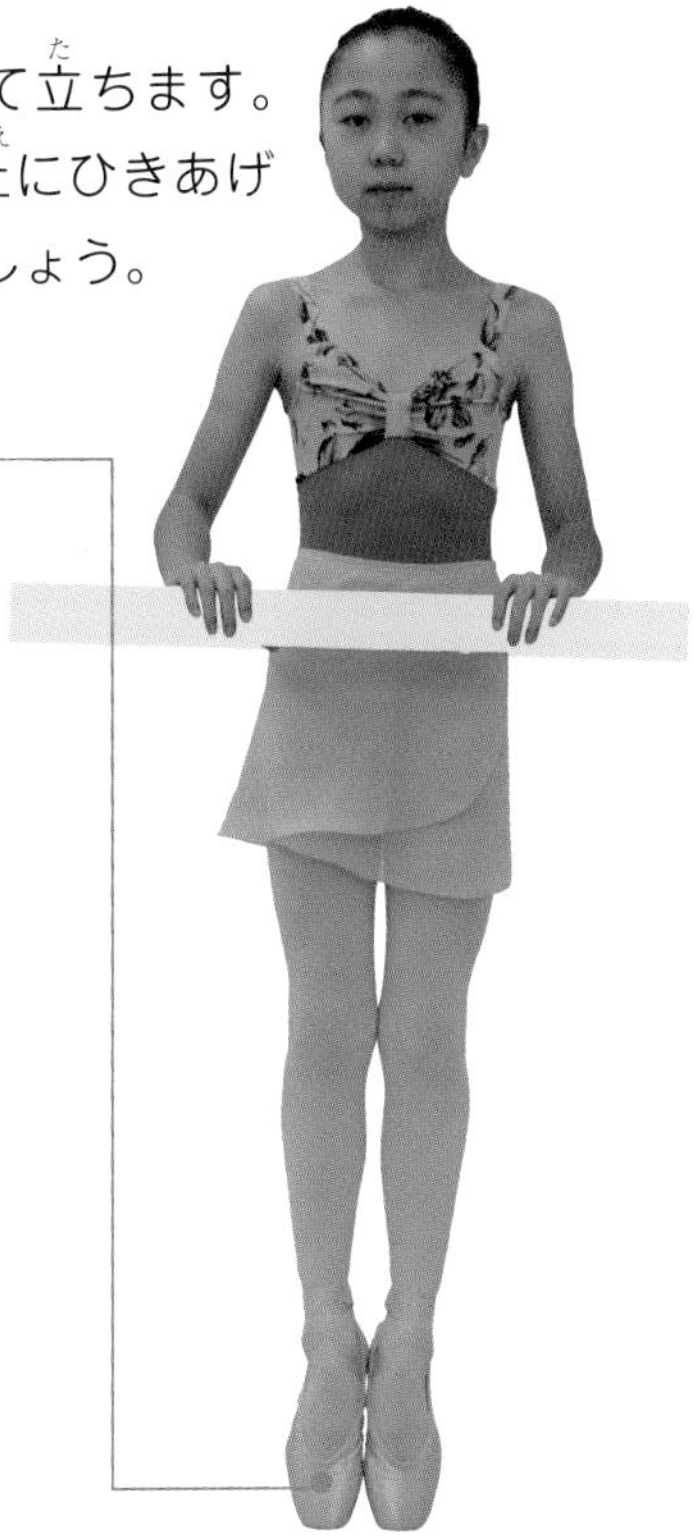

ここに注目《ちゅうもく》

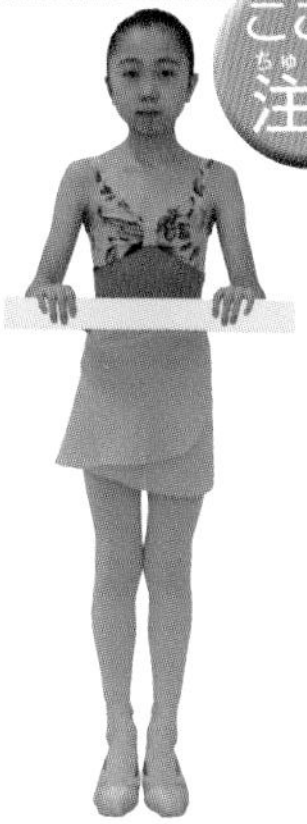

立《た》つとき、おりるときは、かならずドゥミ・ポアントをとおります。おしりの下も意識《いしき》して。

ひとことアドバイス

《もう一つの足慣《あしな》らし》

6番《ばん》ポアントで立《た》って、ポアントのままプリエします。このとき、骨盤《こつばん》が床《ゆか》にたいして垂直《すいちょく》になるように気《き》をつけましょう。

さらに、1番《ばん》ポアントで立って、ポアントのままプリエします。このとき、カカトが内《うち》がわになるようにしっかりアン・ドゥオールしましょう。

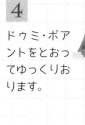

LESSON 39

足《あし》のポジション 1番《ばん》／2番《ばん》

ルルヴェ（1番《ばん》・2番《ばん》）

しっかり床《ゆか》をおしてツマ先《さき》の上《うえ》に立《た》つ

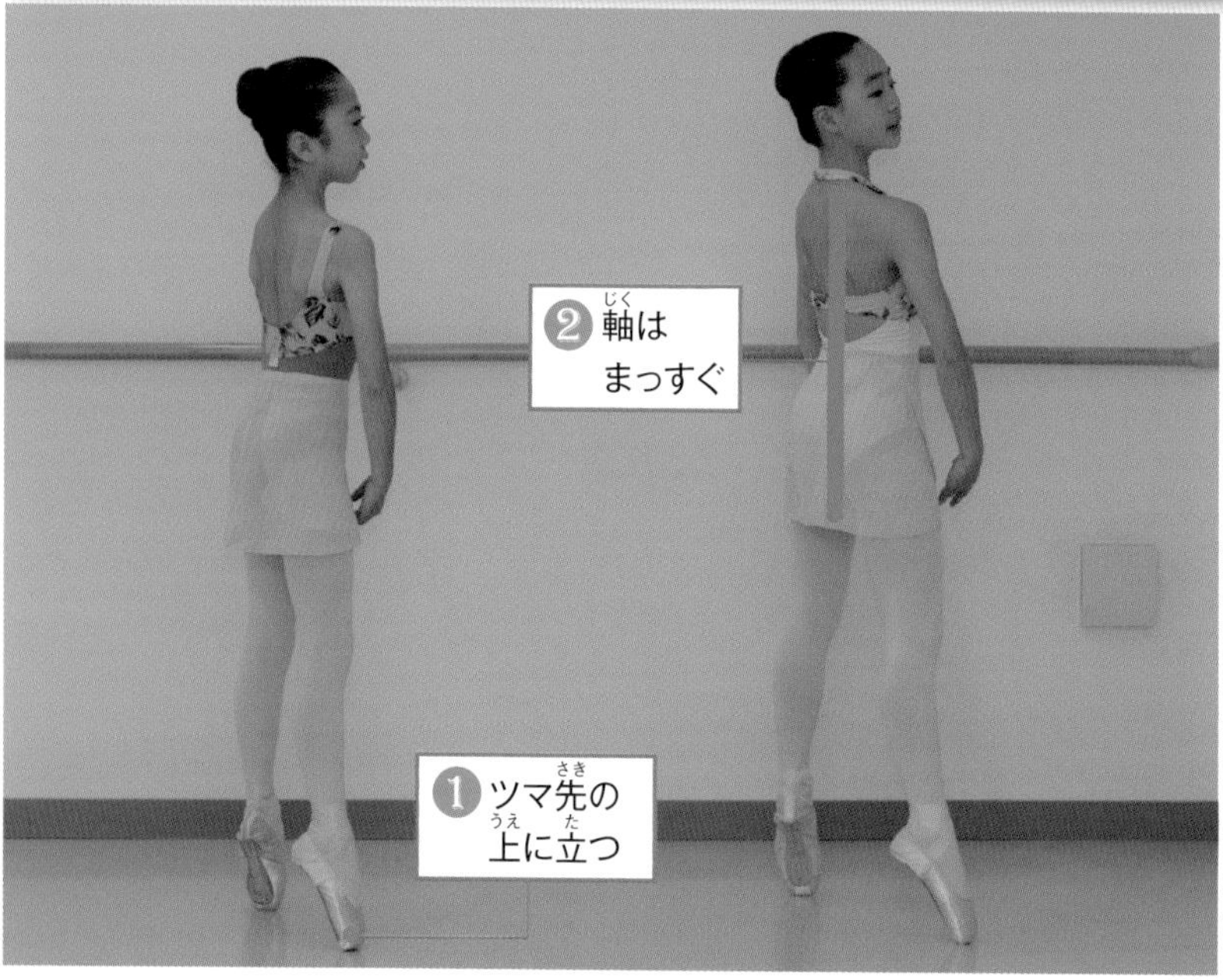

プリエのおす力《ちから》を使《つか》ってポアントに立《た》ちます。1番《ばん》のポアントの位置《いち》は、1番《ばん》で立《た》ったときのツマ先《さき》の場所《ばしょ》です。2番《ばん》のポアントの位置《いち》も同《おな》じく、ツマ先《さき》の場所《ばしょ》。ふらつかないようにするためには、プリエで床《ゆか》をしっかりおし、ルルヴェのときに軸《じく》をまっすぐたもつことが大切です。ヒザをまげないようにし、カカトを前《まえ》にだすようにアン・ドゥオールさせます。おなかも引《ひ》きあげて立《た》ちましょう。

チェックポイント

1. プリエで床《ゆか》をしっかりおして、ツマ先《さき》の上《うえ》に立《た》ちましょう
2. 軸《じく》をまっすぐにたもちましょう
3. カカトを前《まえ》に出《だ》してアン・ドゥオールします

動《うご》きのながれ

1

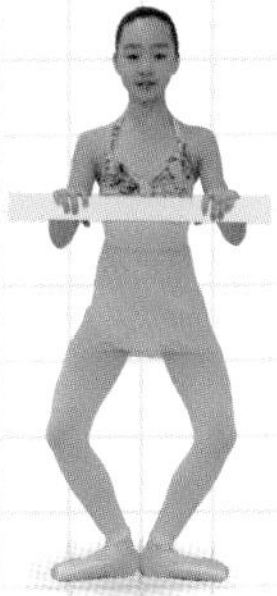

1番《ばん》で立《た》ち、床《ゆか》をしっかりおしてプリエします。

↓

2

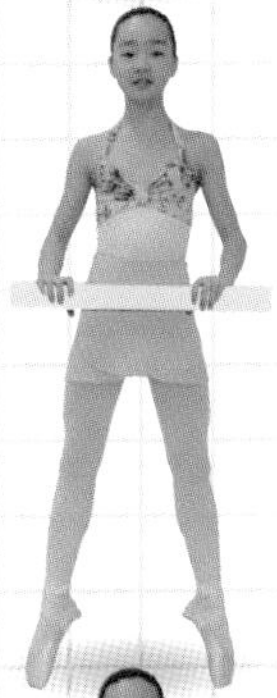

1番《ばん》ポアントで立《た》ちます。プリエにおります。

↓

3

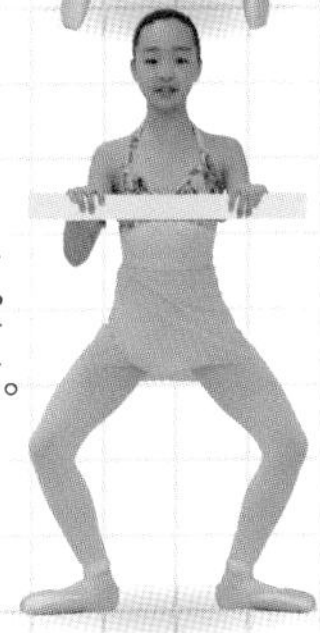

2番《ばん》になり、おなじようにプリエします。

↓

4

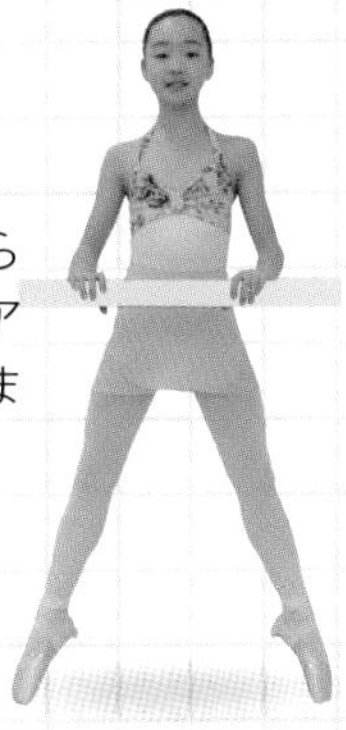

プリエからいっきにポアントで立《た》ちます。

1番《ばん》ルルヴェ

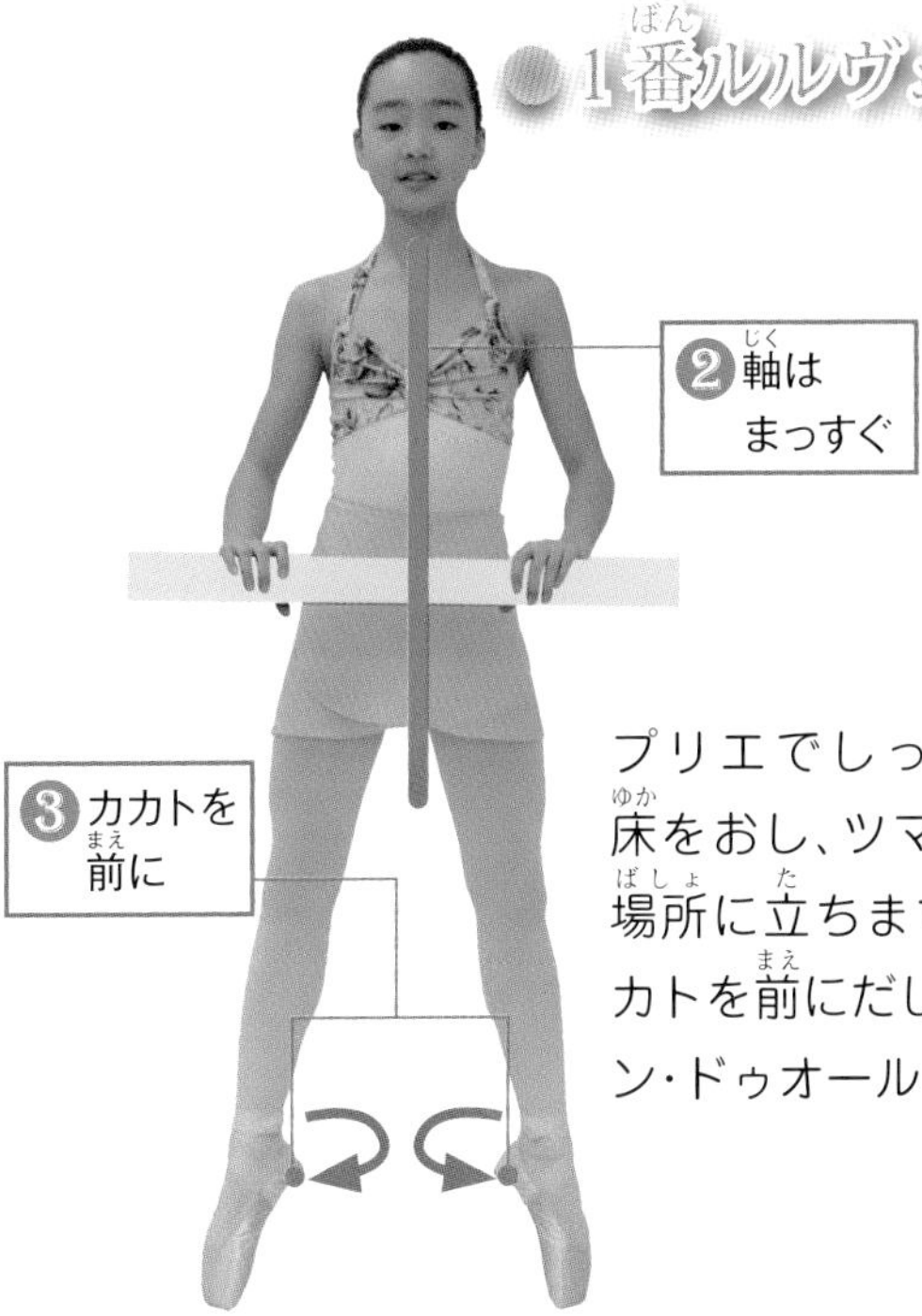

プリエでしっかり床《ゆか》をおし、ツマ先の場所《ばしょ》に立《た》ちます。カカトを前《まえ》にだしてアン・ドゥオール

2番《ばん》ルルヴェ

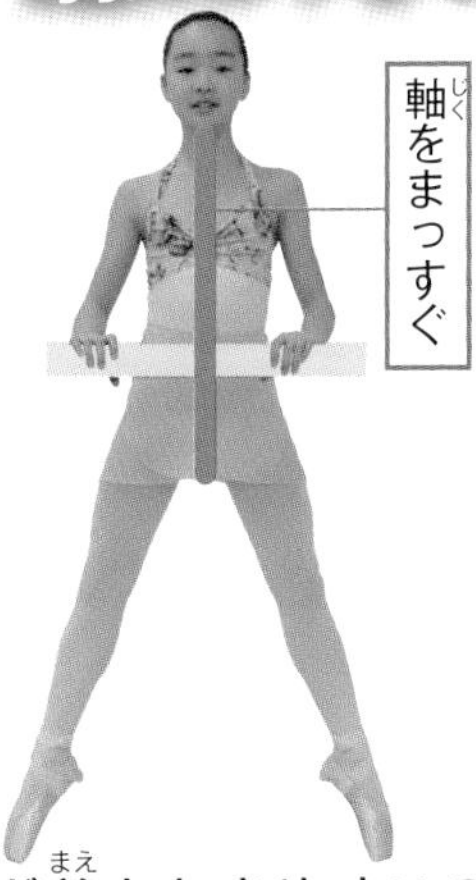

甲《こう》が前《まえ》をむきやすいので、つけ根《ね》からカカトまでしっかりアン・ドゥオールしましょう。

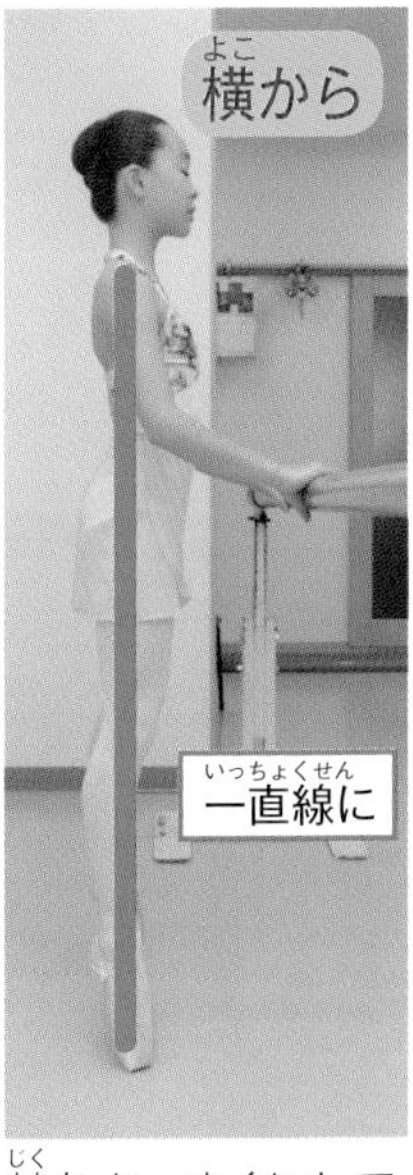

軸《じく》をまっすぐにして、体《からだ》が一直線《いっちょくせん》になるように立《た》ちます。

足《あし》のポジション 5番《ばん》

LESSON 40

ルルヴェ（5番《ばん》）

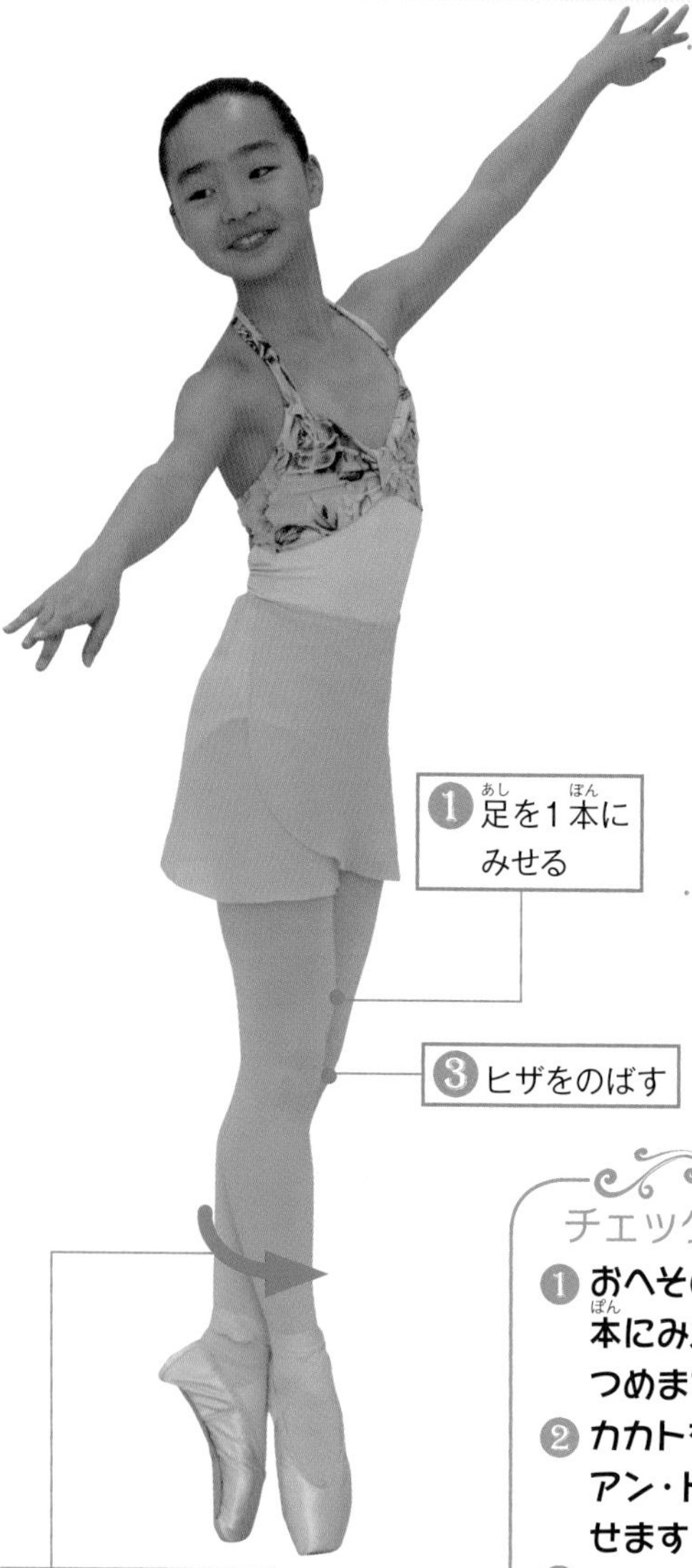

足《あし》が一本《いっぽん》にみえるようにあつめる

5番《ばん》プリエで床《ゆか》をしっかりおし、自分《じぶん》のおへその下《した》に足《あし》を1本《ぽん》にするように引《ひ》きよせて重《かさ》ね、ポアントで立《た》ちます。床《ゆか》をさすように立《た》ちましょう。このとき、足《あし》をつけ根《ね》からツマ先《さき》までしっかりアン・ドゥオールさせることが大切《たいせつ》です。できるだけカカトを前《まえ》にだしましょう。

ヒザをしっかりのばし、軸《じく》をまっすぐに。この5番《ばん》のルルヴェのことを「シュ・スー」「ス・スー」とも呼《よ》びます。

チェックポイント

1. **おへその下《した》に足《あし》が1本《ぽん》にみえるようにあつめます**
2. **カカトを前《まえ》にだし、アン・ドゥオールさせます**
3. **ヒザをしっかりのばし、軸《じく》をまっすぐにたもちましょう**

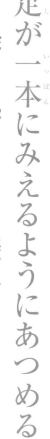

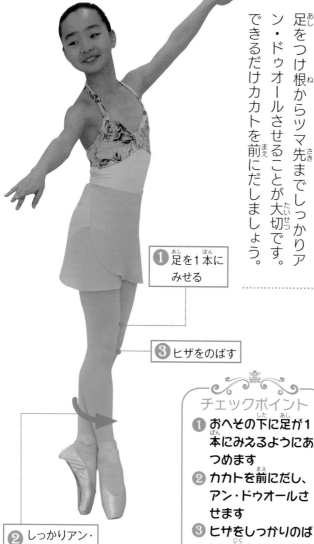

動《うご》きのながれ

1

5番《ばん》で立《た》ちます。バーとの距離《きょり》はヒジがまがるくらい。

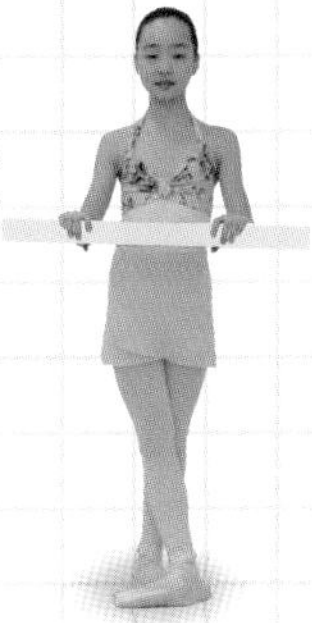

↓

2

プリエはヒザを横《よこ》にしっかりひらき、床《ゆか》をおします。

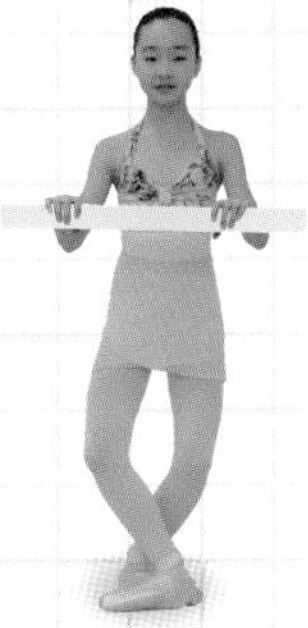

↓

3

おへその下《した》あたりに足《あし》を引《ひき》きよせ、刺《さ》すように立《た》ちます。

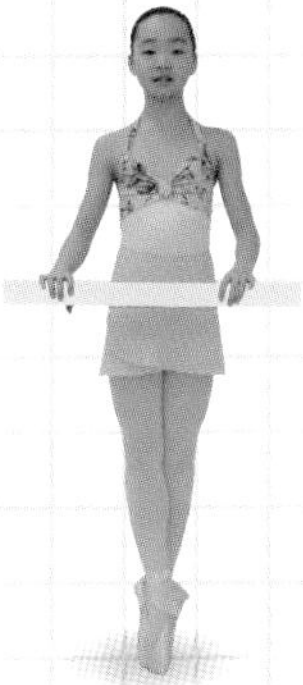

↓

4

プリエにやわらかくおります。何度《なんど》かくりかえします。

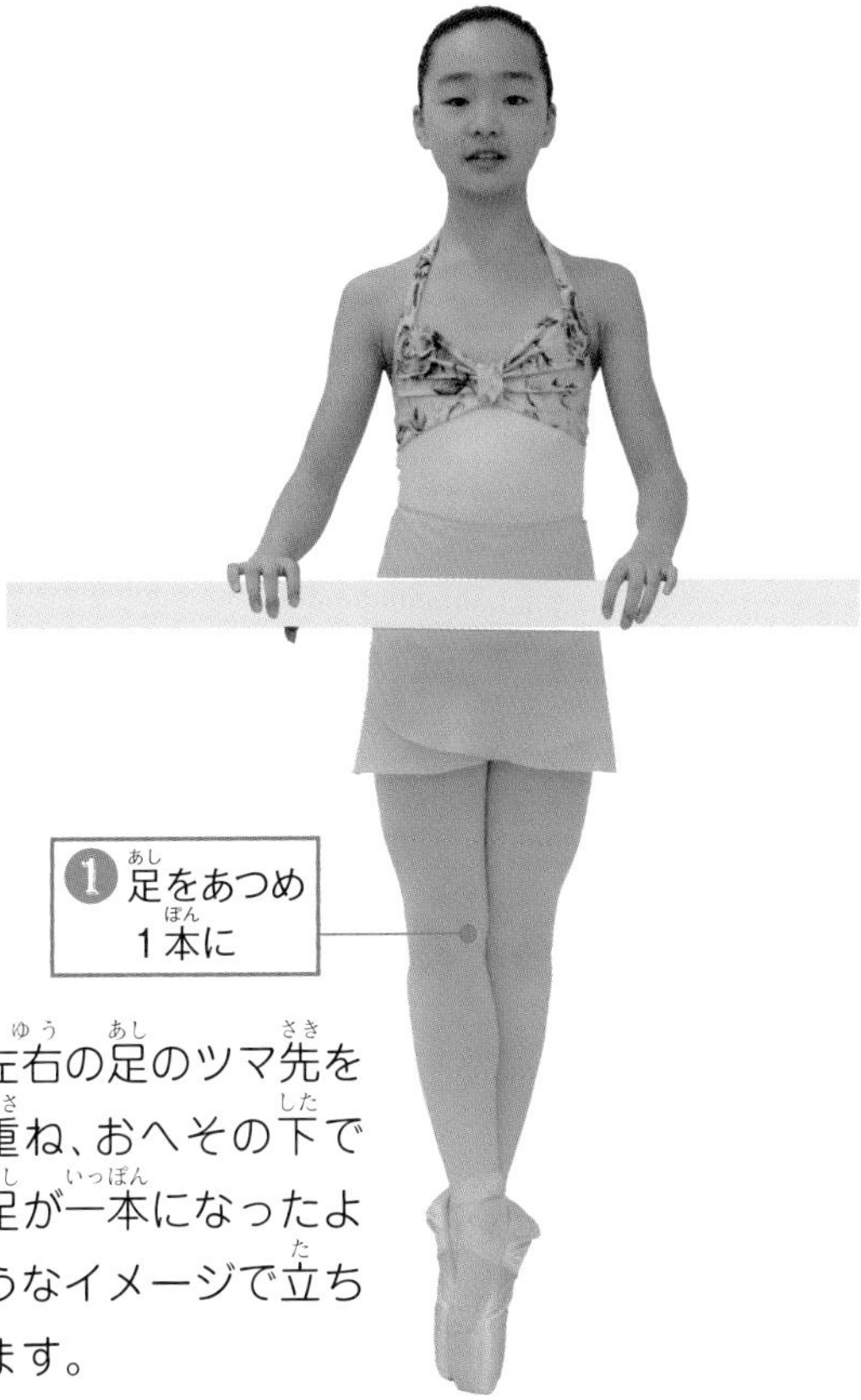

① 足《あし》をあつめ1本《ぽん》に

左右《さゆう》の足《あし》のツマ先《さき》を重《かさ》ね、おへその下《した》で足《あし》が一本《いっぽん》になったようなイメージで立《た》ちます。

ここに注目《ちゅうもく》

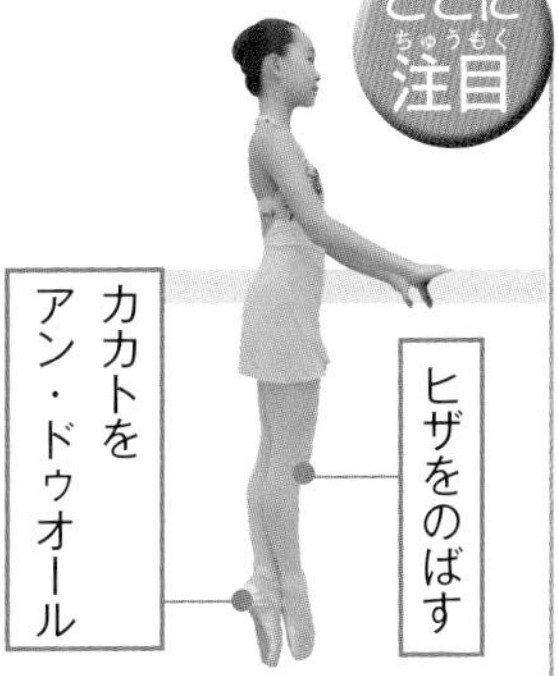

ヒザはしっかりとのばし、体の軸はまっすぐのまま立ちます。カカトは前にだすこと。

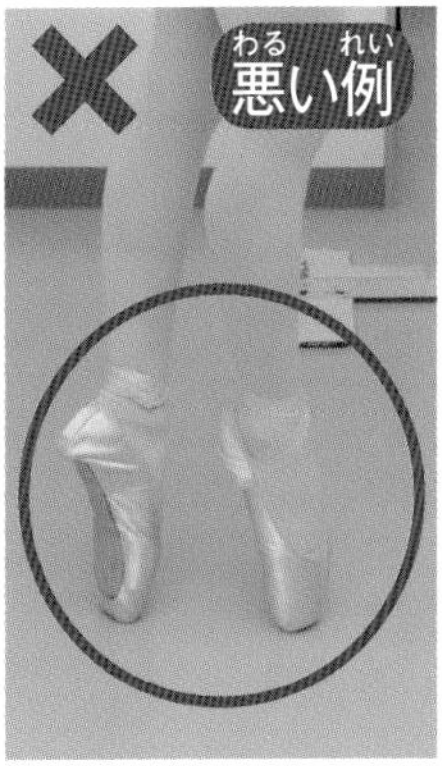

ポアントで立《た》ったときに、足《あし》があつまらないときれいにみえません。

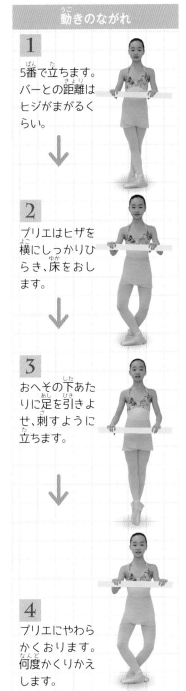

LESSON 41

足《あし》のポジション 5 番《ばん》からスタート

エシャペ

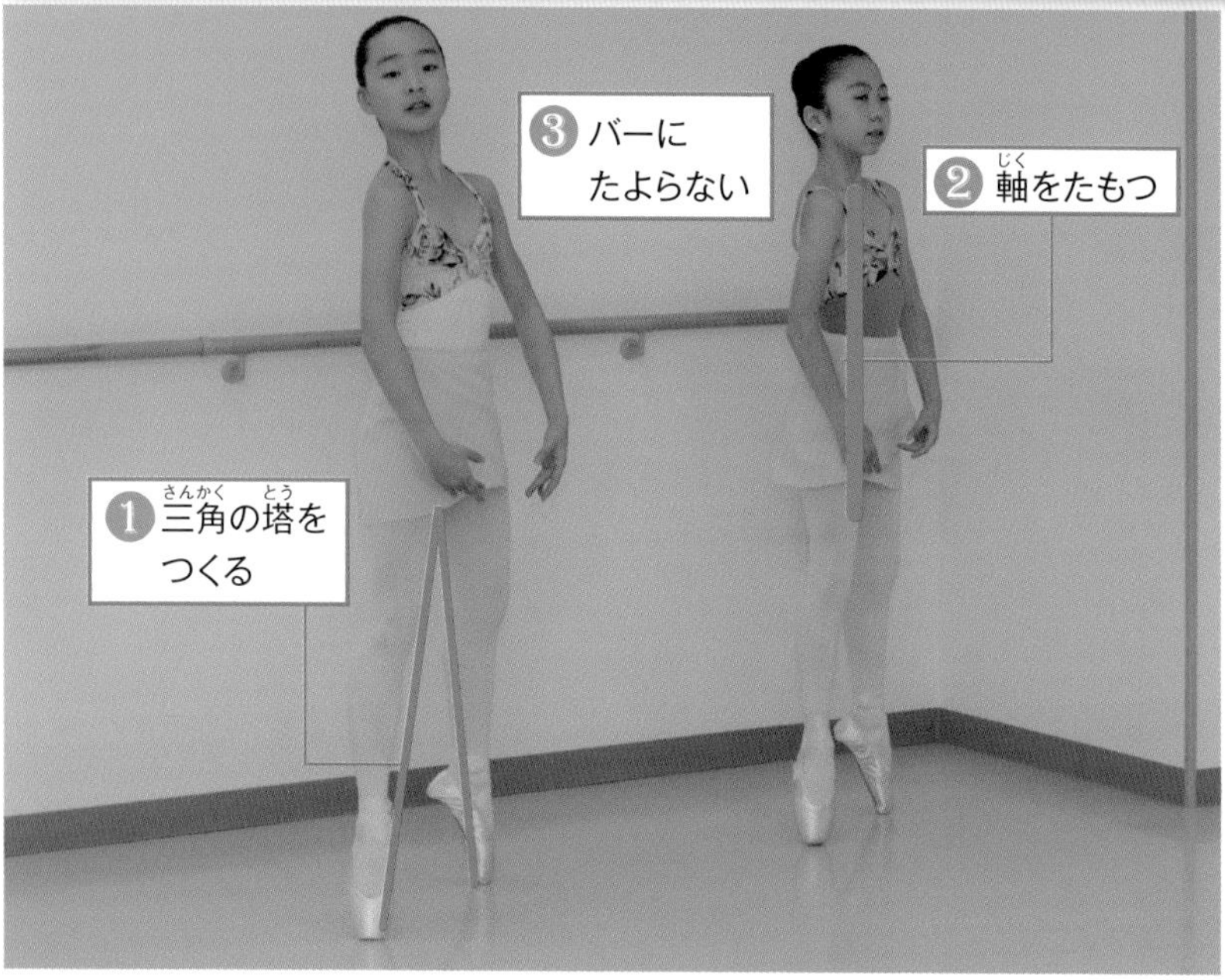

三角《さんかく》の塔《とう》をつくるイメージで立《た》つ

トゥシューズをはいていてもはいていなくても、エシャペをするときには東京《とうきょう》タワーになった気持《きも》ちで背《せ》を高《たか》く引《ひ》きあげましょう。右足前《みぎあしまえ》の5番《ばん》からプリエでしっかり床《ゆか》をおし、シャッと2番《ばん》のポアントに立《た》ちます。このときバーに頼《たよ》りすぎないように気《き》をつけてください。あくまでもバーは補助《ほじょ》です。ポアントのとき体《からだ》が後《うし》ろにそったり前《まえ》にかがんだりしないように注意《ちゅうい》しましょう。

チェックポイント

1. 足《あし》で三角《さんかく》の塔《とう》をつくるイメージで立《た》ちましょう
2. 軸《じく》はまっすぐたもちます
3. バーに頼《たよ》りすぎないように注意《ちゅうい》

動《うご》きのながれ

1

右足前《みぎあしまえ》5番《ばん》。プリエはヒザをしっかり横《よこ》にひらきましょう。

↓

2

すばやく2番《ばん》のポアントに立《た》ちます。体《からだ》をひきあげて。

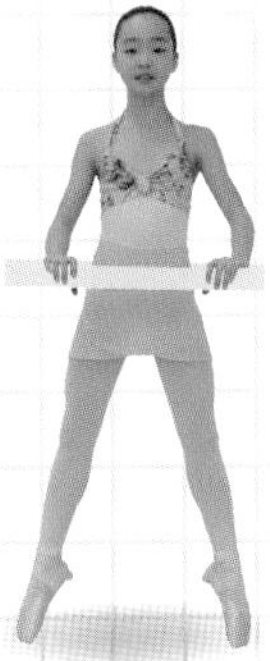

↓

3

左足前《ひだりあしまえ》の5番《ばん》にいれかえてプリエでおります。

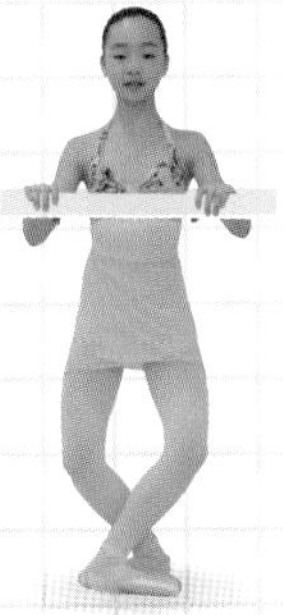

↓

4

2番《ばん》のポアントに立《た》ちます。これをくりかえします。

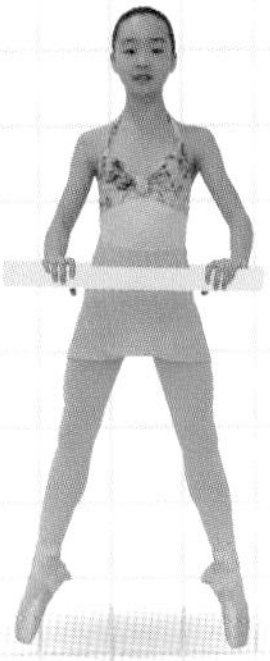

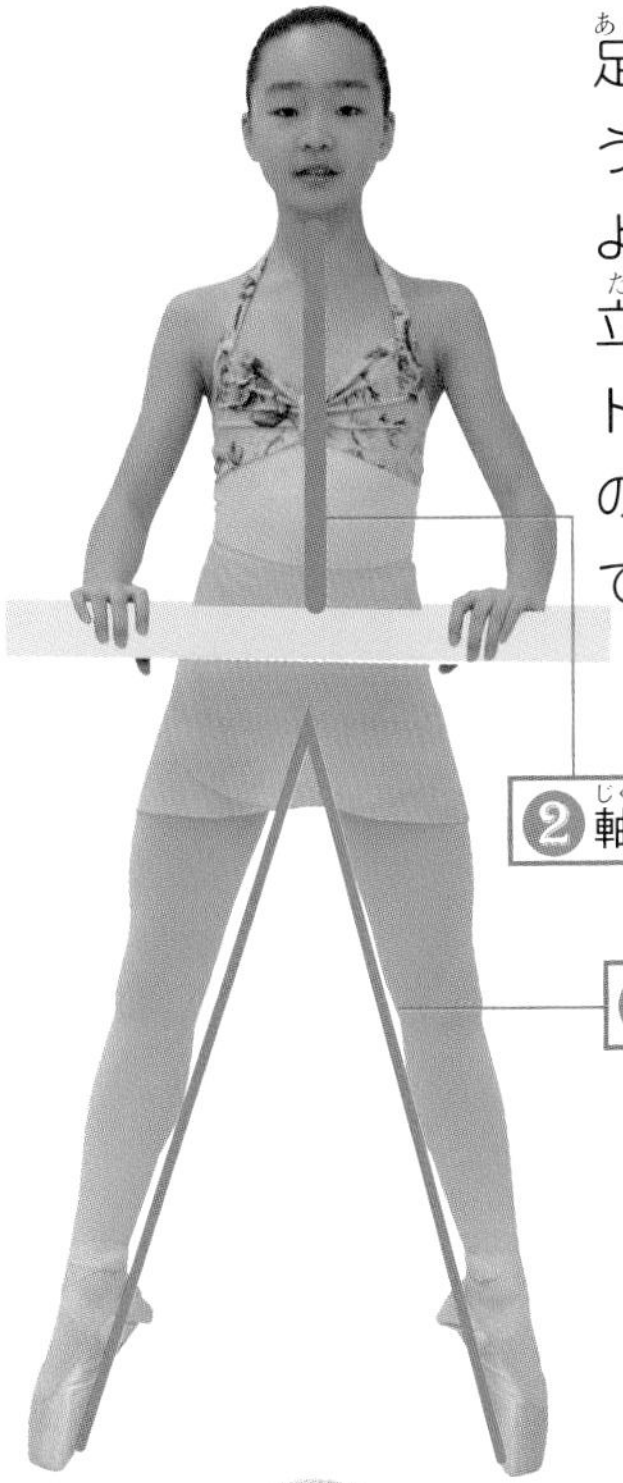

足《あし》を開《ひら》いて、ちょうど三角形《さんかっけい》になるようにポアントで立《た》ちます。基本《きほん》はドゥミ・ポアントの場合《ばあい》といっしょです。

ここに注目《ちゅうもく》

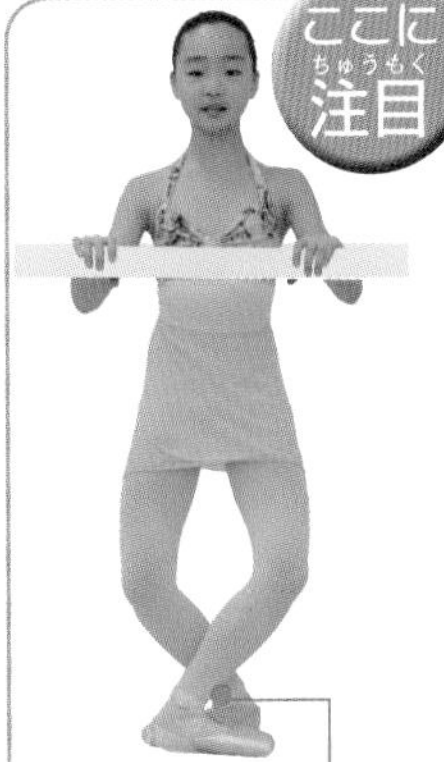

5番《ばん》から2番《ばん》でポアントに立《た》ち、足《あし》を入《い》れかえて5番《ばん》におります。

ひとことアドバイス

センターでは、体《からだ》の向《む》きを変《か》えて行《おこな》います。「ドンキホーテ」のキトリのヴァリエーションでも、せんすをあおぎながらエシャペするシーンがみられます。

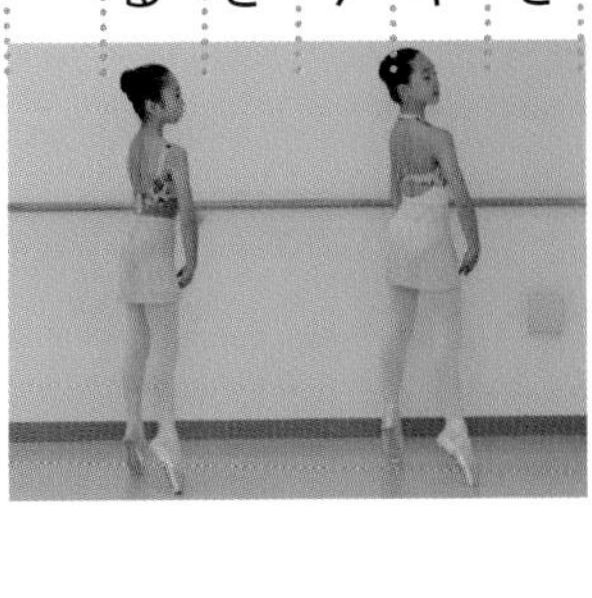

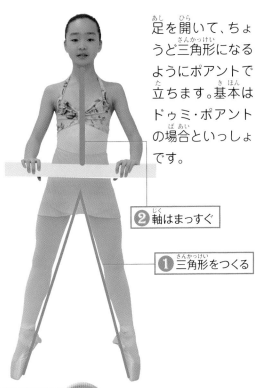

足《あし》のポジション５番《ばん》からスタート

LESSON 42

パ・ド・ブーレ

片足《かたあし》でポアントに立《た》てるようになる

パ・ド・ブーレとはポアントまたはドゥミ・ポアントで足《あし》ぶみをする動《うご》きのことをいいます。ここではトゥシューズのエクササイズとして、ク・ド・ピエで行《おこな》うパ・ド・ブーレをやりますが、ほかにもパッセしながら、まわりながらなど、いろいろなパターンがあります。ク・ド・ピエのカカトを前《まえ》にだすようにすることと、軸足《じくあし》をしっかりアン・ドゥオールすることに気《き》をつけて行《おこな》いましょう。

チェックポイント

① 軸《じく》はまっすぐにします
② 片足《かたあし》でポアントに立《た》てるようになりましょう
③ ク・ド・ピエのカカトは前《まえ》、軸足《じくあし》はアン・ドゥオールします

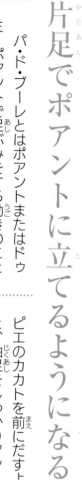

動《うご》きのながれ

1

右足前《みぎあしまえ》5番《ばん》で右足《みぎあし》はプリエ、左足《ひだりあし》をク・ド・ピエ。

↓

2

左足《ひだりあし》ポアントで立《た》ち、右足《みぎあし》は前《まえ》のク・ド・ピエにします。

↓

3

すばやく右足《みぎあし》ポアント、左足《ひだりあし》は前《まえ》でク・ド・ピエに。

↓

4

左足《ひだりあし》を前《まえ》にして両《りょう》足《あし》はプリエでやわらかくおります。

ク・ド・ピエの足《あし》の入《い》れかえはすばやく行《おこな》い、片足《かたあし》で立つこと、ポアントでの体重移動《たいじゅういどう》になれましょう。

ここに注目《ちゅうもく》

ク・ド・ピエからク・ド・ピエの移動《いどう》はすばやくおこない、両足《りょうあし》ポアントにならないように。

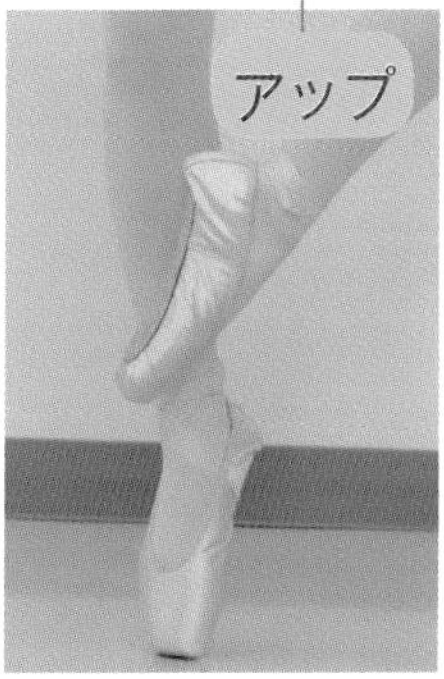

ク・ド・ピエのカカトは前《まえ》に、ツマ先《さき》をのばし、ヒザは横《よこ》にひらくようにします。

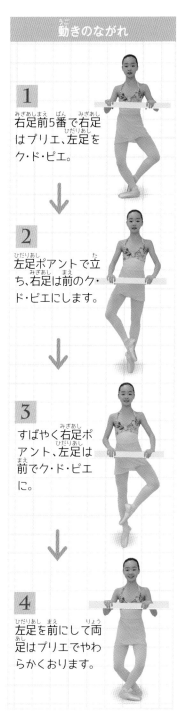

LESSON 43

足《あし》のポジション 5 番《ばん》からスタート

ルルヴェ パッセ

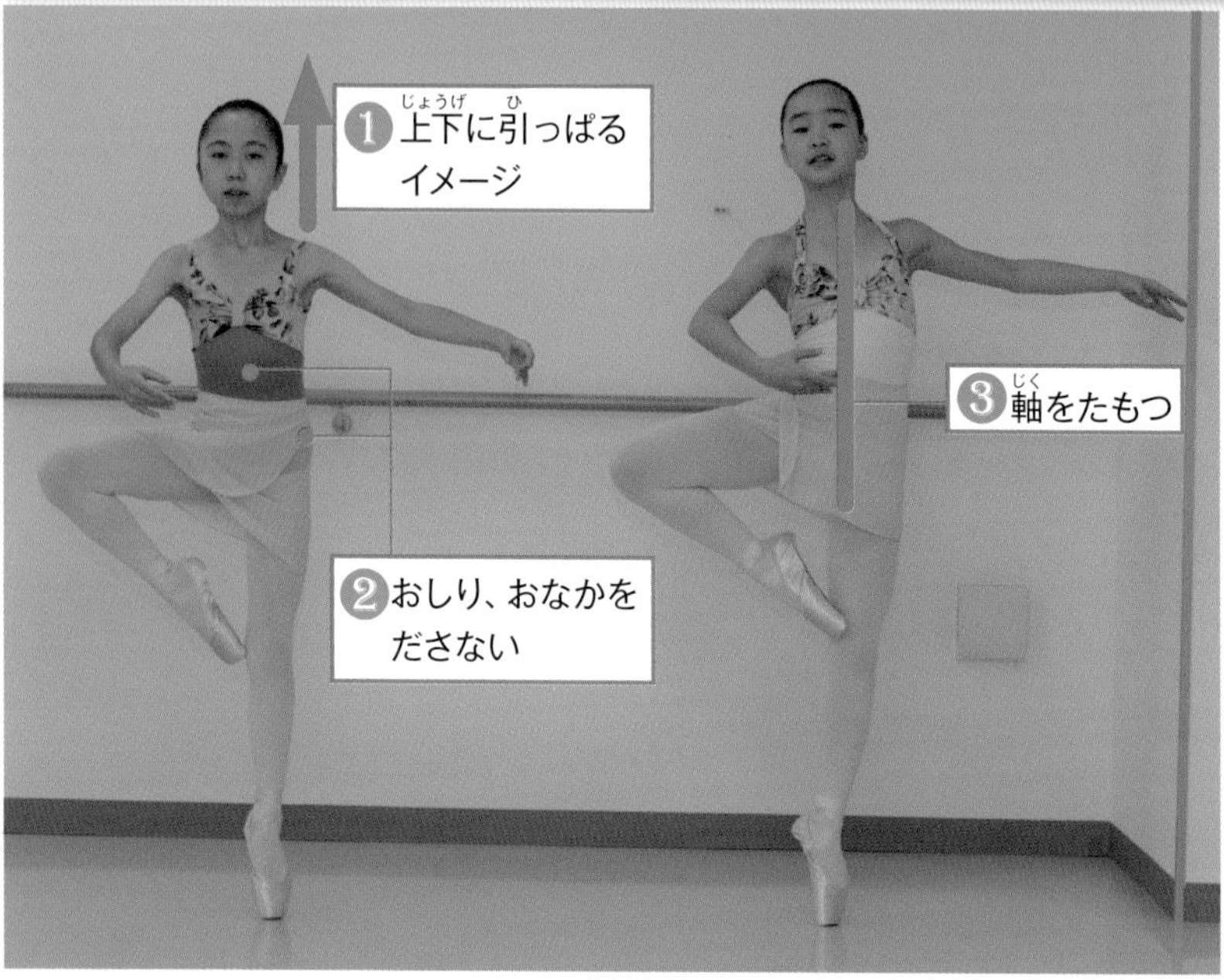

プリエからすばやくルルヴェに立《た》つ

ルティレが前《まえ》から後《うし》ろ、または後《うし》ろから前《まえ》へ入《い》れかわって通過《つうか》するとパッセという動《うご》きになります。ポアントで立《た》つので軸《じく》をしっかりたもつことが大切《たいせつ》になってきます。ルルヴェのとき、おしりやおなかがでないように上《うえ》から引《ひ》っぱられているイメージを持《も》って立《た》ちましょう。ヒザがまがらないということにも気《き》をつけます。プリエがくの字《じ》になったり、バーに頼《たよ》りすぎたりしないように気《き》をつけます。

チェックポイント

1. ルルヴェは上下《じょうげ》に引《ひ》っぱるイメージでたちます
2. おしりやおなかがでないように気《き》をつけましょう
3. 軸をまっすぐにたもちます

動《うご》きのながれ

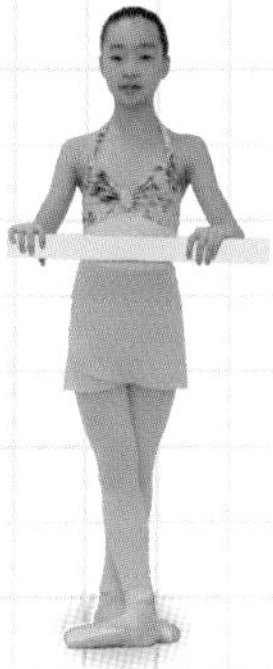

1

右足前《みぎあしまえ》5番《ばん》に立《た》ちます。足《あし》を深《ふか》くこうさせます。

↓

2

床《ゆか》をしっかりおしてヒザを横《よこ》にひらき、プリエをします。

↓

3

右足《みぎあし》をルティレにし、左足《ひだりあし》はポアントに立《た》ちます。

↓

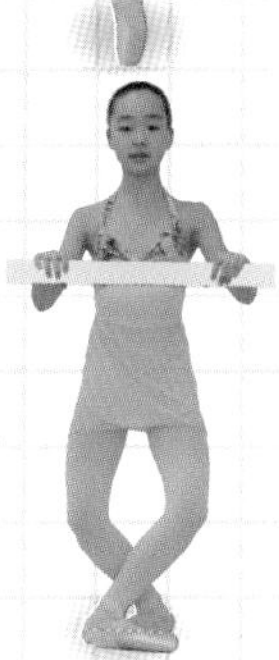

4

右足《みぎあし》を後《うし》ろ５番《ばん》にいれて、反対側《はんたいがわ》も行《おこな》います。

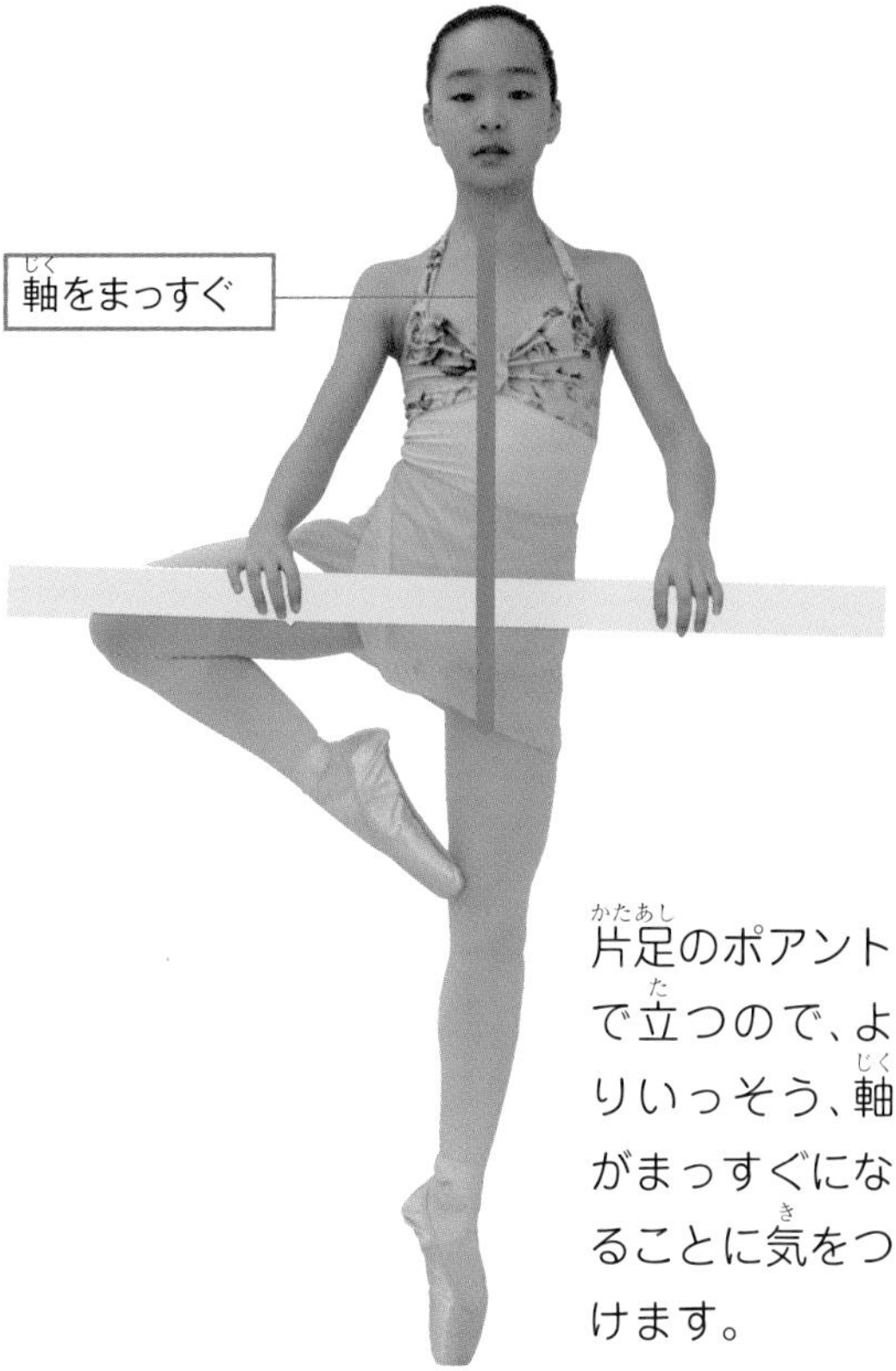

片足《かたあし》のポアントで立《た》つので、よりいっそう、軸《じく》がまっすぐになることに気《き》をつけます。

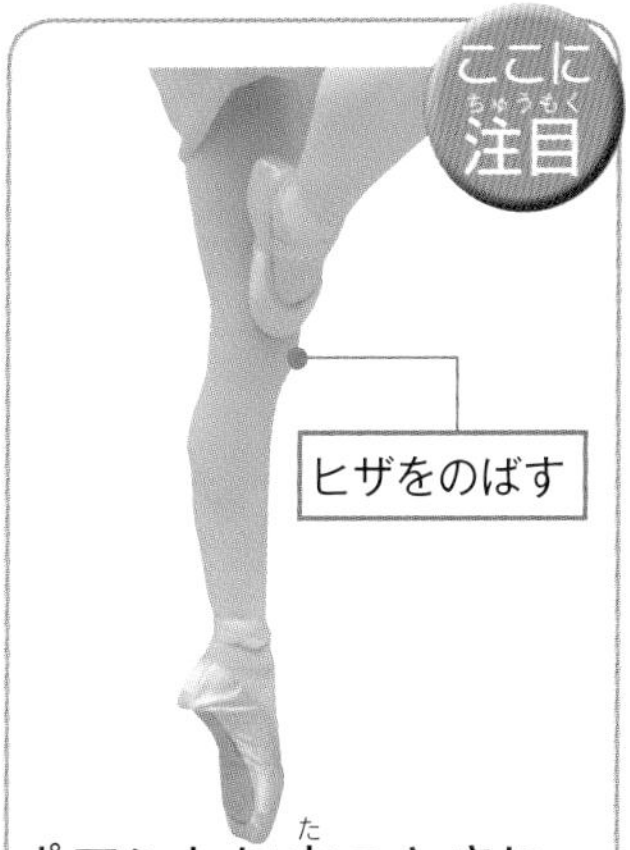

ポアントに立《た》つときに、両足《りょうあし》で床《ゆか》を強《つよ》くおします。ヒザをのばし、アン・ドゥオール。

ヒザがまがって軸《じく》がまっすぐになっていないと、ふらついてしまいます。

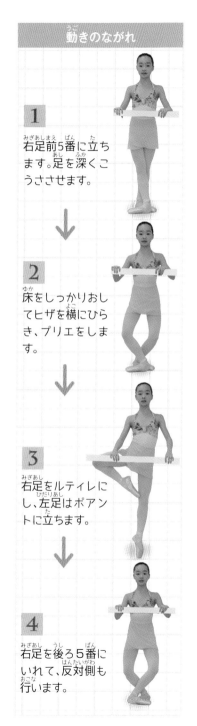

足《あし》のポジション５番《ばん》からスタート

バロネ

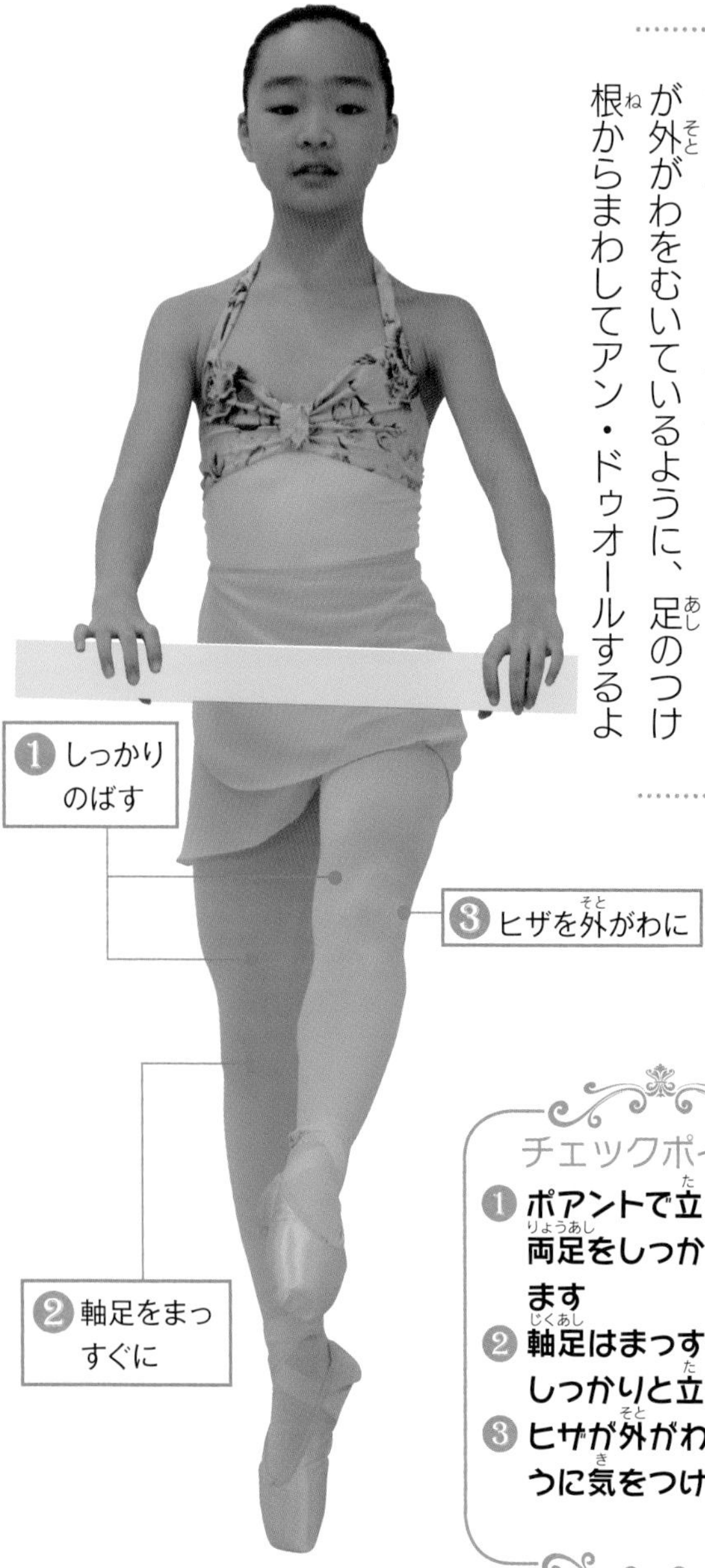

ク・ド・ピエの足《あし》を軸足《じくあし》につける

ク・ド・ピエからのばすと同時《どうじ》に軸足《じくあし》はポアントに立《た》ちます。ボールがふくらんだりしぼんだりするようなイメージで行いましょう。

軸足《じくあし》が常《つね》に片足《かたあし》でポアントになるのでつかれるかもしれませんが、つねにヒザが外《そと》がわをむいているように、足《あし》のつけ根《ね》からまわしてアン・ドゥオールするように気《き》をつけましょう。軸足《じくあし》も上《あ》げている足《あし》も、ヒザをしっかりのばします。

チェックポイント

① ポアントで立《た》ったとき、両足《りょうあし》をしっかり伸《の》ばします

② 軸足《じくあし》はまっすぐにし、しっかりと立《た》ちます

③ ヒザが外《そと》がわをむくように気《き》をつけます

動《うご》きのながれ

1

左足前《ひだりあしまえ》のク・ド・ピエ。右足《みぎあし》はプリエにします。

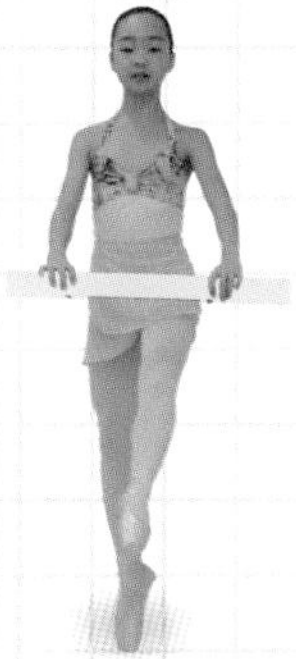

2

前《まえ》に左足《ひだりあし》をのばしながら、右足《みぎあし》はポアントに立《た》ちます。

3

ク・ド・ピエにもどし、右足《みぎあし》はプリエにします。

4

横《よこ》に足《あし》をのばし軸《じく》はポアントに。後《うし》ろも同様《どうよう》に行《おこな》います。

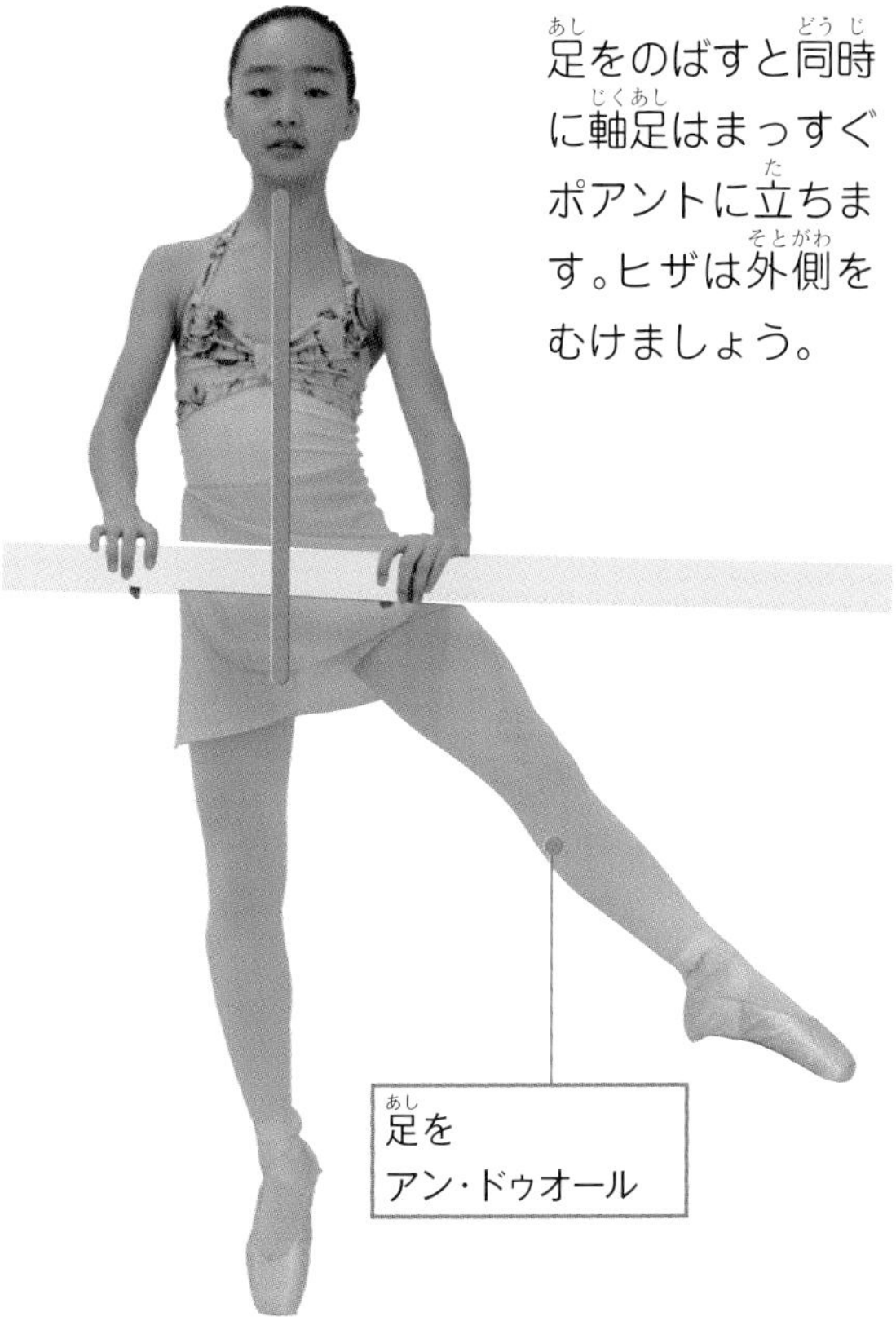

足《あし》をのばすと同時《どうじ》に軸足《じくあし》はまっすぐポアントに立《た》ちます。ヒザは外側《そとがわ》をむけましょう。

ここに注目《ちゅうもく》

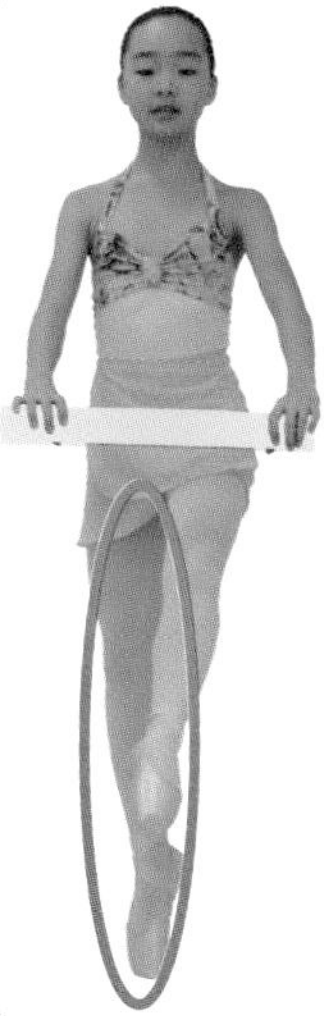

ク・ド・ピエをしっかり軸足《じくあし》につけてから、足《あし》をのばします。軸足《じくあし》はしっかりと立《た》ちましょう。

悪《わる》い例《れい》

あげた足《あし》の甲《こう》が下《した》をむいてしまい、アンドゥオールできていません。

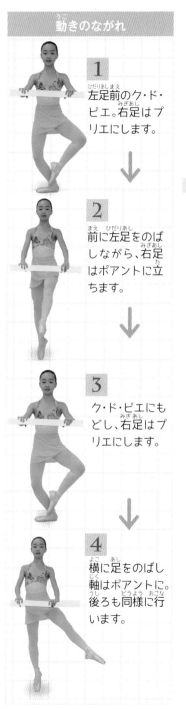

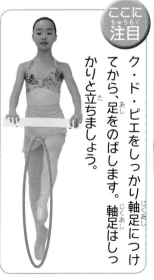

LESSON 45

姿勢《しせい》の注意《ちゅうい》

全身《ぜんしん》をつかってポアントで立《た》つ

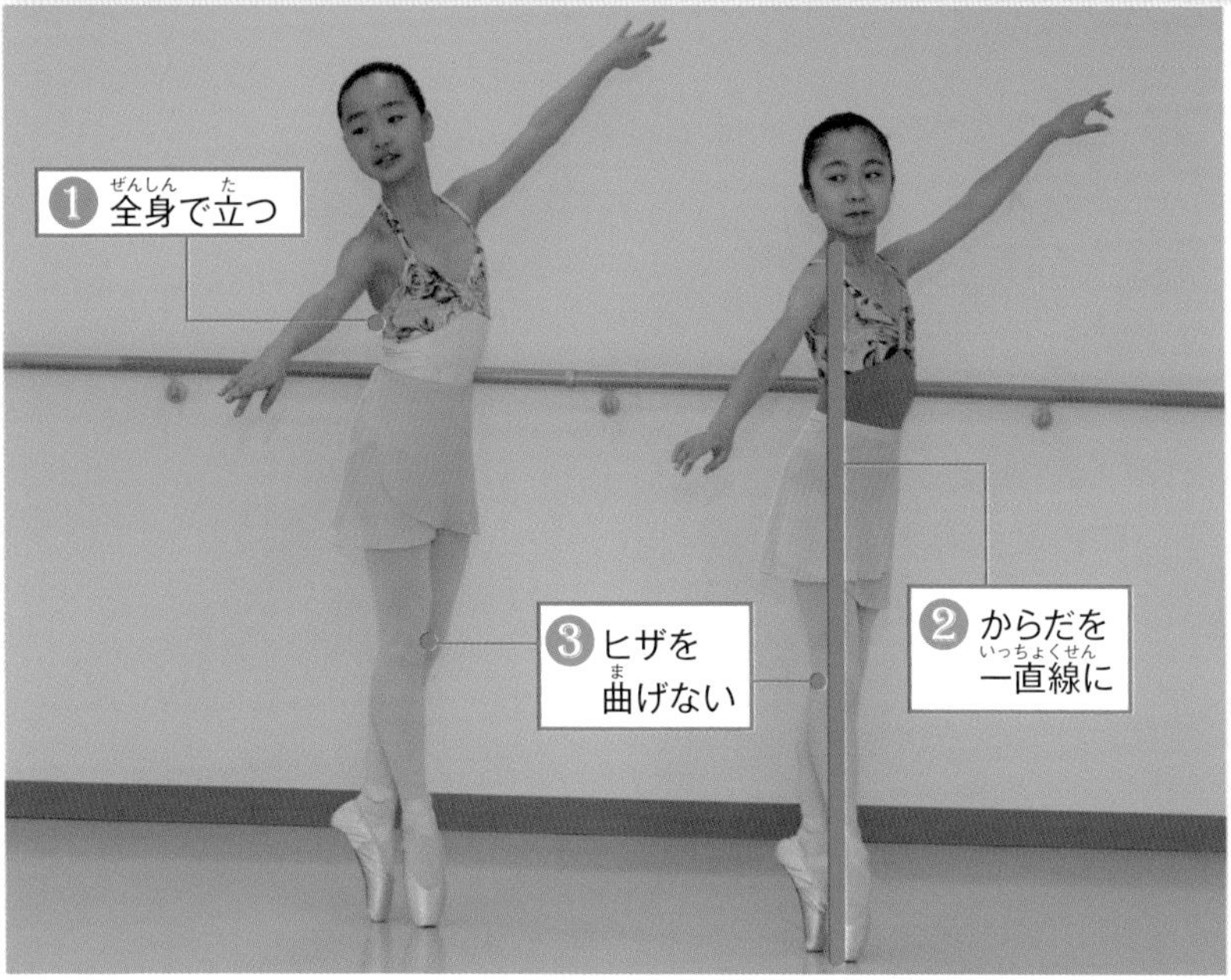

トウシューズをはいたら、ポアントで立《た》つ練習《れんしゅう》に入ります。最初《さいしょ》から難《むずか》しいことはできません。少《すこ》しずつポアントで立《た》つことに慣《な》れ、少《すこ》しずつポアントで動《うご》くことに慣《な》れるというように段《だん》階《かい》をふんでいきましょう。パやステップをやってみたくなるかもしれませんが、まずは基本《きほん》をおさえることが大切《たいせつ》です。トウシューズだけで立《た》つのではなく、体全部《からだぜんぶ》を意識《いしき》して立《た》つようにしましょう。

チェックポイント

❶ 足《あし》だけで立《た》とうとしないで、全身《ぜんしん》で立《た》ちましょう

❷ つむじからツマ先《さき》まで一直線《いっちょくせん》のイメージで立《た》ちます

❸ ヒザが曲《ま》がったり背中《せなか》が反《そ》ったりしないように気《き》をつけます

1番《ばん》

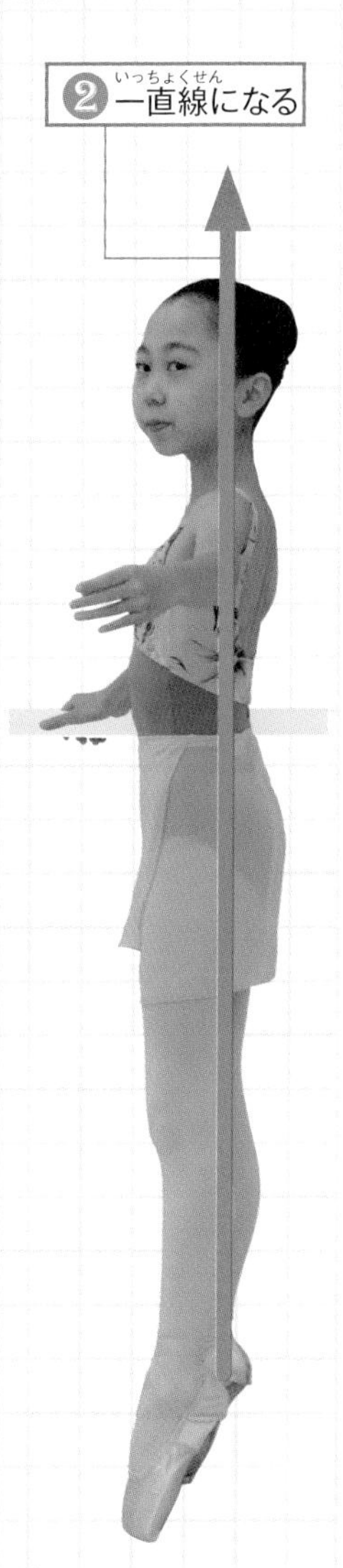

頭《あたま》からツマ先《さき》までが一直線《いっちょくせん》に、上《うえ》に引《ひ》っぱられているような意識《いしき》で床《ゆか》をしっかりおしましょう。

✕ 悪《わる》い例《れい》

体重《たいじゅう》がツマ先《さき》の前《まえ》にかかりすぎると、おしりがつきでて、前《まえ》にかたむいてしまいます。

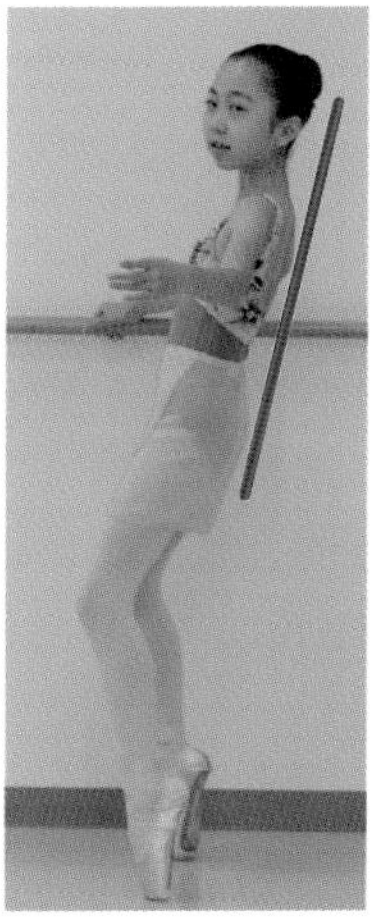

上のNGとは逆《ぎゃく》に、体重《たいじゅう》が後《うし》ろにかかると、背中《せなか》がそり、ヒザが曲《ま》がってしまいます。

5番《ばん》

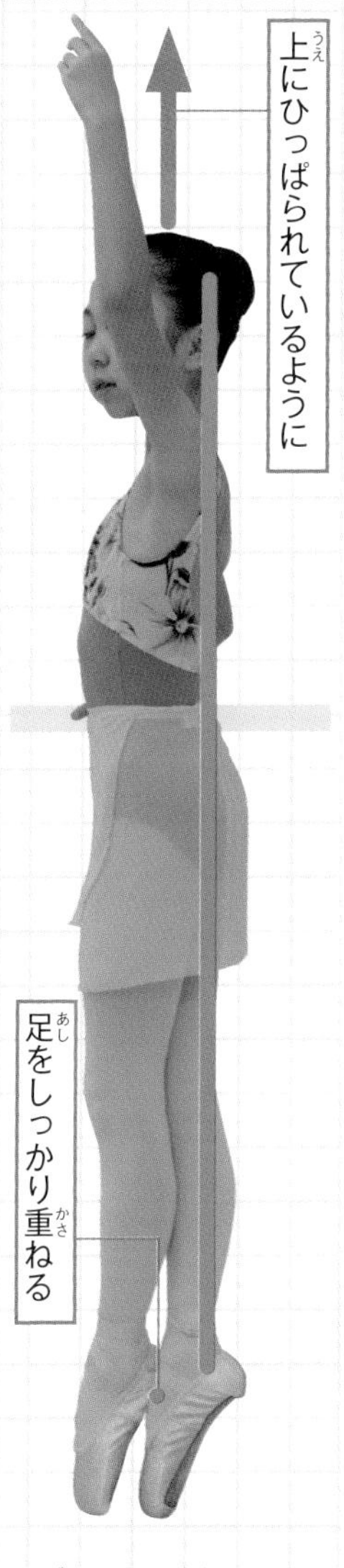

5番《ばん》は、両足《りょうあし》をしっかりよせることがポイントです。1本《ぽん》の軸《じく》で床《ゆか》を突《つ》きさすイメージです。

✕ 悪《わる》い例《れい》

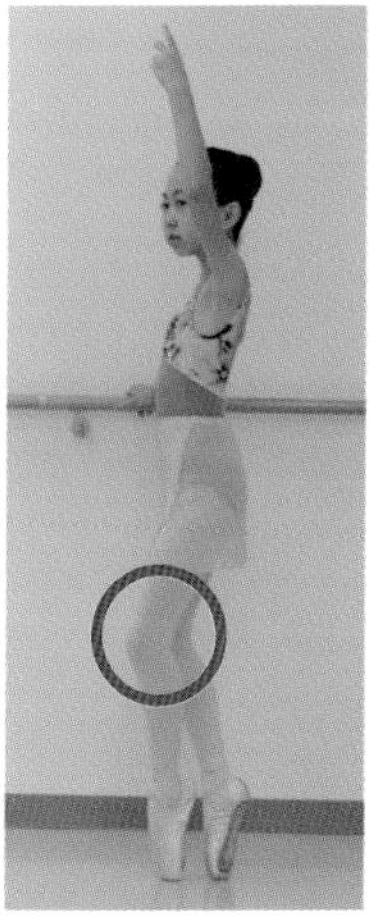

ヒザがまがってしまうと、いくらバランスがとれてもきれいにみえません。

上半身《じょうはんしん》が前《まえ》につんのめり、おしりがつきでてもいけません。

LESSON 46 ポアント用品《ようひん》

ポアントをはくために用意《ようい》するもの

トウシューズをはくのに用意《ようい》するものは

●トウシューズ　と

●トウパッド　　です。

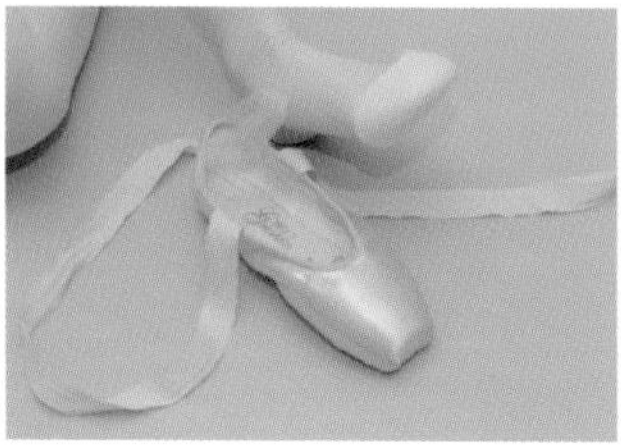

まめ等《など》の予防《よぼう》のために指《ゆび》のカバーやばんそうこうもあるとよいでしょう。

もっとも準備《じゅんび》しておいてほしいものは、トウシューズで立つことのできるバレエの基礎筋力《きそきんりょく》です。その筋力《きんりょく》がないままトウシューズをはくと、ケガをしてしまいます。その理由《りゆう》から、トウシューズというのは習《なら》ってすぐにはけるものではありません。基準《きじゅん》はそれぞれのお教室《きょうしつ》の先生《せんせい》が決《き》めていると思《おも》います。先生《せんせい》の許可《きょか》があるまではトウシューズをはくのはやめましょう。それまではバレエの基礎《きそ》を積《つ》み重《かさ》ねていくことが大切《たいせつ》です。

特《とく》に、ドゥミ・ポアントでのルルヴェで高《たか》く立《た》つという練習《れんしゅう》は大切《たいせつ》です。それができないとトウシューズでうまく立《た》つことはできません。バレエシューズでのルルヴェルティレやエシャペの練習《れんしゅう》はトウシューズをはく筋力《きんりょく》のために大《たい》切《せつ》であることを頭《あたま》におきながら練習《れんしゅう》しましょう。

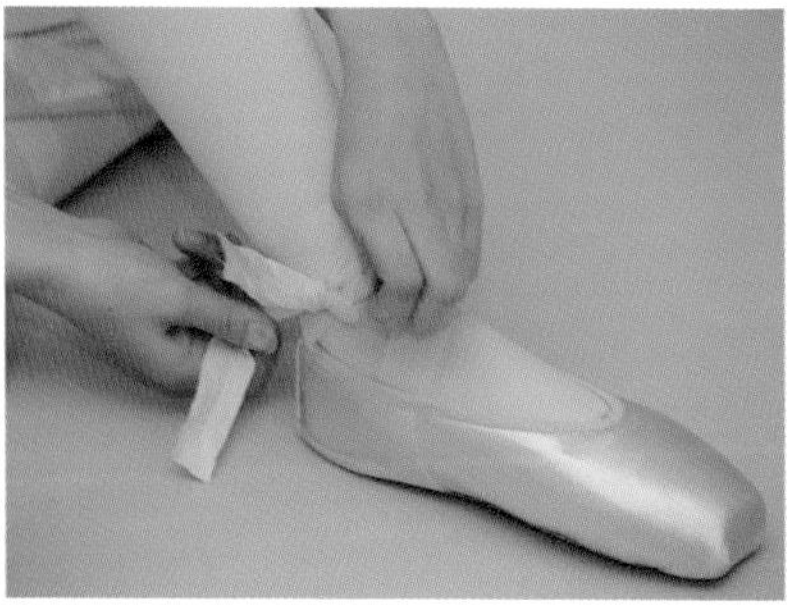

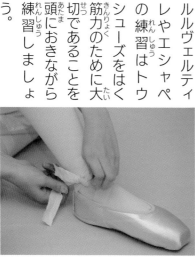

PART 6

バレエ用語《ようご》を覚《おぼ》えれば踊《おど》りがもっと楽《たの》しくなります

バレエ用語《ようご》は、踊《おど》るためにもそしてみるためにもしっておきたいもの。作品《さくひん》をたくさんみて、バレエの楽《たの》しさや奥深《おくぶか》さをしりましょう。

LESSON 47

用語集《ようごしゅう》①

バレエ用語《ようご》をおぼえてさらに踊《おど》る楽《たの》しみを

チェックポイント

❶ 舞台《ぶたい》でつかわれる用語《ようご》をおぼえ、バレエをさらに深《ふか》くしりましょう

❷ 自分《じぶん》がどんな役《やく》をやりたいのか、想像《そうぞう》しましょう

❸ パ・ド・ドゥの基本《きほん》をしり、踊《おど》る楽《たの》しみを深《ふか》めましょう

●グラン・パ・ド・ドゥ

グラン・パ・ド・ドゥは、基本的《きほんてき》に、「アダージオ（ゆったりした曲《きょく》に合《あ》わせて男女《だんじょ》2人で一緒《いっしょ》に踊《おど》る）」「男性《だんせい》のヴァリエーション（ひとりで踊《おど》る踊《おど》り）」「女性《じょせい》のヴァリエーション」「コーダ（しめくくりに2人で踊《おど》る）」の4つで構成《こうせい》されていて、男女《だんじょ》2人で踊《おど》ります。とてもむずかしいテクニックの見《み》せ場《ば》が踊《おど》りの中《なか》にちりばめられていて、古典《こてん》バレエ作品《さくひん》の「みどころ」ともいえます。とくにコーダでは、グラン・フェッテ（片足《かたあし》を床《ゆか》につけずに連続《れんぞく》して回転《かいてん》するパ）などの大技《おおわざ》があり、舞台《ぶたい》をもりあげます。

男女《だんじょ》にかぎらず、2人で踊《おど》ることを「パ・ド・ドゥ」、3人で踊《おど》ることを「パ・ド・トロワ」、4人で踊《おど》ることを「パ・ド・カトル」ともいいます。

●コール・ド・バレエ

コール・ド・バレエとは、主役《しゅやく》のうしろで大人数《おおにんずう》で踊《おど》るダンサーのことをいいます。『白鳥《はくちょう》の湖《みずうみ》』や『ジゼル』などの古典《こてん》バレエ作品《さくひん》ではコール・ド・バレエのみせばが多《おお》くあり、ぴたりと息《いき》のあった踊《おど》りやフォーメーションの美《うつく》しさを楽《たの》しむことができます。

　最初《さいしょ》のうちはこのコール・ド・バレエで舞台経験《ぶたいけいけん》をつんでいき認《みと》められた人《ひと》が、少《すく》ない人数《にんずう》で踊《おど》るソリストとなっていきます。

●プリンシパル&ソリスト

　プロのバレエのダンサーには階級《かいきゅう》の名前《なまえ》がついています。主役級《しゅやくきゅう》ダンサーのことを「プリンシパル（バレエ団《だん》の最高位《さいこうい》のダンサー）」や「プリマ・バレリーナ（バレエ団《だん》の最高位《さいこうい》の女性《じょせい》ダンサー）」と呼《よ》びます。「ソリスト」とは、作品《さくひん》の中《なか》で1人《ひとり》～少人数《しょうにんずう》で踊《おど》る中心《ちゅうしん》ダンサーのこと、またはその階級《かいきゅう》のことをさします。

用語集《ようごしゅう》②

作品《さくひん》の違《ちが》いをりかいしよう

チェックポイント

1. バレエには、クラシック作品《さくひん》とコンテンポラリー作品《さくひん》があります
2. 踊《おど》り方《かた》もまったく違《ちが》い、みる楽《たの》しみが2倍《ばい》に
3. 幅広《はばひろ》い視野《しや》を身《み》につけ、踊《おど》る楽《たの》しみをみつけましょう

●クラシック・バレエ

バレエは400年《ねん》を超《こ》える歴史《れきし》の流《なが》れを経《へ》て今《いま》にいたっています。その中で「古典《こてん》」ともいわれている「クラシック・バレエ」は多《おお》くのルールを持《も》つ伝統的《でんとうてき》なバレエです。〝足《あし》はアン・ドゥオールさせ、ツマ先《さき》はのばす〟というように、数多《かずおお》くの決《き》まりを守《まも》りながら美《うつく》しく踊《おど》ることが求《もと》められます。『白鳥《はくちょう》の湖《みずうみ》』『眠《ねむ》れる森《もり》の美女《びじょ》』『くるみ割《わ》り人形《にんぎょう》』『ドン・キホーテ』など、有名作品《ゆうめいさくひん》が数多《かずおお》くあります。

●コンテンポラリー・バレエ

「コンテンポラリー・バレエ」はクラシック・バレエより自由《じゆう》で、決《き》まりごとが少《すく》ない踊《おど》りです。『ボレロ』の振付《ふりつけ》でも有名《ゆうめい》なモーリス・ベジャール、『若者《わかもの》と死《し》』で有名《ゆうめい》なローラン・プティの他《ほか》、ジョン・ノイマイヤー、イリ・キリアン、ウィリアム・フォーサイスらが振付家《ふりつけか》として活躍《かつやく》しています。コンテンポラリー・バレエは今《いま》も進化《しんか》し続《つづ》けていて、振付家《ふりつけか》たちが競《きそ》いあいながら新《あら》たな作品《さくひん》を生《う》みだしています。

LESSON 49

用語集《ようごしゅう》 ③

チュチュの違《ちが》いをしろう

チェックポイント

❶ チュチュ（バレエの舞台衣装《ぶたいいしょう》）には大《おお》きくわけて2種類《しゅるい》あります

❷ 踊《おど》りの内容《ないよう》によって、衣装《いしょう》が選《えら》ばれます

❸ 違《ちが》いをしって、踊《おど》りを楽《たの》しみましょう

●ロマンティック・チュチュ

ロマンティック・チュチュは、丈《たけ》の長《なが》いふんわりとしたスカートで『ラ・シルフィード』『ジゼル』などの衣装《いしょう》が有名《ゆうめい》です。

バレエの歴史《れきし》を辿《さかのぼ》ると、このチュチュは、ロマン主義《しゅぎ》時代《じだい》のバレエで使《つか》われています。「ロマンティック・バレエ」ともいわれ、ポアントでのかろやかな動《うご》きが特徴《とくちょう》で、バレエの中《なか》でも最《もっと》も古《ふる》い形式《けいしき》のバレエです。

●クラシック・チュチュ

丈《たけ》の短《みじか》いチュチュは「クラシック・チュチュ」といい、『白鳥《はくちょう》の湖《みずうみ》』の白鳥《はくちょう》・黒鳥《こくちょう》、『くるみ割人形《わりにんぎょう》』のクララや金平糖《こんぺいとう》、『眠《ねむ》れる森《もり》の美女《びじょ》』のオーロラ姫《ひめ》などの衣装《いしょう》として有名《ゆうめい》です。

ロマンティック・バレエ時代《じだい》ののち、バレエの技巧《ぎこう》がどんどん複雑《ふくざつ》になり、回転《かいてん》やグラン・パ・ド・ドゥなども構成《こうせい》の中《なか》に組《く》みこまれるようになっていきました。その発展《はってん》と同時《どうじ》に、動《うご》きやすく、足《あし》のラインがよく見《み》える丈《たけ》の短《みじか》いチュチュが誕生《たんじょう》したのです。

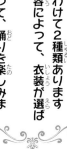

LESSON 50

作品紹介《さくひんしょうかい》

有名《ゆうめい》な作品《さくひん》のみどころをしろう

チェックポイント

1. 有名作品《ゆうめいさくひん》のストーリーをしって、みる楽《たの》しみをさらにふやそう
2. 作品《さくひん》をしることは踊《おど》る上《うえ》で必須項目《ひっすこうもく》です
3. 多《おお》くの作品《さくひん》を積極的《せっきょくてき》にみて、たくさんの踊《おど》りにふれましょう

●白鳥《はくちょう》の湖《みずうみ》

『白鳥《はくちょう》の湖《みずうみ》』は古典《こてん》バレエの最高傑作《さいこうけっさく》のひとつです。悪魔《あくま》によって白鳥《はくちょう》となったオデットが王子《おうじ》と出会《であ》い、二人《ふたり》は恋《こい》に落《お》ちます。幸《しあわ》せもつかの間《ま》、悪魔《あくま》の策略《さくりゃく》により王子《おうじ》は黒鳥《こくちょう》オディールと愛《あい》を誓《ちか》ってしまいます。悲《かな》しみに打《う》ちひしがれたオデットは湖《みずうみ》に身《み》を投《な》げ、それを王子《おうじ》が追《お》うという物語《ものがたり》です。

オデット役《やく》とオディール役《やく》が一人二役《ひとりふたやく》の公演《こうえん》もあり、その豹変《ひょうへん》ぶりがみどころです。また、黒鳥《こくちょう》のグランフェッテ32回《かい》転《てん》も有名《ゆうめい》です。

眠《ねむ》れる森《もり》の美女《びじょ》

『眠《ねむ》れる森《もり》の美女《びじょ》』は、悪《あく》の精《せい》によって100年《ねん》眠《ねむ》らされたオーロラ姫《ひめ》がリラの精《せい》に導《みちび》かれた王子《おうじ》と出会《であ》い、王子《おうじ》のキスによって目覚《めざ》めるという物語《ものがたり》です。

オーロラ姫《ひめ》が４人の求婚者《きゅうこんしゃ》たちからバラの花《はな》を一輪《いちりん》ずつ受《う》け取《と》りながら踊《おど》る〝ローズ・アダージオ〟、第《だい》３幕《まく》の宝石《ほうせき》や赤《あか》ずきん、青《あお》い鳥《とり》などの童話《どうわ》主人公《しゅじんこう》による踊《おど》りがみどころです。

ドン・キホーテ

町娘《まちむすめ》のキトリと床屋《とこや》のバジルの恋《こい》のかけひきを中心《ちゅうしん》とした、スペイン情緒《じょうちょ》あふれる物語《ものがたり》です。最初《さいしょ》から最後《さいご》まで明《あか》るく楽《たの》しい踊《おど》りが続《つづ》く華《はな》やかな作品《さくひん》で、人間味《にんげんみ》あふれる登場人物《とうじょうじんぶつ》も観客《かんきゃく》を楽《たの》しませてくれます。キトリは最初《さいしょ》から高《たか》くジャンプをしたりピルエットで回《まわ》り続《つづ》けたり、難《むずか》しい技《わざ》が踊《おど》りの中《なか》にたくさんでてきます。

ジゼル

ヨーロッパの妖精伝説《ようせいでんせつ》を題材《だいざい》にした、ロマンティック・バレエの最高傑作《さいこうけっさく》です。恋人《こいびと》に裏切《うらぎ》られ、死《し》んでからも愛《あい》を貫《つらぬ》こうとするジゼルの物語《ものがたり》は観《み》るものを感動《かんどう》させます。特《とく》に幸《しあわ》せの絶頂《ぜっちょう》から裏切《うらぎ》られて発狂《はっきょう》する「狂乱《きょうらん》シーン」はみどころのひとつです。そのため、主役《しゅやく》バレリーナは踊《おど》りのテクニックだけではなく表現力《ひょうげんりょく》も求《もと》められます。初演《しょえん》から150年《ねん》を超《こ》える名作《めいさく》です。

おわりに

まず、この本《ほん》を監修《かんしゅう》する機会《きかい》を与《あた》えて頂《いただ》いたことに深《ふか》く感謝致《かんしゃいた》します。自分《じぶん》のそばに当《あ》たり前《まえ》のようにあるバレエと改《あらた》めて向《む》き合《あ》うきっかけになりました。

5歳《さい》からバレエを始《はじ》め、たくさんの先生方《せんせいがた》、友人《ゆうじん》、生徒《せいと》に出会《であ》い、バレエを通《とお》してたくさんのことを学《まな》び、そして全《すべ》てを忘《わす》れてバレエに没頭《ぼっとう》することで救《すく》われるときもありました。本当《ほんとう》にバレエと出会《であ》えて良《よ》かったなぁと感《かん》じています。

この本《ほん》の中《なか》では、バレエが上達《じょうたつ》するための50の項目《こうもく》を紹介《しょうかい》しました。しかし、バレエ上達《じょうたつ》のために必要《ひつよう》なことはこれだけではありません。

バレエは音楽《おんがく》に合《あ》わせて何《なに》かを表現《ひょうげん》することが多《おお》く、そのためには技術《ぎじゅつ》はもちろん、音楽性《おんがくせい》、表現力《ひょうげんりょく》、豊《ゆた》かな感受性《かんじゅせい》などに磨《みが》きをかけることも大切《たいせつ》です。色々《いろいろ》な音楽《おんがく》を聴《き》いたり、たくさん本《ほん》を読《よ》んだり、そして楽《たの》しいこと、悲《かな》しいこと、たくさんのことを経験《けいけん》することが、そういうことにつながっていくと思《おも》います。

みなさんがお教室《きょうしつ》の先生《せんせい》のアドバイスをよく聞《き》いて、日々《ひび》レッスンし、バレエを楽《たの》しんでくれることを願《ねが》っています。そして、私自身《わたしじしん》も子供《こども》の頃《ころ》のバレエに対《たい》するときめきを忘《わす》れずに、前進《ぜんしん》し続《つづ》けていこうと思《おも》います。

厚木《あつぎ》　彩《あや》

モデル協力　間宮梨花さん
名和悠李さん
杉山莉沙さん
秋山理奈さん
茂森慶夏さん
加藤玲菜さん

撮影協力　スタジオA
厚木明枝バレエ教室
東京都大田区山王
3−24−20
電話 070−7521−5818

衣装協力　Stina

スタッフ
カ メ ラ　上重泰秀
デザイン　さいとうなほみ
編　　集　株式会社ギグ
執筆協力　伊藤千亜
イラスト　菊池麻千子

ジュニアのための　バレエ上達
パーフェクトレッスン　新版

2020年10月30日　第1版・第1刷発行
2024年 5 月10日　第1版・第3刷発行

監修者　厚木　彩（あつぎ　あや）
発行者　株式会社メイツユニバーサルコンテンツ
代表者　大羽 孝志
〒102-0093 東京都千代田区平河町一丁目1-8
印　刷　株式会社厚徳社

 ISBN978-4-7804-2397 -6 C8073　Printed in Japan.

ご意見･ご感想はホームページから承っております。
ウェブサイト　https://www.mates-publishing.co.jp/
企画担当:大羽孝志／折居かおる

※本書は2017年発行の『ジュニアのためのバレエ上達パーフェクトレッスン』の新版です。